「双新」教研文库

核心素养导向的学校深度学习课堂变革研究

李莉 著

上海交通大学出版社
SHANGHAI JIAO TONG UNIVERSITY PRESS

U0331267

内容提要

本书为"双新"教研文库中的一本。全书以学校的教育实践探索为基础，深入探讨了指向核心素养培育的课堂教学研究，通过"引言—溯源—明理—透视—建构—突破—创造—延伸"这一主线，系统阐释了指向核心素养培育的课堂教学研究背景、深度学习课堂的概念与内涵、指向深度学习课堂教学的课堂观察行动、深度学习课堂的实践方式、深度学习课堂的保障，以及素养导向的深度学习课堂教学设计在人才培养上的特色化体现等多个关键方面。图书呈现了理论思考和实践探索有机融合的范式，适合学校管理者、教师、教育管理研究人员阅读。

图书在版编目(CIP)数据

核心素养导向的学校深度学习课堂变革研究/李莉
著. —上海:上海交通大学出版社,2025.1
("双新"教研文库)
ISBN 978-7-313-30640-1

Ⅰ.①核…　Ⅱ.①李…　Ⅲ.①课堂教学—教学研究—
中小学　Ⅳ.①G632.421

中国国家版本馆 CIP 数据核字(2024)第 084261 号

核心素养导向的学校深度学习课堂变革研究
HEXINSUYANG DAOXIANG DE XUEXIAO SHENDU XUEXI KETANG BIANGE YANJIU

著　者:李　莉

出版发行:上海交通大学出版社　　　　　　　　地　　址:上海市番禺路 951 号
邮政编码:200030　　　　　　　　　　　　　　电　　话:021-64071208
印　制:上海万卷印刷股份有限公司　　　　　　经　　销:全国新华书店
开　本:787mm×1092mm　1/16　　　　　　　印　　张:11.75
字　数:230 千字
版　次:2025 年 1 月第 1 版　　　　　　　　　印　　次:2025 年 1 月第 1 次印刷
书　号:ISBN 978-7-313-30640-1
定　价:58.00 元

序　言

近日，上海市民办桃李园实验学校的校长李莉女士送来了她的新作——《核心素养导向的学校深度学习课堂变革研究》的书稿，并请我作序。我欣然应允。一方面是因为我对其多年以来扎根基础教育，引领学校发展的办学思想和实践关注已久，也迫切地想通过阅读本书了解李莉校长办学治校的内在逻辑和最新思考；另一方面，我非常赞同一线教育工作者结合自己的教学和管理实践开展相应的理论研究，在凝练本土教育治理经验的同时，积极更新视角寻求推动学校高质量发展的有效路径。

众所周知，进入新时代的中国基础教育在取得各项成就的基础上，既面临良好的发展机遇，也面临诸多的挑战。如何推动教育高质量发展，加快教育现代化，建设教育强国，是摆在所有教育工作者面前一项光荣而又艰巨的时代使命。这一使命的完成既需要国家层面政策制度的引领，需要区域层面教育改革发展的整体性设计，也需要每一所学校结合实际开展的个性化探索。自20世纪"教师成为研究者"的命题被提出以来，一线教师和教育管理者的教育研究价值如何发挥？研究者身份和角色如何确立？如何产出具有价值的研究成果？这些都成为了大家普遍关注的话题。随着课程改革的不断深入，教师、校长在学校教育中的角色发生了深刻变化，特别是作为校长，不仅仅是学校事务的管理者，更要成为勇于探索教育规律、积极凝练教育智慧、有效引领学校发展的思想者、探索者。这种新型角色的建构，无疑需要校长具备扎实的探索研究能力。《核心素养导向的学校深度学习课堂变革研究》一书作为一名一线校长基于办学实践产出的教育科研成果，正是李莉女士长期关注教育、思考教育、研究教育的结晶。本书的写作，在主题选择、内容呈现和写作风格上，体现了三个鲜明的特征：

第一，时代性。校长对于教育规律的探索，对于办学治校经验的凝练，要与教育改革发展的历史逻辑和时代趋势相适应。近年来，核心素养成为引领人才培养和课程教学改革的重要话语，世界各国和重要国际组织纷纷建构了指向未来人才培养的核心素养模型。我国也颁布了针对中国学生发展的核心素养标准，并通过多种方式推动核心素养理念的落实。新课程、新教材改革一个重要的价值导向就是突出立德树人的根本任务,倡导对学生核心素养和学科核心素养的培育。应该指出的是,学生核心素养的培育呼唤的是学校课程、教学、管理、文化等领域的系统变革,其中最为核心的是课堂教学的变革。本书从学生核心素养培育的时代背景出发,顺应当下课程教学改革的趋势和需要,从课堂教学改革入手,结合学校实践,探索了核心素养导向的学校深度学习课堂变革策略。这些策略不仅重塑了学校的课堂教学样态,也让核心素养培育的理念和"双新"改革的价值诉求落到了实处。本书研究的主题和所涉及的具体内容,突出核心素养导向,关注深度学习的课堂教学变革,契合时代发展和教育变革趋势,具有鲜明的时代属性。

第二,实践性。一线教育工作者由于对一线教学和管理实践拥有充分的感知和把握,因此其教育研究成果带有鲜明的实践属性。本书的写作,根植于作者在两所学校担任主要负责人期间持续带领师生开展的课堂教学变革探索,丰富的实践和体验是本书内容的核心组成。尽管在写作过程中,作者也能够以一位研究者的身份对学生核心素养培育和深度学习的课堂教学变革进行一定的理论思考,但这些思考根本上是为更好地呈现和澄清教学改革的路径策略服务的。本书所呈现的内容是与课程教学和人才培养实践高度契合的行动策略,具有丰富的实践价值,也能够为同类学校建构具有学校特色的核心素养培育路径和课堂教学改革方案提供借鉴。

第三,可读性。本书的写作主要基于作者丰富的课程教学改革和学校管理经验,不论是语言的风格、策略的呈现还是案例的介绍,都充分考虑了文本整体的可读性,避免了生涩的语言和深奥的理论。这使得本书近乎以一种叙事的方式呈现学校治理的经验和教育工作者的情怀与感悟,能够为读者提供更多的思考和借鉴。

党的二十大报告明确提出关于中国式现代化的重要论述。教育现代化是中国式现代化的重要内容和支撑。推动教育现代化的发展,需要宏观领域的整体设计和充分保障,也需要一线教育工作者结合本土的实际积极探索和深度思考。真心期待像本书这样的一线教育研究成果能够不断涌现,共同推动教育现代化和教育强国建设持续深入地开展。

是为序。

华东师范大学教师教育学院院长

2024 年 3 月

目　录

第一章　引　言
——以校本变革承担新时代学校立德树人使命

　　教育是一种独特的社会现象,具有鲜明而多元的价值。对教育本真意义的追问是教育发展时间轴上对过去的回望、对事物本源的研究,是关涉教育改革发展的基本逻辑起点①。近年来,从"人文关怀""生命成长"的角度观照教育的本质和价值,越来越成为一种流行的趋势,"教育的本质就在于提高生命的质量与提升生命的价值,发挥每一个孩子的潜能"②越发成为社会的共识。毫无疑问,学生的生命成长和潜能发挥,是一个复杂、系统并且内涵丰富的概念,它既包含知识、技能的丰富和提升,也包含情感、道德、价值观的生成,也正是因为如此,如何从"全人"的视角来看待人、培养人、成就人,应该是当下教育改革发展的重要价值与使命。要更好地回答教育"培养什么人、怎样培养人、为谁培养人"的时代之问,最为重要的就是以一种开放的思维推动教育活动的持续变革。

第一节　在动态的社会发展中审视学校教育变革

　　作为一种独特社会现象的教育活动,其变革不是随意的、孤立的,而是与社会发展有密切的关联,这种关联的逻辑起点是教育与社会的共变关系。教育与社会有着密切的关系,它们相互影响、相互作用。教育是社会的基础和支撑,而社会则为教育提供了发展的环境和需求。特别应该明确的是,教育与社会之间的关系不是僵化的、恒定的,而是始终处于动态变化之中。动态变化中的社会与教育的关系也不是单纯的决定和制

---

① 李未来,康淑敏.教育哲学视域下课堂教学的本质与价值[J].教学与管理(理论版),2021(27):1-4.
② 石中英.回到教育的本体:顾明远先生对于教育本质和教育价值的论述[J].清华大学教育研究,2018(5):4-11.

约的线性关系，而是相互影响，始终处于互动过程之中①。这意味着我们在思考和设计教育变革活动的过程中，不应该将教育作为一种孤立于社会发展其他要素之外的单一活动，而是要将其融入时代发展和社会进步的整体环境进行考量。

回顾近代以来的人类社会发展历史，社会的每一次变革和经济的每一次飞跃都与教育改革发展息息相关，通过教育变革提升人才培养质量进而为经济社会各领域发展提供厚实的人力资源支持，这已经成为世界各国经济社会发展的共性认识和普遍规律。当前，中国正在步入后工业化时代，同时，新科技革命和产业变革蓄势待发，创新成为引领经济社会发展的第一动力。人才作为创新活动的核心要素，成为赢得国际竞争优势的战略资源，要建设世界科技强国，实现国家富强、民族复兴，人才培养起着重要的基础性作用②。党的十九大报告中提出"经过长期努力，中国特色社会主义进入了新时代，这是我国发展新的历史方位。"自此，"新时代"成为我国经济社会发展和各领域变革创新的重要话语方式，新时代的教育改革发展也成为一个重要的研究命题。新时代的变革，是认知模式、生存环境、社会生产力等基础层面的变革，这对于教育实践与理论必将产生基础性、颠覆性的影响和改变。当前教育理论研究正在面临全方位、系统性的重大创新挑战③。从技术层面看，新时代的教育改革发展，其显著特征是教育信息化的快速发展，信息技术在教育领域的充分运用突破了传统教育理论的现实边界，在教育史上首次获得了两个现实可能：第一，科学、全面、深入、定量地认识学生的个体特点，开展精准个性化教学乃至教育；第二，对学习时间、精力等学生资源进行动态优化配置，以获得最优的学习效率④。从价值的层面看，新时代的教育改革发展，追求一种"公平而有质量"的教育体系，倡导教育"面向人人、成就人人"的价值取向，希望以高质量的教育改革满足群众对美好教育的期待。

整体而言，进入新时代的中国基础教育改革发展，既面临良好的外部发展机遇，也面临多维度的现实挑战。如何以系统性、深层次的教育教学变革来主动把握机遇、迎接挑战，这是上至教育主管部门进行教育决策，下至每一所学校改革发展都应该关注的重要命题。

人是教育的原点，也是教育的归宿。教育的改革发展最终需要归结到人的因素之上。能否促进人的成长发展，也是判断教育改革发展成败的核心依据。从根本上说，教育改革作为一种社会实践活动，是在一定价值观指导下有意识、有目的的活动。价值是

---

① 张行涛.教育与社会共变格局与过程[J].集美大学学报，2004，5(1)：42 - 46.
② 赵兰香，王芳，姚萌.中国人才培养急需"双重转型"[J].中国科学院院刊，2019(5)：532 - 541.
③ 杨宗凯，吴砥，郑旭东.教育信息化 2.0：新时代信息技术变革教育的关键历史跃迁[J].教育研究，2018，39(4)：16 - 22.
④ 赵晋，蔡冉冉，张建军.新时代教育理论创新的动因与路向探究[J].中国电化教育，2019(10)：67 - 75.

人与世界交往过程中的经验累积,表达了人类相互依存关系构成的生活关系。对于教育改革不同价值的认知和定位,在很大程度上影响着教育改革实践活动的设计、实施和使命达成。回溯教育活动的产生和沿革历史,可以清晰地发现,自教育活动产生之日起,教育的本质都始终表现为成人对于儿童生活经验的主动干预。从这个角度出发,人的成长应该是教育活动的基本价值所在。这意味着,不论我们从何种角度、出于何种问题解决的需求来设计教育改革,这些改革都应该遵循一个基本的价值导向,那就是促进人的全面发展。由此,任何的教育改革都应该以追求人的全面发展作为其最终的价值考量标准,评价教育改革的成败,最核心的标准也就是要看它在多大程度上促进了人的全面发展①。

教育改革以促进学生全面发展为基本价值考量,更深层次的价值在于教育改革对教育根本任务的推动和落实。教育是国之大计、党之大计,教育兴则国家兴,教育强则国家强。从我国教育改革发展的历史看,对于教育根本任务的追问一直伴随着教育发展的历史进程。这种追问既体现了人们对教育内在规律的理论考量,也体现了人们对教育功能与教育价值的实际追求,表现出鲜明的时代特征。党的十八大以来,立德树人作为教育的根本任务越来越成为一种共识,成为推动教育教学和人才培养改革的重要价值引领。将立德树人作为教育的根本任务既是对生命成长内在价值的认知,也是对教育初心和使命的回归。对于生命个体的成长而言,一个人道德品质的好坏对其一生的发展具有重要影响,提升人的道德素质是我国改革开放和现代化建设以及教育改革中人才培养的核心问题。党的十八大报告首次以官方文件的形式将立德树人确立为教育的根本任务,党的十九大报告和二十大报告再次强调要"落实立德树人的根本任务",这实际上表明了在新时代中国教育改革发展的逻辑范畴中,立德树人应该是学生全面发展的核心表达,是教育核心价值和使命的最终体现,也是任何教育改革在实践领域应该追求的核心价值。

将立德树人作为教育的根本任务,具有丰富而深刻的内在因素。首先,从学生的角度看,倡导立德树人,能够培养学生的道德品质,塑造学生的健全人格,培养学生的全面素质。这是因为,立德树人意味着通过教育培养学生正确的价值观、道德观和行为规范。只有具备良好的道德品质,才能成为有益于社会发展和进步的公民。而这种道德教育应当贯穿于教育的始终,成为每个学生成长过程中的核心任务。立德树人强调培养学生的人格和个性,使其具备正确的思想品质、道德情操、心理素质和社会责任感。一个具备健全人格的人,能够以积极、乐观、自信的态度面对人生的挑战,同时能够正确处理人际关系,形成健康的生活方式,成为社会的栋梁之材。立德树人注重培养学生的

---

① 袁国,贾丽彬. 人的全面发展:教育改革的基本价值标准[J]. 教育理论与实践,2018,38(20):7 - 9.

全面素质,使其在智育、体育、美育等各个方面都得到发展。教育不仅仅是传授知识,更是培养学生的综合能力和创新精神。通过全面素质的培养,学生能够在未来的社会中更好地适应和发展。其次,从社会发展的角度看,立德树人能够有效促进社会和谐,打造美好社会。这是因为,立德树人不仅仅是为了个体的发展,更是为了社会的进步与和谐。通过教育,能够培养学生良好的社会责任感,让他们明白自己在社会中扮演的角色和应承担的责任,并且主动承担起这些责任。只有具备社会责任感的人,才能积极参与社会事务,为社会的发展作出贡献。立德树人的终极目标是为了打造美好的社会。通过教育,让每一个人都具备高尚的道德品质和正确的价值观,从而使整个社会充满正能量,各行各业都能够以诚信、公正、负责的态度面对工作和生活。这样的社会将会更加和谐、稳定和进步。由此,立德树人是教育的根本任务,因为它不仅关乎学生的个人发展,更关乎社会的进步和美好。

从立德树人作为教育的根本任务出发,推进新时代中国特色社会主义事业发展,必须优先发展教育事业,做好立德树人工作,回答好对新时代立德树人"如何看""怎么办"两个层面的根本问题,培养担当民族复兴大任的时代新人①。这一任务的完成,不仅需要党和国家层面的政策设计、制度完善和相应的保障体系建构,也需要每一所学校结合自身实际的个性化探索。

学校教育是教育体系中最为重要、最为基础的组成部分,学校教育的改革发展也是立德树人根本任务得以实现的根本支撑。关注教育改革中的学校作为,是世界范围内教育改革的整体趋势,也是我国教育改革发展进一步激发学校内生动力,彰显学校办学自主性的重要制度设计。从世界教育改革发展的历史进程看,关注学校层面对于改革发展政策的自主理解和教育改革实践的自主设计,提升学校在教育改革发展中的自主性价值,是一种普遍的共识。从中国的情况看,进入新千年来,"校本"借着新世纪的东风逐渐走入教育改革发展的视野,"走向校本"成为一种引领教育改革发展的重要趋势。关注校本领域的教育设计与变革,具有深层次的理论和实践基础。一方面,教育理论和教育实践之间的张力促使教育研究者和实践者共同转向具体的学校实践,关注学校领域的教育改革发展实践问题及其蕴含、内生的教育理论、规律成为研究的热点;另一方面,学校在教育体系当中的独特地位使得校本层面的研究具有独特的价值,进而成为人们关注的重点问题。除此之外,学校教育作为一种独特的教育样态,有其独特的复杂性特征,如果按照以往的思维方式或研究逻辑,将某种外部生成的理论强硬地在学校当中贯彻实施②,往往难以顾及学校的个性和复杂性,因而得不到理想上的成效。学校教育

---

① 白显良,崔建西.新时代立德树人的价值定位、时代内涵与实践要旨[J].思想理论教育,2018(11):4-9.
② 郑金洲.走向"校本":学校教育发展的取向[J].教育理论与实践,2000(6):11-14.

的复杂性使得校本层面的研究价值逐渐凸显,教育中对人的个性的张扬和激发也为学校层面自主设计和推进教育改革提供了支撑。正是因为如此,"走向校本"逐渐成为 21 世纪以来我国各级各类教育改革发展显著的时代特征。

"走向校本"具有鲜明的理论和实践特征,其中最显著的价值和要求体现在三个维度:一是为了学校,二是在学校中,三是基于学校。正是因为这种区别于其他层面的教育改革特性,学校层面的教育改革被赋予了独特价值:首先,学校层面的教育改革可以引入和推动创新的教育理念。通过改革,可以建立更加灵活、多元化的教育模式,关注学生的个性差异和兴趣发展,培养创造力、批判性思维和解决问题的能力。这样的教育理念有助于满足社会对人才的需求,促进学生全面素质的提升。其次,学校层面的教育改革可以推动教育内容的更新与优化。随着社会的发展和变革,新知识、新技术不断涌现,传统的教育内容可能无法满足当前社会的需求。通过教育改革,可以及时调整课程设置,引进新的学科、新的教材和教学方法,确保学生接受最新、最有效的知识和技能的培养。再次,学校层面的教育改革可以致力于构建积极健康、有利于学生全面发展的学习环境。通过改革,可以更多关注学生的心理健康、身心发展等方面,提供更多的支持和资源,建设和谐的校园文化氛围。这样的学习环境有助于激发学生的学习兴趣和动力,促进他们良好的学业成绩和个人发展。最后,学校层面的教育改革可以促进教师的专业发展和培训机制。教师作为教育的主要实施者,其素质和能力对教育质量至关重要。通过改革,可以提供更多的教师培训资源、激励机制和职业发展通道,提高教师的专业水平和教学能力,从而提升整个学校的教育质量。除此之外,更为重要的是,每一所学校都有自己的独特属性,基于自身学校实际的教育改革探索能够生成匹配学校发展需要的个性化路径,能够有效解决学校改革发展过程中遇到的具体问题,推动外部教育政策制度在学校层面的更有效落实,也推动学校整体办学质量的稳步提升。不仅如此,因为教育改革发展整体规律的一致性,所以这种个性化的路径探索也能够生成一定的传播辐射价值,对实践领域整体推动学校教育改革发展具有良好的借鉴作用。

第二节　在研究的思维范式中推进学校教育改革

整体而言,学校层面的教育改革具有独特的价值,可以通过创新教育理念、更新教育内容、构建良好学习环境以及加强教师专业发展等方面的改革来提升教育质量,促进学生全面发展,满足社会对人才的需求。新时代的中国教育改革,包括学校层面,也包括其他层面,都不是一个简单的、狭隘的问题,而是一个复杂而广泛的社会问题。这意味着学校教育改革,不仅涉及学校教育系统本身,更涉及社会、政治、经济、文化、科技、家庭等方方面面,涉及包括政府、学校、教师、家长、学生等在内的多元主体。因此,学校教育改革在某种意义上可以称为"是一个超级复杂系统",必须用复杂的观点和思维方式看待教育改革、推进教育改革①。如何应对这样的改革,在笔者看来,最为重要的就是用研究的思维范式来推进改革。

教育研究从属于社会科学研究的整体范式,就其概念和内涵而言,教育研究是研究者在把握客观性的教育事实,廓清诸种教育现象之间相互关系的同时,揭示现实教育的发展路向,以期实际教育生活的改进。任何教育研究总是内含着教育事实与教育价值的合一。教育研究的根本指向在于回归到教育的问题本身,以此来揭示和解释一个现存的教育问题背后所隐藏的各种教育价值和意义,为教育生活的改进并最终带来人类生活的改进而提供支持②。在很长一段时间内,教育研究和教育实践一直处于相对割裂的状态,教育研究更多地被视作教育理论工作者独享的"权势",被视作一种凌驾于教育实践之上的理性创造。近年来,随着人们对教育研究本质问题理解的逐渐深化,特别对教育研究和教育实践内在逻辑关系的更科学化把握,学校层面的教育研究活动特性及其价值开始彰显。以斯滕豪斯为代表的学者明确提出"教师成为研究者"的理念③,认为"在教育研究中,教师应该处于教育研究工作的中心,学校教育改进的主要意义是课程研究,其开发的主体应该属于教师,而且在实践中这样做有好的前景"④,在这样的整体趋势下,教育研究逐渐从"旧时王谢堂前燕"开始"飞入寻常百姓家"。特别是随着我国基础教育课程教学改革的推进,学校层面课程教学的自主权不断扩大,学校之中以教师为主体、以学校为牵引的教育科学研究活动逐渐丰富起来,并且日渐产生独有的价值。

相比较于单纯的教育理论研究,学校层面的教育研究活动具有其独特的属性。一方面,学校层面的教育研究更多的是一种实践研究,不论是研究的选题,还是开展研究的具体方法、过程,以及生成的研究结论,主要的价值都是为了解决学校存在的课程教学、人才培养、学校管理、师资建设等领域的实际问题,因此,学校教育研究能够对学校整体改革发展产生直接的推动价值,也能够有效沟通教育研究和教育实践之间的鸿沟;另一方面,学校层面的教育研究活动具有鲜明的行动属性,需要学校的教师以一种主动参与的状态立足于课堂教学和人才培养的实践,在扎实的行动中探索解决问题的办法。在行动中研究,在研究中促进行动改革,是学校教育研究最基本的方法和范式。因为这

---

① 蒲蕊. 中国教育改革:复杂性、系统性与科学性[J]. 教育科学研究,2014(10):33-37.

② 刘铁芳,位涛. 教育研究的意蕴与教育研究方法的多样性[J]. 吉首大学学报(社会科学版),2018,39(1):7-14.

③ 范敏,刘义兵. 斯腾豪斯的"教师成为研究者"思想[J]. 全球教育展望,2017,46(8):83-94.

④ STENHOUSE L. An introduction to curriculum research and development [M]. London: Heinemann, 1975:142-156.

样两种独特属性的存在,学校教育研究能够生成兼具理论和实践价值的研究成果,其突出的实践导向彰显了这种独特研究范式在当下学校教育教学改革中的独特生命力。

本书反映的是笔者在上海师范大学附属第二外国语学校(现更名为上海浦东新区东鼎外国语学校,后文简称"上师二外")和上海市民办桃李园实验学校(后文简称"桃李园实验学校")担任校长期间带领全校师生开展"核心素养导向的深度学习课堂教学变革"校本研究的思考和成果,试图以个案研究的方式呈现笔者对于新时代学校教育教学改革中学生核心素养培养命题的独特思考和行动设计。本书的撰写,主要基于两个维度的考量:

其一,从理论上说,本书的撰写是对个案研究作为一种独特研究方式的价值认同。个案研究是人文社会科学中的一种重要研究方式。个案,是研究者根据研究目的选取出来的作为直接研究对象的个别案例(个人、人群、组织、社区、事件等)①。从整体上看,个案研究是一种深入探究特定个体或群体的研究方法,它对于理解个体或群体的行为、经验和情境具有重要的意义。第一,个案研究有助于深入理解现象。通过对个体或群体进行深入研究,可以获得详细的信息和数据,从而更好地理解特定现象背后的原因和机制,个案研究可以提供独特的细节和深入的见解,有助于发现和洞察新的知识。第二,个案研究有助于验证理论和构建理论。个案研究可以用来验证已有理论的适用性和有效性。通过对多个个案的比较和分析,可以进一步完善和修正理论。此外,个案研究也可以用来提出新的理论框架,为该领域的研究提供新的理论基础。第三,个案研究有助于提供实践指导。个案研究可以为实践工作提供指导和建议。通过对成功个案的分析,可以了解到取得成功的关键因素和方法,从而为类似情境下的实践提供指导。同时,对失败个案的研究也可以揭示问题和挑战,为实践工作提供警示和反思。第四,个案研究有助于促使个性化需求的满足。个案研究有助于了解特定个体或群体的需求和期望,从而更好地满足其个性化需求。通过深入研究个体的心理、行为和情境,可以提供更加精准的服务和支持,进而提高满意度和效果。第五,个案研究有助于丰富其他研究的方法和结论。个案研究可以产生丰富的数据资源,这些数据资源对于其他研究方法的使用也具有重要价值。例如,个案研究可以提供丰富的案例材料和实证数据,为定量研究提供实证支持和例证。总之,个案研究在理论构建、实践指导和个体需求等方面都具有重要的意义,它可以为了解特定的个体或群体提供详细而深入的见解。但是,作为一种质性研究方法,个案研究在很多时候会因为样本的选取、方法的运用等问题而遭受"理论基础不厚实""推广应用性不强"等诘问。然而在笔者看来,个案研究超越了单纯的数字理性,能够通过一种更加"目中有人"的方式来探究和思考问题,无疑是更具有

---

① 风笑天.社会学研究方法[M].北京:中国人民大学出版社,2005:239.

温情的研究范式。正如有学者所言，"任何图景都终是不完整的，都不是'全''真'的图景，由个案到总体，如同我们每个具体的人去面对全部的生活那样，永远只是在路途中"。由此我们可以延伸，个案研究正因为从来不承认用一种全体的方式就能完美地来理解社会，所以它也承认自身的不完美，知道自己的界限在哪里，乃至当下社会的界限在哪里，才是学术的真谛①。由此我们更愿意相信，从某种意义上说，个案研究在很大程度上"只是研究者用来窥探其自身与个案都安放于其中的那个世界的一个窗口而已"②，但是这扇窗的打开，无疑能够为我们解释隐藏在数据背后的"疑问"提供了可行的方法，能够总结形成更具有实践价值、更富温情的行动路径，或许这正是个案研究在现代教育研究的方法论体系中越来越受到重视、越来越无法替代的根本原因所在。

本书通过个案研究的方式，对上师二外和桃李园实验学校所开展的核心素养导向的深度学习课堂变革进行系统总结和深度拷问。研究不仅关注学校围绕核心素养培养的命题采取了怎样的行动，更关注这些行动背后的思考和设计，以此形成一种基于个案的完整的系统理论和实践建构，以获取既具有一定理论价值也具有一定实践价值的研究成果，同时既凸显个案研究的生动性灵活性和开放性，也让这种学校层面的行动研究具有更高层次的应用价值。

其二，从实践上说，本书的撰写是笔者对所经历的两所学校在课程教学改革探索中的实践自信。在我国，"教学是学校的中心工作""课堂是学生成长的主阵地"，这是植根于人们内心深处的公理。课堂教学的探索、实验、改革，从来都是教育改革的重要内容，也是教育改革的最终落脚点③。经过数十年的持续改革与发展，我国基础教育课堂教学方法逐渐形成了完整的体系，以讲授法为主的传统教学方法逐渐向新型的自主、合作、探究的学习方式转变，最终形成"素养导向、综合学习、主题实践、因材施教"的中国特色实践育人方式④，成为引领新时代学校教育教学改革的重要价值和实践导向。

笔者担任校长的两所学校，尽管在办学定位、发展理念和人才培养目标上存在差异，但是两所学校都无一例外地非常重视课堂教学改革，将提升课堂教学的育人效能作为整体推进学校教育教学改革的落脚点。特别是在核心素养理念被明确提出之后，两所学校都敏锐地认识到作为一种独特的人才培养目标的设计，核心素养能够成为引领课堂教学改革的重要价值导向。学校通过课题引领、全员参与、行动研究的方式，对核心素养导向的课堂深度教学改革进行了一以贯之的研究，这些研究不仅在核心的价值理念上具有一致性，在实践的操作范式上也具有共同的凝练和推广价值。从实践的角

---

① 渠敬东.迈向社会全体的个案研究[J].社会,2019,39(1):1-36.
② 吴康宁.个案究竟是什么:兼谈个案研究不能承受之重[J].教育研究,2020(11):4-10.
③ 郭华.70年:课堂教学改革之立场、思想与方法[J].中小学管理,2019(9):20-24.
④ 王鉴.我国基础教育课堂教学方法改革及体系建构[J].课程·教材·教法,2023,43(3):47-55.

度看,两所学校在推动核心素养导向的课堂教学改革过程中都积累了兼具学校特色和推广辐射价值的行动策略,这些策略不仅有效促进了两所学校的发展,促进了教师队伍的成长和学生素养品质的提升,而且形成了一种指向核心素养的课堂教学的整体性思路和方法。对这些思路和方法进行总结提升,既是我们对在课程教学改革中所取得的成绩的展示和自信的体现,也是新时代学校在推进教育强国建设的伟大征程中,更好地发挥传播辐射价值,更好地承担"为党育人,为国育才"使命的一种主动担当。

第二章 溯　源

——指向核心素养培育的课堂教学研究背景

　　从某种意义上说,教育改革是伴随教育整体发展的一种常态,很多时候,教育改革也被认为是促进教育整体发展的必然路径。任何改革,都隐含一个基本假设——改革前的某些状况是不好的、是存在问题的,通过改革可以改善不好的状况,从而达到发展的目的[①],这是教育领域任何改革的基本前提和逻辑出发点,也是世界范围内轰轰烈烈的教育改革不断发生的重要原因。然而,正如笔者强调的,任何层面的教学改革,都不是孤立于社会发展和教育整体变革之外的,而是需要遵循社会发展的共性需求,需要契合教育改革的共性规律,也需要追求时代发展、教育改革衍生的新问题的化解。

　　从世界范围的教育改革发展趋势看,人类社会发展的每一次大跨越、大进步,都与教育的大变革息息相关。每一次教育大变革都极大地影响或改变着人类社会的发展,谱写着人类历史发展的新篇章。当前,进入信息时代的人类社会正面临第三次教育革命的冲击,第三次教育革命带来的是教育的根本性变革,是从规模化教育走向生态化、网络化、分散化、生命化和个性化的教育[②],在教育的性质、目的、内容、组织、方式、规模、影响等诸多方面均呈现出不同于以往的鲜明特征(见表2-1),这些特征的存在意味着未来教育的整体转型,也必然需要更深层次、更具系统、更加持久的变革动力。

表 2-1　人类社会第三次教育革命的基本特征[③]

方面	特　　　征
性质	教育将突破时空限制,以个性化、协作化为特征
目的	培养基础性的数字化的劳动者、创造性的研发者、生物圈的管理者和优秀的服务者
组织	教育组织将以分散化、数字化、网络化、远程化、家庭化、个性化等多元化形式出现

① 朱丽.什么是成功的教育改革:教育改革成效评价标准构想[J].教育发展研究,2011(6):35-38.
② 周洪宇,鲍成中.论第三次教育革命的基本特征及其影响[J].中国教育学刊,2017(3):24-28.
③ 周洪宇,鲍成中.扑面而来的第三次教育革命[N].中国教育报,2014-05-02(7).

（续表）

方面	特　　征
内容	学校教学不再是简单的知识传授,而是注重从学历转向学力、能力的培养
方式	网络教育、游戏化学习、虚拟社区与现实课堂有机结合的新型教育模式不断涌现
规模	实施分散式、翻转式的个性化教育,教师与学生将是平等的互助者、学习伙伴
影响	形成终身学习体系和学习型社会

从我国经济社会发展和教育改革的具体情况看,进入新时代的中国基础教育,面临新的发展形势、发展任务、发展机遇和发展挑战。新时代教育改革发展的"新",不仅意味着新的外部发展环境和政策制度支持,也意味着要以一种新的视角和思维方式来看待教育问题,分析教育现象,推动教育改革。特别是近年来,随着新时代教育改革发展一系列重要政策制度文件的出台,中国的基础教育改革发展问题呈现了许多新的内涵、价值和要求,比如对教育根本任务"立德树人"的关注,对核心素养培育要求的理解,对学生全面发展的重视,对教师队伍专业素养提升的迫切需要,对课堂教学育人效能提升的诉求等。这些改革都是新时代建构"公平而有质量"的学校教育体系必须关注的重要领域,也为我们设计学校层面的课程教学改革提供了重要的价值遵循。如何通过学校层面的有效变革,让新时代教育理念在学校落实落地,更好地促进人才培养质量的提升,更有效地回答教育"培养什么人、怎样培养人、为谁培养人"的时代之问。这是摆在每一个学校面前急需破解的重要命题,也为我们分析学校层面的教育研究和教育实践行动提供了一个整体的外部背景。具体而言,核心素养培养导向的学校深度学习课堂变革,其问题的提出和研究的实施,主要有三个方面的具体背景和要求。

第一节　关注学生核心素养培育的时代背景

纵观当前世界和国内教育教学与人才培养的变革探究,核心素养是一个重要的话语方式。全球范围内,核心素养在当前国际教育改革进程中越来越受到人们的重视。它的提出是基于全民终身学习视角,是为培养能够适应21世纪经济社会发展的世界公民所构建的概念。核心素养不仅是一种人才培养的目标建构,也是引领课程教学改革的重要价值理念。核心素养导向的课堂教学具有其独特的特点,从教学的实践进程看,学生核心素养的培育过程在某种意义上就是促进学生问题解决的过程。要真正实现学生核心素养的有效培育,就要在教学过程中除了关注学生的认知性素养,还要关注学生的社会性发展和自主性发展,帮助学生建构知识获取和实践问题解决以及全面发展、终身发展之间的有效关联。这意味着核心素养导向的课堂教学变革，是要真正扭转传统学科教学的"知识授受"惯性，是真正走向跨学科、情境化及问题解决的教学变革①，这种变革既能够彰显核心素养的教学价值，又能够契合学科育人功能的发挥和教学理念与方式的转型。

一、关注核心素养是教育发展的时代趋势

从本质上看，关注学生的核心素养，就是关注"教育要培养怎样的人"这一根本性问题。什么是学生的核心素养，如何培养学生的核心素养，这是当前全社会都在关注的热点话题，它不仅关系到国家、社会的发展，也关系到千千万万个家庭的未来。对于教育工作者而言，这也是未来事业发展的重要导向，是一个必须清醒认识和细致思考的问题。

从文献上看，虽然"核心素养"这一概念的专门提法是比较新颖的，但是其蕴含的思想由来已久。核心素养概念的演变与人类进步和社会发展密切相关，是社会生产力与生产方式发展变化的产物。从古至今，不同时代的思想家及学者们都曾经围绕人应该具备的核心素养进行过深入而全面的讨论，反映的都是当时社会发展的需求，是当时的人们对"教育应培养什么样的人"这个问题的答案。在以农业经济形态为主导的时代的社会背景下，人才的培养重视道德品性；在以工业经济形态为主导的时代的社会背景下，人才的培养重视能力本位；而在以信息经济、低碳经济等经济形态为主导的当代社会背景下，人才的培养则需要重视核心素养。强调核心素养才是培养能实现社会和谐发展的高素质国民与世界公民的基础，它反映了当今时代社会发展的需求。

核心素养为当代世界所普遍重视，是各国际组织与各国政府在进行教育改革与课程改革时密切关注的热点。各国际组织与各国政府都强调核心素养的获得是一个持续的、终身的学习过程。对核心素养的概念进行研究，对核心素养与相关概念之间的关系进行辨析，以及对核心素养概念引领下的课程与教学变革的需求进行系统分析，可以帮助我们顺应当前联合国教科文组织等国际组织所倡导的教育改革的国际潮流与课程改革的世界发展趋势②，在教育改革的大潮中更好地定位和谋划，为实现公平而有质量的教育、促进每一个学生健康幸福全面地成长奠定基础。

全球化、现代化、信息化正在创造一个日益多样化和相互关联的知识经济时代，在机遇与挑战并存的背景下，各大国际组织从人才战略的高度相继开展并构建了核心素

① 张紫屏.基于核心素养的教学变革：源自英国的经验与启示[J].全球教育展望，2016，45(7)：3-13.
② 林崇德.21世纪学生发展核心素养研究[M].北京：北京师范大学出版社，2016：1.

养的指标框架,以期回答"教育要培养什么样的人"这一重要问题。其中,最具国际影响力的经合组织(OECD)、欧盟(EU)和联合国教科文组织(UNESCO)分别构建了"成功生活和健全社会的核心素养指标框架""终身学习核心素养:欧洲参考框架""全球学习领域框架"三大核心素养指标框架(参见表2-2)。在借鉴国际社会核心素养框架体系的基础上,融入中国特有社会文化和基础教育改革与发展特殊性的思考,并基于大样本实证调查所获得的数据与结论,2016年9月,《中国学生发展核心素养》总体框架正式发布。根据这一框架,学生发展核心素养,主要指学生应具备的,能够适应终身发展和社会发展需要的必备品格和关键能力。具体而言,中国学生发展核心素养,以科学性、时代性和民族性为基本原则,以培养"全面发展的人"为核心,分为文化基础、自主发展、社会参与三个方面。综合表现为人文底蕴、科学精神、学会学习、健康生活、责任担当、实践创新六大素养,具体细化为国家认同等十八个基本要点。根据这一总体框架,可针对学生年龄特点进一步提出各学段学生的具体表现要求,自此之后,对于核心素养的培育逐渐成为我国教育教学研究和实践领域的重要命题,核心素养培育导向的课程教学改革成为当下依然炙手可热的研究命题。

表2-2 三大国际组织核心素养框架的指标分类

方面	维度	指标	指标描述	国际组织		
				OECD	EU	UNESCO
全面发展	品德素养	公民意识	具有行使公民权利的能力,具备道德判断和社会正义伦理的观念,懂得保护自己的权益	✓	✓	✓
		尊重与包容	尊重、接纳、理解和关爱他人,具有同情心,能够理解、尊重和包容人与事物的差异性和多样性	✓	✓	✓
		环境意识与可持续发展思维	能够关心、理解自然与生态环境,具有可持续发展的未来观,理解未来社会是建立在生态、经济、社会文化可持续发展基础上的,具有环保与节约精神			✓
	学习素养	数学素养	能够理解数学概念,运用数学知识和数学思维解决日常生活中的各种问题	✓	✓	✓
		科学素养	具有科学精神,掌握科学知识,能运用科学知识确定问题和做出具有证据的结论	✓	✓	✓
		母语能力	通过听、说、读、写等形式运用母语进行理解、表达、解释、互动等方面的能力,尤其是语言综合运用能力	✓	✓	✓
		外语能力	有效地运用外语进行交流、阅读和写作的能力	✓	✓	
		学会学习	个人根据自身需要独立或与小组合作开展、组织自身学习的能力以及方法与机会意识	✓	✓	✓

（续表）

方面	维度	指标	指标描述	国际组织		
				OECD	EU	UNESCO
21世纪素养	身心素养	身体健康	具有健康的生活态度、生活方式和行为习惯，保持身体健康发展。具有安全意识，懂得爱护自己			√
		心理健康（自我管理）	自尊自爱，积极主动，能恰当地管理自己的情绪和行为，养成自律、自省的习惯；能坚强面对挫折，具有积极的情感体验	√	√	√
	审美素养	审美素养	能欣赏与享受艺术作品及表演，并借助与个人天赋相一致的手段来表现自己的艺术才华，愿意通过艺术上的自我表达和对文化生活的持续兴趣来培养审美能力		√	√
	非认知品质	沟通与交流能力	能够有效地与他人进行沟通、交流，并与他人建立良好的关系	√	√	√
		团队合作能力	能够与团队合作以完成共同目标，能够有效地管理与解决冲突	√	√	
		国际意识与全球化思维	能够积极理解和欣赏世界各地的历史文化；能够以开放的、多维的思维方式看待世界，具有全球视野		√	
	认知品质	问题解决能力	合理地思考和分析问题，有效地按照问题解决步骤处理和解决问题	√	√	√
		计划、组织与实施能力	在复杂的大环境中，基于目标进行规划与组织，并严格执行	√	√	
		批判性思维	能够对各种问题、现象等进行反思和质疑，发现问题所在，具有批判精神和批判技能	√	√	√
		创新素养	具有主动进取的探索精神和好奇心，能够提出和实施新的想法，具有创新和冒险精神	√	√	
		信息素养	能够运用信息通信技术有效地获取信息、分析评估信息、应用信息等；遵循信息获取和使用的道德或法律规范	√	√	√

二、培育核心素养是教学改革的应然选择

回溯核心素养的研究历程，可以明确的是，核心素养正在被当今世界所普遍重视，是各国际组织与各国政府在进行教育改革与课程改革时密切关注的热点。虽然各国际组织与各国政府在核心素养的具体表述上存在差异，但其思想是共通的，即都重视公民关键的、必要的、重要的素养，都将核心素养培育作为未来社会人培养的整体性设计。

因此,推动核心素养导向的课程与教学改革,是当今时代教育发展的必然选择,是我国基础教育改革更好地接轨世界基础教育发展的必然选择,也是更好地回答新时代应培养怎样的人的必然选择。

从中国教育教学改革的整体路径和特征看,强调国家层面统一的政策引领是推动教育改革的重要方式。这种方式和特征在核心素养导向的课堂教学改革中也有相应的体现。对于核心素养的关注,同西方国家一样,我国教育研究领域关注的核心素养,最初也是通过理论研究的视角,探索核心素养作为一种人才培养导向和价值理念的内在意义,而作为学术探讨存在的核心素养及其培育在那个时候尚缺少普遍的共识和整体推动的基础。然而,在这种探索的基础之上,国家层面连续发布了多项重要教育改革发展的政策文件,其中多次提到了人才培养和核心素养培育的问题。比如《国家中长期教育改革和发展规划纲要(2010—2020年)》提出"把提高质量作为教育改革的核心任务",党的十九大报告和二十大报告中明确提出"努力让每个孩子都能享受公平而有质量的教育"和"办好人民满意的教育"的追求。2018年,教育部印发《普通高中课程方案和语文等学科课程标准(2017年版)》,首次明确了各学科的核心素养。2022年教育部印发《义务教育课程方案和课程标准(2022年版)》,提出"聚焦核心素养,面向未来",核心素养和学科核心素养被明确写入了课程方案和课程标准之中。由此推动核心素养培育的课堂教学改革成为落实教育改革发展政策的必然选择,具备了更为现实的意义。从这个角度出发,我们关注核心素养导向的深度学习的课堂教学改革,既是对国际社会重视核心素养培育的整体趋势的把握,也是为了有效落实义务教育和高中"双新"改革的政策要求,因而具有鲜明的时代价值。

作为一种新的人才培养和课程教学改革理念,核心素养培育的课堂教学与传统的课堂教学存在很大的差异(对于这种差异性的分析以及核心素养导向的课堂教学的实践诉求,我们将在下一章中专门论述)。但是无论如何,核心素养导向的课堂教学都呼唤教学理念、方式、评价等的整体转型,这既需要教师对核心素养的内涵、价值及其教学要求有精准的把握,也需要教师建构起匹配核心素养导向的教学的相应能力和素质。然而,我们在长期的课堂实践中发现,教师对于学科核心素养的理解并不到位,缺乏高品质学习设计的能力;学生在课堂中浅表学习甚至厌学的情况时有发生,教育的公平与质量很难得到根本性保证。因此,要改变学生学习的现状,保证学生在学习中获得快乐,并且能够深度学习,就要将学生的学习状态、教师落实核心素养的专业实践、课堂变革路径、整校学习共同体建设等进行系统思考,从而保障每一位学生获得高品质的学习权,这也正是我们开展核心素养导向的深度学习课堂变革研究的初衷。

第二节 倡导学科育人方式转型的教改背景

传统的学科教学主要的价值拘泥于知识的传递,培养"知识人"是传统学科教学的重要价值固守。但是近年来,随着课程教学改革的深入,学科教学的综合育人价值逐渐受到重视。跳出学科知识传承的固有导向,倡导学科综合育人功能的回归,是当前课程教学改革关注的重要问题。从高中教育改革发展的现实情况看,2014年9月《国务院关于深化考试招生制度改革的实施意见》正式颁布,开启了新一轮高考改革,其中明确提出要改革高中的育人方式。从2017年开始,我国相继推动了高中和义务教育阶段的"双新"改革,这次改革的一个重要的话题就是推动育人方式的转型。从现有的政策阐释和相关研究看,学校育人方式改革是落实立德树人根本任务,适应人才成长规律,推动教育高质量普及化发展的需要[①]。对于如何推进中小学育人方式的改革,学者们也提出了不同的见解和思路,比如:有学者从全面改革学校的角度提出新的育人方式是对学校进行全面、系统和整体设计,与立德树人的落实指向一致[②];有学者从调整学校育人结构的角度提出"双新"改革推崇的育人方式体现了教育体系的全面性,尊重学生个性发展[③];还有学者从学校教育教学的实践角度提出育人方式改革关键是要改革课堂教学方式以化解学校中的课堂危机[④]。

在笔者看来,对于义务教育阶段的学校而言,一方面,理解育人方式改革要回到理论原点,围绕如何的"育人方式"、为何"改革"、"改革"重点"改什么"等议题的诠释,探析这一主题所蕴藏的概念范畴的理论要义;另一方面,更为重要的是要深刻把握义务教育"双新"改革的时代背景和政策要求,抓住课堂教学这一主渠道,以学科育人方式的转型整体撬动育人方式的变革,同时在这种育人方式的转型中扩大学科教学的育人价值,达成学科教学对于核心素养培育的应有价值。

一、育人方式转型是"双新"改革的核心诉求

义务教育是沟通学前教育和高中阶段教育的"桥梁",在国民教育体系中具有重要

① 赵冬冬,朱益明.普通高中育人方式改革的理论要义、现实挑战与实施建议[J].中国教育学刊,2021(9):56-61.
② 陈如平.以育人方式改革为重点推动普通高中深度变革[J].中国教育学刊,2020(8):31-35.
③ 杨银付.新时代普通高中育人方式改革如何推进[J].人民教育,2019(Z2):1.
④ 李泽林.普通高中育人方式改革的关键在课堂:兼论高中课堂的危机与变革[J].当代教育与文化,2019,11(4):57-62.

地位。习近平总书记在论述教育强国战略时明确指出:"建设教育强国,基点在基础教育。基础教育搞得越扎实,教育强国步伐就越稳、后劲就越足。"义务教育是培养人力资源的基础,通过义务教育,每个学生都可以获得基本的知识和技能,从而为其未来的职业生涯做好准备。这为国家提供了更多的人才储备,推动了经济的发展和社会的进步。义务教育有助于实现教育的普及化。通过义务教育,无论是城市地区还是农村地区的孩子都能够接受教育,克服了地区差异和家庭背景不平等问题。这有助于缩小城乡教育差距,促进社会的均衡发展。此外,义务教育也起到了推动社会公平的作用。每个学生都有平等的接受教育的权利,不受各种限制。这为每个孩子提供了机会,让他们能展示自己的潜力和才能,实现自我价值。

正是源于义务教育在国民教育体系中的独特价值,如何提升基础教育质量始终是教育改革和社会发展中被普遍关注的重要命题。从 2001 年我国第八次基础教育课程改革以来,新的课程教学理念、方式不断呈现,整体推进了我国基础教育办学质量和人才培养水平的提升。2022 年开始的义务教育"双新"改革又是一次影响范围广,受关注更多的改革设计,具有引领新时代中小学课程教学改革和学校整体变革的重要价值与导向作用。

中小学的"双新"改革是一种"变与不变"的逻辑范畴:不变的是坚持立德树人的教育根本任务,坚持为党育人、为国育才的教育初心;变的是传统应试教育主导下教育管理中"简单说教、单向输灌"的教育方式,是"家长制、保姆制"的管理方式,是"满堂灌、填鸭式"的教学方式,是"死记硬背、简单模仿、大量刷题"的学习方式,是"简单重复、机械劳动、缺乏创造"的教师专业发展模式[①],是"目中无人、分数导向"的教育评价体系,是"千校一面、缺乏特色"的学校发展方式。"双新"改革最为核心的追求就在于推进中小学办学特色的打造,办学质量的提升和人才培养模式的变革创新。

整体上看,义务教育"双新"改革是一场从理念到行动的系统变革,蕴含着诸多新的思想、价值和行动要求,在这些系统的改革当中,最为核心的是育人方式的转型。育人是指通过教育,培养学生的品德、能力和素养,使其成为具有健康人格、良好道德品质和全面发展能力的社会人才。育人旨在培养学生成为有道德素养、情感智慧、独立思考、社会责任感和创新能力的综合人才。教育的育人功能表现在以下几个方面:教育引导学生树立正确的价值观和道德观,培养学生高尚的道德品质和社会责任感。通过德育,可以使学生具备品德端正、诚实守信、尊重他人等良好品质,为社会建设和发展作出积极贡献;通过智育,可以培养学生的智力,提供学科知识和学习技能,使其具备批判性思维、创造性思维和解决问题的能力,智育功能帮助学生获得全面而深入的知识结构,培

① 谢登科. 对高中"双新"改革中"五对"关系的思考[J]. 中小学校长,2022(6):46 - 48.

养他们的思维能力和学术能力,为其未来的学习和发展打下坚实的基础;通过体育活动,可以为学生提供锻炼身体的机会,培养他们的坚强体魄和健康身心,体育功能有助于学生培养团队合作精神、毅力和意志品质,提高学生的身体素质和健康水平;通过美育,可以培养学生的审美意识和创造力,美育能引导学生欣赏艺术、感受美的力量,并培养他们在音乐、美术、文学等艺术领域的才能,使学生具备艺术修养和创作能力,提高生活的质量和情感智慧;通过劳动教育,可以培养学生的实践操作能力,使他们了解劳动的价值和意义,劳动教育帮助学生逐步提高创造能力、团队合作和解决问题的能力,使他们成为有实践能力和独立工作能力的社会人才。总而言之,教育的育人功能是多方面的,旨在全面培养学生的德智体美劳各个方面的素养,使其能够适应社会发展的要求,积极参与社会生活,为社会进步和人类发展而不懈奋斗。

课程标准反映出国家对学生学习结果的统一的基本要求,是教学设计、实施和评价的依据。近年来,教育部牵头先后组织制定颁布了《普通高中课程方案》《义务教育课程方案》及相应学科的课程标准,为当下和未来的学校教育教学创新、人才培养变革和考试评价制度改革提供了重要的引领,具有多维度的现实意义。不论是 2017 年高中"双新"改革,还是 2022 年义务教育"双新"改革,尽管提出的具体的课程教学理念、方法、要求、形态等不尽相同,但是贯穿其中的内在要求和逻辑线索都是推动育人方式的整体转型。

从某种意义上来说,修订和颁布本轮课程方案和课程标准的目的是深入贯彻落实习近平新时代中国特色社会主义思想,践行立德树人的教育根本任务,培养"有理想、有本领、有担当"的,德智体美劳全面发展的时代新人。此次"双新"改革,坚持目标导向、问题导向和创新导向,不仅优化了课程结构,研制了学业质量标准,增强了教学实践的指导性,还专注于学科和课程育人价值的开发,并明确提出了学科核心素养的概念,倡导育人方式的变革。

应该指出的是,新课标、新方案的颁布,引领着教育领域课程、教学、管理、评价等的系统性变革,但是其中的关键问题是育人方式的改革,这既是"双新"改革中的热点问题,也是难点问题。在这一过程中,实现育人方式的变革是最为核心的要求,而要落实这一要求,最根本的是要回答好三个层面的问题:

首先,我们需要考虑育人方式的改革是为了谁而进行的,这涉及改革的立场问题。教育活动是有明确立场的,它表明了教育是为了谁而存在。毫无疑问,学生是教育的出发点和归宿,教育的立场本质上就是学生的立场。这意味着育人方式的改革必须坚守立德树人的价值导向,将焦点放在培养学生这一核心命题上。这更意味着"双新"背景下的教育教学改革,要全面贯彻关于培养担当民族复兴大任时代新人的要求,结合不同学段的特点,坚持以核心素养为导向,注重学生发展的全面性、代际性、阶段性和个体性特征,借助信息技术的支持,真正关心学生、研究学生、尊重学生、帮助学生取得成就,倾听学生的需求,满足学生的需求,体现以"学"来决定教学,以"学"为本位的价值导向。在这一过程中,特别是要摆脱传统的、单一的学科知识传授导向,要注重培养学生适应未来社会所需的核心素养和综合能力,真正建立起适用于每个人、使每个人都能成功的高质量教育体系。

其次,关于育人方式的改革需要关注"如何进行改革"的实践命题,即改革的路径问题。育人方式的改革本质上是一场实践领域的行动变革,需要建立起"大命题—大课程—大课堂"的系统联动的行动逻辑。所谓"大命题"即指育人方式改革要始终围绕教育"培养什么人、为谁培养人"的核心命题,坚持为党育人、为国育才,并牢记教育必须为社会主义现代化建设服务、为人民服务、为巩固和发展中国特色社会主义服务、为中国治国理政服务等。"大课程"需要突出课程建设在人才培养中的基础性价值,设计具有学校特色的科学的课程体系,符合国家课程方案的框架,同时将"课程思政、思政课程、红色基因、传统文化"等有机地融入其中,以更好地发挥课程的立德树人价值,实现课程的丰富性、选择性、开放性和系统性。"大课堂"则意味着要改变过去课堂教学中过于注重知识传递的弊端,坚持基于课程标准的教学,以"素养导向、学科实践、终身学习、因材施教"的原则为核心,秉持立德树人的理念,深化教学改革,发掘学习内容的育人意义,使学科知识成为学生精神和品德发展的智力基础。要认识到结构化知识的价值,通过大主题、大单元、大概念的学习,营造自由、民主、平等的教学氛围,挖掘合作、探究、自主等学习方式蕴含的育人价值,挖掘学习经历、学习过程的育人作用,促进学生形成责任感、追求真理与正义的品性,让学生在真实问题的体验和感悟中实现深度学习和素养提升。同时还要注重打通课堂内外的联系,打破学校和家庭、社会的隔阂,打破学科之间的壁垒,形成有机整合、有效运行的教学系统。

最后,育人方式的改革要依靠谁来进行,即改革的主体问题。育人方式的改革是一个多主体共同参与的完整系统,其中起着核心作用的必然是教师,因此,高质量专业化的教师队伍是育人方式变革的主要依靠力量,教师能否树立起与"双新"相契合的课程教学理念,涵养起匹配"双新"的教学、管理和评价方法,在很大程度上决定着育人方式转型的成败。一方面,教师要有"大先生"的意识和追求,既精通专业知识、做好"经师",又涵养德行、成为"人师"。教师要明确:教育学生,一是知识,二是方法,三是品格,其中品格是最高层次。要将爱国精神、进取心、责任感、团队意识等品格,融入每堂课、每个活动,教育引导学生涵养大气品格,践行责任人生。另一方面,要通过高质量的校本教研、深度教研,着力提升教师适应"双新"改革和育人方式转型的教学素养,特别是要对跨学科学习,大单元大概念学习,项目化学习,综合实践学习,基于信息技术的教学评价等问题进行深入学习和探索,丰富教师适应育人方式转型的"技术"储备。

上述三个维度整体勾勒出了"双新"改革背景下学校育人方式转型的系统性要求，在这种转型中，核心和基础是学科教学、课堂教学育人方式的转型。基于上述整体认知，推进学科育人方式的改革，可以从以下几个方面入手：

其一，重新审视学科育人的目标和定位。要明确学科育人的核心目标是培养学生的学科素养、创新思维和问题解决能力，同时培养学生的价值观、道德品质和社会责任感。重新定位学科育人的目标，可以帮助改革者更清楚地了解应该如何设计和实施学科育人方式。

其二，强化跨学科整合和综合素养培养。要认识到学科育人不仅仅是传授知识，还应该培养学生的跨学科思维和能力。通过设计项目学习、综合性实践活动等，将不同学科的知识融合起来，让学生在实际问题的解决中培养出综合素养和综合能力。

其三，注重学科实践和实践性评价。要明确学科育人应该注重学生对学科知识的实际运用和实践探索。通过实验、调研、实地考察等方式，让学生深入实践，从而真正理解和掌握学科知识。同时，在评价学生学科能力时，也应该注重实践性评价，鼓励学生进行项目展示、作品创作、实际应用等。

其四，创新教学方法和手段。要明确学科育人方式的改革需要创新教学方法和手段。教师可以运用信息技术手段，设计互动教学活动、探究式学习和合作学习等，激发学生的学习兴趣和主动性。同时，教师也要不断提升自身的专业能力，更新教学理念和方法，为学科育人方式的改革提供支持。

其五，加强教师的专业发展和团队合作。要知道学科育人方式的改革需要有一支专业素质高、教学能力强的教师队伍。学校可以通过提供专业培训、组织教研活动等方式，促进教师的专业发展。同时，鼓励教师之间的合作与交流，形成学科育人方式改革的共识并共同努力。

二、育人方式转型是"素养"培育的重要支撑

基于上文的分析可以认为，推进育人方式的转型是"双新"改革的内在诉求，也是当前中小学课程教学改革的重要思路，在这一过程中，学科育人方式的转型是重中之重。推进学科育人方式的改革需要全面考虑学科育人的目标和定位，注重跨学科整合和综合素养培养，强调学科实践和实践性评价，创新教学方法和手段，并加强教师专业发展和团队合作，只有如此，才能真正实现学科育人方式的改革和提升学生的综合素养。

本书的写作和本研究的开展，关注的是学生核心素养的培育问题。作为"双新"改革中的两个重要概念，核心素养培育和育人方式的转型有着密切的关系。从某种意义上说，核心素养是指在现代社会中，个体适应和发展所需的基本能力和素质，包括批判性思维、合作与沟通能力、创新与创造力、信息与媒体素养等方面。学生发展核心素养

框架的研制为课程标准、学业质量标准以及教学设计、教学评价等广泛的教育活动提供了理论指导①,而育人方式的转型,则是指教育理念、教学方法、评价体系等方面的改革,能够成为课程、教学更好地实现核心素养培育的重要支撑。

首先,核心素养培育要求注重培养学生的创新思维和综合能力,而传统的育人方式往往过于注重知识灌输和考试成绩,忽视了学生的实际能力培养。通过育人方式的转型,可以更好地激发学生的创新潜能,培养他们的批判性思维和问题解决能力,以适应未来社会发展的需求。

其次,核心素养培育强调学生的合作与沟通能力,而传统的育人方式更注重个体竞争和单向传授知识。转型后的育人方式将更加注重培养学生的合作意识和团队精神,使他们能够有效地与他人合作、沟通和协作,提高解决问题的能力并拓宽视野。

此外,核心素养培育还强调学生的信息与媒体素养,而传统的育人方式往往忽视这方面的培养。在信息时代,学生需要具备合理获取、正确评估和利用信息的能力。通过育人方式的转型,可以使学生具备辨别信息真伪、运用信息解决问题的能力,提高他们的信息素养水平,从而适应信息社会发展的需求。

总之,核心素养培育和育人方式的转型相辅相成。只有通过改革育人方式,注重培养学生的综合能力和素养,才能更好地促进个体全面发展,适应社会发展的需求。

毫无疑问,义务教育"双新"改革,是国家和地区整体层面为推进基础教育教学变革和中小学教育质量提升而进行的一种高位的政策设计。从政策学的角度看,正如美国政策学家艾利森所言:"在实现政策目标的过程中,方案确定的功能只占10%,其余的90%在很大程度上要依赖于政策的有效执行。"②对于教育改革发展而言,一线学校显然是重要的政策执行者,学校对于教育改革政策的理解力、执行力,在很大程度上决定了政策执行的最终效能。有研究者总结了近年来我国教育教学改革的发展样态,认为发端于基层学校的课堂教学改革是我国教育领域的重要事件,这些改革呈现出"以外推内驱为改革动力;以生命的回归与彰显为价值诉求;以关系、过程与时空之变为改革核心"等特征③,其中最为基础的是学校改革自我意识和内生动力的觉醒,也就是说,随着新一轮课程教学改革的深入,特别是各类各层教育治理体系的完善,学校的课程、教学和教育其他领域的自主权在不断扩大,教育管理的逻辑体系得到重构,作为一线学校,在国家、地区整体教育改革发展的大潮中,要树立起鲜明的自觉、自发、自为意识,主动形成对教育改革发展政策的校本化理解,主动结合学校实际寻找落实课程教学改革政策的核心领域和关键举措,主动建构起一种以课程体系重构引领教育政策整体性落实的行

① 石中英. 关于中国学生发展核心素养的哲学思考[J]. 课程·教材·教法,2018,38(9):36-41.
② 吴志宏,陈韶峰,汤林春. 教育政策与教育法规[M]. 上海:华东师范大学出版社,2003:60.
③ 李辉. 我国基础教育学校课堂改革概览与展望[J]. 中国教育学刊,2013(8):35-39.

动范式。

就本研究而言,在中小学育人方式转型的教育改革背景下思考核心素养的培育问题,一方面能够为课堂教学改革中核心素养培育的具体改革寻找一种更广阔的理论和背景支持,另一方面也是推动教育政策落实的有效方法。从某种程度上讲,探索核心素养培育的课程教学改革,就是要改变传统教学中过于注重知识传递的价值导向,将项目化学习、跨学科学习、深度学习、综合实践学习等"双新"改革倡导的学习理念在课堂中进行有效的运用,真正提升课堂教学的效能,提升学生学习的深度,培育学生的核心素养。这不仅能够为学生核心素养的培养提供现实的教学支撑,也能够为"双新"政策的有效落实和课堂教学育人方式的转型提供可能。这实际上凸显了本研究和本书写作超越单一的课堂教学改革局限性的更广泛、更深层次的价值,体现了学校作为一种独特的研究主体在新时代教育研究体系中的主动思考和积极作为。

第三节　持续推动课堂教学改革的学校背景

课堂教学改革是基础教育改革的核心环节[①],也是对教育教学和人才培养质量影响最深的环节。进入 21 世纪以来,我国的基础教育课程教学改革不断深入推进,其中课堂教学领域的变革是最为生动、丰富的。对于课堂教学变革的探索和实践,既需要从理念层面重新审视与建构课堂教学的价值观和过程观,比如叶澜教授提出的"我国基础教育中课堂教学的价值观需要从单一地传递教科书上呈现的现成知识,转为培养能在当代社会中主动、健康发展的一代新人"[②],"教学过程的基本任务是使学生学会实现个人的经验世界与社会共有的'精神文化世界'的沟通和富有创造性的转换,逐渐完成个人精神世界对社会共有精神财富具有个性化和创生性的占有,充分发挥人类创造的文化、科学对学生'主动、健康发展'的教育价值"[③];也需要在实践领域将课堂教学改革视作一个系统工程整体性推进,匹配课堂教学的本真与价值,确保课堂教学活动真正成为"以促进学生发展为目的的活动,以学生的学习为核心的活动,在教师指导下进行的学生学习活动,以提高学生学习有效性为标准而合理利用教学手段和策略的活动,真正彰显立德树人价值的活动"[④]。

---

① 李松林,金志远.深化课堂教学改革的几个问题[J].中国教育学刊,2006(12):46-49.
② 叶澜.重建课堂教学价值观[J].教育研究,2002(5):3-8.
③ 叶澜.重建课堂教学过程观:"新基础教育"课堂教学改革的理论与实践探究之二[J].教育研究,2002(10):24-30,50.
④ 孙宽宁,徐继存,焦炜.课堂教学改革的本质游离与回归[J].中国教育学刊,2014(10):54-58.

不论是课堂教学价值观的重构还是具体的改革路径设计,都需要学校层面结合实际的个性化探索。对于一所学校而言,不论是其整体办学质量的提升,还是高质量的人才培养,都有赖于课堂教学改革的持续推进。教育是为了培养学生适应社会的能力和素养,而传统的课堂教学模式往往过于注重知识的灌输和记忆,缺乏对学生综合能力的培养。课堂教学改革可以引入更多的互动、合作和实践型的教学方式,培养学生的创新思维、沟通能力和问题解决能力,更好地适应现代社会的需求。传统的课堂教学往往以教师为中心,学生被动接受知识。而通过课堂教学改革,可以激发学生的学习兴趣和主动性。例如,引入启发式教学、案例教学等探究型的教学方法,让学生参与到实际问题的解决过程中,从而提高学习的积极性和主动性。课堂教学改革注重提高学生的综合素质和能力,而不仅仅是注重知识的传授。通过引入多样化的教学方法和评价方式,如项目制学习、问题解决任务等,可以更加全面地评价学生的学习成果,促进学生的全面发展。同时,改革还能够激发教师的创新意识和教育热情,提高教师的教学水平和专业素养,从而提升整体的教育质量。课堂教学改革强调培养学生的核心素养,如批判性思维、创新能力、合作精神等。这些素养是未来社会所需的核心竞争力,通过改革可以更好地培养学生具备这些素养,使他们能够更好地适应未来社会的发展和变化。同时,对于学校而言,办学质量和人才培养质量更多地需要依赖高水平的课堂教学,持续的课堂教学改革构成了学校办学质量提升和人才培养水平提升的最坚实的基础。瞄准这一目标,身处复杂变革环境中的学校,应该将主动推进教育教学改革作为自己的使命,以学校建设为抓手,提升其在教育改革整体环境中的适存能力。而在这个过程中,显然应该将课堂教学改革作为最核心最重要的任务。

上海师范大学附属第二外国语学校,地处迪士尼乐园、浦东国际机场、上海自贸试验区临港新片区三点之中心,交通便利,是一所十二年制国际化民办学校。校舍占地近200亩,现代化建筑面积超过20万平方米,学校现有小学部、初中部、国内高中部、国际高中部。学校本着"自强不息、追求卓越"的精神,为每一个学生提供适合发展的教育,关注每一个孩子的终身发展。学校倡导"用教育感动生命"的教育观,让每位学子都能浸润悠久的传统文化,拥有国际视野,成为"独立人格、独立个性、做主人翁、做创造者"的新时代青少年。在学校改革发展的历程中,注重课程教学改革,打造高质量的人才培养体系是学校一贯的思路。比如,小学部秉承"扬长容短、敢做敢当"的价值观,教师"甘做牧者"不让一个学生掉队,学生"自主自信"在实践中茁壮成长,最终实现"懂礼仪、会表达、好学习、有特长"的培养目标。小学部依托国家基础课程,以学校"小学生毕业标准"为导向,融合优质资源,开展有学校特色的双语、艺术、体育、科技、中英文阅读等中西融合校本课程,以及可以选修的俱乐部课程,激励学生主动学习、自信学习,培养核心素养,发展独特个性;初中部的课程建设呈现"三足鼎立"的态势,以国家义务教育阶段核心课程为依托,积极开拓特色课程以及有效开展丰富多彩的俱乐部兴趣课程,目的是能够真切地建立以学生为核心的课程体系架构,并依据布鲁姆的学习目标层次加以评估。初中部始终坚持全人教育,推行小班制教学,融汇中西教育理论与课程,实施个人导师制度(负责学生的身心发展),探索渐进式的双语教学,开展丰富多彩的课外活动,实践探究式跨学科学习项目,个性化地定制升学规划指导,整体提升初中部的教学水平;高中部注重分层教学的探索,关注不同层次学生发展。针对学生高考和发展需要,强化英语教学,针对不同需求,开设日语、韩语拓展教学。

在多年持续进行课程教学改革探索的基础上,学校进一步对接新时代人才培养的趋势和方向,明确树立起核心素养培养的课程教学改革价值观,努力探索以核心素养培育为导向的深度学习的课堂教学改革,牵头组织申报了《基于学科核心素养的深度学习课堂变革》课题研究,以课题研究为引领整体推动课堂教学改革的深度挖掘和质量提升。

在我们看来,当前我国教育改革进入深水区,"公平而有质量的教育"首先要保证每一位学生的深度学习,这需要我们的中小学课堂进行全面的转型。目前亟待解决的核心问题是:学生深度学习的机制和条件是怎样的? 教师如何通过基于核心素养的专业实践来促进学生的深度学习? 学校为课堂转型所需要的教师专业发展能力和学生深度学习力提供怎样的保障? 这些都有待于基层教育工作者在反复实践中找到方法、总结完善,充分挖掘每一门学科课程的独特育人价值,以及促进学生深度学习的方法。因此,我们认为,这一主题的研究和探索具有丰富的理论价值和实践意义。

教育研究是理论理性和实践理性的统一,描述教育现象、解释教育行为、改进教育实践是教育研究的三项基本功能。描述教育现象即回答教育"是什么"、解释教育行为即回答教育"应该是什么"以及"何以如此",改变教育实践则需要回答教育"应该怎么做"。"是"属于理论理性,"应该"与"做"属于实践理性[①]。对于基于学科核心素养的深度学习课堂变革研究,尽管我们将它定义为一种基于学校实践的校本行动变革,但是我们也期待它能够在理论理性和实践理性两个维度实现研究价值与意义的达成。

在我们看来,本研究理论价值主要体现在:厘清"学科核心素养"和"深度学习"之间必然联系,即基于学科核心素养的高品质的系统学习设计能促进学生的深度学习,同时,学生的深度学习有助于学科核心素养的落地;本研究的实践意义主要体现在:一是通过对学生学习历程的深度观察和调研,研究学生深度学习的条件,促进学生深度学习的达成;二是教师在深入理解学科核心素养的基础上,设计有利于培养学科核心素养的高品质学习设计,优化教师核心素养的专业实践;三是通过学校日常课例研究,探索基

---

① 李太平,刘燕楠. 教育研究的转向:从理论理性到实践理性——兼谈教育理论与教育实践的关系[J]. 教育研究,2014(3):4-10,74.

于学科核心素养的课堂变革路径;四是构建学生之间自主协同深度学习的课堂,教师之间协同研究、共同发展的专家型教师联盟,最终形成稳定、持续的共同体文化生态。

经过一段时期的扎实的校本研究,我们围绕该课题的核心理念进行了深入的思考和探索,特别是围绕课堂教学中如何推进深度学习,如何建构深度学习和学生核心素养培育的关联,如何改变优化教师的教学行为,如何开展有效的课堂观察,如何建构教师共同成长的专业共同体等,形成了相应的研究结论,整体上建构了指向学生核心素养培育的深度学习的课堂教学模式,比较好地完成了课题研究的各项任务,也完成了课题结题的相关任务。

作为一名学校管理者,笔者始终认为,课堂教学改革是一段没有终点的旅程,我们需要根据变换的教育场景、教育对象、教学内容等不断丰富课堂教学改革的"风景"。对于核心素养导向的课堂教学改革而言,尽管核心的目标和价值是相同的,但具体的方法应该是多元的。进入到桃李园实验学校之后,笔者依然认为核心素养导向的课堂教学改革是一个极富价值的研究命题,如何根据桃李园实验学校的实际情况,将核心素养导向的课堂教学改革进行再深层次的开发和研究是笔者一直在考虑的新问题。

上海市民办桃李园实验学校坐落在嘉定区,校园具有典型的江南庭院式设计风格,学校建有宽敞明亮、整洁美观的教学楼、宿舍楼、食堂、体育馆,以及图书室、电脑房、音乐室、钢琴室、舞蹈房、书法室、美术室、实验室、科创室、茶艺室、围棋室、高尔夫室内练习场等功能室。学校现有中小学 52 个班,在校生 2216 名,是一所被纳入政府购买学位计划的民办学校。学校依托嘉定浓郁的文化氛围和历史积淀,不断探索特色教育,冀望让每一位师生拥有一片芬芳。学校先后被评为:全国优质民办学校、全国特色办学先进学校、全国百所德育科研先进学校、中央教科所教研教改实验基地、上海市花园单位、上海市优质民办学校、上海市二期课改实验基地、上海市愉快教育实验基地、上海市规范办学五 A 级学校、上海市依法办学优良 A 级学校、上海市民办特色创建学校。

桃李园实验学校有良好的课程建设、教学改革人才培养和教师队伍建设基础,这能够为我们继续开展核心素养导向的课堂教学改革提供良好的基础。我们以体验式教育教学改革为抓手,在进一步丰富完善学校课程体系的基础上,以生态课堂的理念重塑学校教学的价值观和实施路径,将核心素养同学校的人才培养目标有机关联,形成匹配学生发展需要的课程体系和教学方式。通过课堂观察、课堂教学、课堂评价等领域的持续转型,积极回应"让每一位师生拥有一片芬芳"的教育理念,让素养课程成为培育学生核心素养的重要载体和抓手,在核心素养导向的课堂教学改革的探索上又积累了新的经验。这些经验和笔者在上师二外的课题研究共同构成了对核心素养导向的深度学习的课堂教学改革的整体认知。本书反映的正是基于这些整体认知的系统化思考成果,也是学校持续不断推进课堂教学改革的重要体现。

第三章 明 理

——核心素养的内涵及与深度学习的契合

从根本上说,核心素养的价值在于为新时代人才培养和课程教学改革提供了一种价值导向和行动遵循。特别是对于教学而言,核心素养可以而且应该成为重要的改革目标。从本质上看,课堂教学作为一种有目的、有计划的社会实践活动,确立怎样的目标,常常直接决定着教学的实践形态。从目前课程教学改革的整体趋势看,既然各学科的课程标准已明确了各自的学科核心素养,相关教育政策中也明确了核心素养的价值和要求,那么作为课程实施的教学,其目标也应回归素养立意,将教学目标指向学科核心素养①。要实现这样的价值,首先应该对核心素养、学科核心素养的概念、内涵及其课堂教学要求形成理性的认知。

第一节 核心素养与学科核心素养的概念阐释

概念是对某个事物或现象的基本理解和抽象表达。它是我们对世界的认知和思维的一种方式,用来描述、分类和理解事物的共同特征和本质。概念是人类思维的重要组成部分,通过概念的形成和运用,我们能够直观地理解和描绘事物的特性和关系。概念可以通过语言、符号、图像等形式进行表达和传递,它们具有普遍性和一般性,能够帮助我们认识和区分不同的事物,并建立它们之间的联系和规律。概念在学习、科学研究、沟通交流等方面都起着重要的作用。核心素养是一个课程教学改革历程中出现的新概念,要深入推进核心素养导向的课堂深度教学变革,首先要对核心素养、学科核心素养的概念形成科学而充分的认识。

---

① 李润洲.指向学科核心素养的教学变革[J].教育科学研究,2019(9):5-10,23.

一、核心素养的概念解读

从文献来看,核心素养这一概念的提出主要始于20世纪90年代,特别是经合组织在1997—2005年所开展的"素养的界定与遴选(Definition and Selection of Competencies, DeSeCo)"研究项目,将该词用于描述所有社会成员都应具备的共同素养中那些最关键、必要且居于核心地位的素养。纵观人类社会的发展历史,特别是教育变革历史,尽管核心素养概念的明确提出是近几年的事情,但是对于核心素养的追问和阐释由来已久。从古到今,不同时代的思想家及学者们都曾经围绕人应该具备的核心素养进行过深入而全面的讨论,这些讨论都为我们今天更好地理解和界定核心素养奠定了良好的基础。

核心素养作为我国学者对已有有关关键能力理论的审核、借鉴、吸收后的创造性用词,在对其本质属性进行界定时,既可能受境外话语体系的影响,而将之概括为诸如完整性、阶段性、综合性、结构性、核心性[①],也可能受本土话语因素的影响,将之概括为诸如普遍存在与特殊关键能力的统一、广泛参与与交叉融合的统一、横向个性化与纵向生长性的统一[②]。可见当下核心素养概念内涵界定的众说纷纭状态[③],要真正推动核心素养导向下的课程与教学变革,首要的任务是形成对核心素养概念的理性认识。

基于对"核心"和"素养"的理解,融合不同国家、地区和国际组织对本土性教育目标的界定,世界各国、地区和国际组织纷纷对核心素养进行了解读和阐释。综合这些解读与阐释,同时考虑到不同学科角度对核心素养的研究,以及我国的现实需求和教育实际,可以将其界定为:核心素养是指学生在受教育的过程中,逐步形成的适应个人终身发展和社会发展需要的必备品格和关键能力,它是关于学生知识、技能、情感、态度、价值观等多方面的综合表现。它指向过程,关注学生在培养过程中的体悟,而非结果。同时,核心素养兼具稳定性、开放性与发展性,是一个伴随可持续发展,与时俱进的动态优化过程,是个体能够适应未来社会,促进终身学习,实现全面发展的基本保障。

要更好地理解核心素养的概念,还需要从不同的维度把握这一概念的内涵和要求:

从核心素养的目标导向上看,核心素养概念的提出是为了更好地回答"教育应该培养什么样的人"这一重要问题。就核心素养的内在价值而言,它的范畴超越了单纯的能力知识层面,涵盖了知识、态度、情感、能力、价值观等诸多方面,因此体现了全人教育的理念。这与我国传统文化中强调的"教人成人""学以成人"的特色理念以及近年来教育改革发展中强调的促进人的全面发展的教育要求是一致的。树立核心素养导向的教学

---

① 朱立明,马云鹏.国内核心素养研究的进展与前瞻[J].中小学教材教学,2016(9):17-21.
② 刘霞云,卢志刚."核心素养"研究现状及可开拓空间的文献综述[J].湖南第一师范学院学报,2017(5):32-38.
③ 唐智松,徐竹君,杨士连."核心素养"概念的混沌与厘定[J].课程·教材·教法,2018,38(8):106-113.

观,有利于培养"有理想、有本领、有担当"的全面发展的时代新人,践行立德树人的教育根本任务。

从核心素养的性质和价值上看,核心素养体现了所有学生都应该具备的共同素养,而且是这些共同素养中最核心、最基础、最关键的部分。从学生的成长发展角度看,每个人在生命成长的过程中都需要多种素养,都能够形成多种素养,但是这些素养在人的生命成长过程中所发挥的作用是不完全相同的。根据作用的大小,可以分为关键性的核心素养,以及由核心素养延伸出来的其他素养。从这个角度说,核心素养意味着学生成长过程中最关键、最必要的部分。同时核心素养尽管其价值和作用是关键的,但是它也代表了每一个人成长过程中应该达成的最低的共同要求,这种要求是生命成长的必要支撑。这意味着核心素养不仅是重要的,而且也是可塑的,也正是因为如此,核心素养与学生的生命成长有重要的内在关联,也应该成为课程教学改革和人才培养变革中最重要的议题。通过核心素养的建构来优化教育教学改革已经成为世界各国的普遍选择。

从核心素养的内容上看,核心素养不是一种单一的技能,而是知识、能力和态度等的综合体现,具有鲜明的综合性、整合性、复杂性和系统性特征。素养的概念比知识和技能更加宽广,因此素养往往不仅仅局限于单一学科领域的知识,也不仅仅是听、说、读、写、算等基本的技能,它是一种建立在单一的、具体的知识技能基础上的一种综合能力,是一个多元主体、多种因素构成的复杂结构。而且从某种角度上讲,核心素养最关键的部分并非知识和技能本身,而是情感、态度、价值观以及知识和技能在实践当中的综合表现和运用。这样的一种内容结构,一方面能够引导课程教学超越传统的知识和技能传授的局限性,让教育教学活动更加丰富、系统化,更有效地达成教育目标和素质教育理念;另一方面,也体现了素养导向的课堂教学改革应该是一种复杂、系统的变革,需要精心设计和不懈地探索。

在核心素养的培养上,核心素养是在先天遗传的基础上,综合后天环境的影响而获得的,可以通过接受教育来形成和发展。广义而言,有些素养是先天的,有些素养是后天习得的。经合组织、欧盟等把教育过程中的素养界定为通过学习而来,即使某些素养存在先天潜能的发展,这些素养也必须是可教、可学的,需要通过有意识的教育过程进行培养,经过学生的学习积累获得。也就是说,素养并非与生俱来的,而是后天通过教育得到发展的知识、能力与态度等。因此,核心素养主要是后天学习的结果,可以通过各教育阶段的课程设计教学实施加以培养。培养的过程侧重学生的自主探究和自我体验,更多地依靠学生自身在实践中的探索、积累和体悟,是个体认知与元认知建构的过程,是在外界引导下的自我发展、自我超越、自我升华的过程①。

---

① 林崇德.21 世纪学生发展核心素养研究[M].北京:北京师范大学出版社,2016:21-23.

二、学科核心素养的概念解读

学科核心素养是核心素养在学科教学领域的具体落实,既体现了核心素养自身的丰富性,也建构了核心素养与学科教学之间的内在关联,体现了核心素养的学科生成性。按照高中新课程方案和新课程标准的解读:为建立核心素养与课程教学的内在联系,充分挖掘各学科课程教学对全面贯彻党的教学方针、落实立德树人根本任务、发展素质教育的独特育人价值,各学科基于学科本质凝练了本学科的核心素养,明确了学生学习该学科课程后应达成的正确价值观、必备品格和关键能力。从这一解读出发,可以认为,学科核心素养是指在特定学科或某一领域的知识学习过程中形成的,体现学科思维特征及态度,能够适应终身发展和社会发展需要的正确价值观念、必备品格和关键能力。

整体而言,不论是核心素养还是学科核心素养,从课程教学改革的维度看,都能够为我们更好地理解课程教学的本质,以及推动课程教学改革形成新的思路和方向提供有价值的引领。学科核心素养体现的是学科独特的育人价值和学科本质,其培养目标是正确价值观念、必备品格和关键能力。学科独特育人价值和本质体现了认识论、方法论和价值论的有机统一,要真正理解学科核心素养的内涵,发挥学科核心素养对于核心素养的承载价值和对于学科教学改革的引领价值,就要从认识论、方法论和价值论的维度全面理解和把握学科核心素养的深层内涵①。

从认识论的角度看,学科核心素养揭示了不同学科的核心思想和重要观念,有助于我们更好地理解学科独特的属性,理解不同学科在内容、方法、理念、价值上的差异;从方法论的角度看,学科核心素养凸显了学科的灵魂和精髓,成为引导学科教学改革的重要思想,也为学科教学改革的行动设计提供引领;从价值论的角度看,学科核心素养彰显并揭示了不同学科的人文意蕴和育人功能,有助于我们从一种更加整体的视角看待学科教学的育人价值,跳出传统的以知识技能为导向的单一的学科教学价值观,让学科教学更好地承担立德树人的根本任务。

理解学科核心素养,既要认识到不同学科在具体核心素养的表达上可能呈现差异,也要明白其作为学生素养的"共通性"。即不同学科的核心素养在具体内容上会有所不同,但一般都包括以下几个方面:

学科知识与概念:包括学科的基本理论、原理和概念体系,学科的核心概念和学科知识的体系结构。学生需要掌握学科的基本知识,理解学科的概念和原理,并能够运用这些知识解决问题。

---

① 张敬威,于伟.学科核心素养:哲学审思、实践向度与教学设计[J].教育科学,2021,37(4):60-67.

学科思维与方法：包括学科的思维方式、分析和解决问题的方法和策略。学生需要培养学科思维，掌握学科的分析和解决问题的方法，能够灵活运用这些方法解决实际问题。

学科实践与实践能力：包括学科的实践活动和实践能力。学生需要通过实践活动来加深对学科知识的理解和应用，在实践中培养实践能力，能够独立完成学科相关的实践任务。

学科情感态度与价值观：包括学科的情感态度和价值观。学生需要培养对学科的兴趣和热爱，形成正确的学科价值观，能够以积极的态度面对学科学习和发展。

总而言之，学科核心素养是学科教育的重要目标，通过培养学生的学科核心素养，可以提高学生的学科水平和综合素质，使其能够更好地适应社会需求和未来发展。

三、核心素养与学科核心素养的关系分析

核心素养和学科核心素养是紧密相关的概念，但又有一定的区别。核心素养是学科核心素养的基础，学科核心素养是核心素养在特定学科中的应用。核心素养是跨学科的、通用的能力，而学科核心素养更侧重于特定学科的知识及其运用能力。

核心素养是指综合运用知识的能力和态度，在不同情境中解决问题、创造价值和适应变化的能力。它包括批判思考、沟通能力、创新能力、合作能力以及在信息素养等方面的表现。核心素养是一种综合性的能力，不依赖于具体的学科内容。学科核心素养是指在某一学科领域内应具备的基本素养和能力，它不可能脱离具体的学科知识而单独存在。不同学科具有不同的学科核心素养要求。比如，在数学学科中，学科核心素养包括数学思维、数学推理、数学建模等能力；在语文学科中，学科核心素养则包括阅读理解、写作表达、语言运用等能力，这些素养的培育，尽管不仅仅表现为单一的学科知识，但是却与学生学科知识的学习有密切关联。

总起来说，核心素养和学科核心素养是相互关联、相互促进的。核心素养是学科核心素养的基础，而学科核心素养则是核心素养在不同学科领域中的具体表现。对于核心素养的培养以及对于学科核心素养的培育，在课程教学内容的设计、方法的选择、评价的实施等方面应该具有诸多的相同之处，这意味着在具体的课堂教学改革中，是没有办法清晰地区分核心素养和学科核心素养的。实际上，从完整的人的培养的角度来看，也没有必要在教学过程中对核心素养和学科核心素养进行严格的概念甄别和有针对性的培养设计，核心素养导向的课堂教学改革，既要承担起培养学生学科核心素养的学科本体使命，也要促进学生综合能力提升和其他素养培养的延伸性价值达成。因此，在本书的研究和叙述中，我们将不再区分核心素养和学科核心素养的概念，用"核心素养"整体来表征一种素养导向的课堂教学改革价值观念和行动方式。

第二节 核心素养对课堂教学改革的价值分析

任何层面的教育教学改革都无法回避价值维度的考量,从概念上说,价值是客体满足主体需要的程度。之所以要推进核心素养导向的课堂教学改革,最根本的逻辑出发点是对这一改革内在价值的认可。核心素养的价值主要体现在两个维度:其一,核心素养提供了人才培养的目标引领,即核心素养能够为新时代教育教学在人才培养目标的设计上呈现了一种重要的理解、分析和实践范式,这意味着面向新时代,教育所要培养的人,不再是单纯地拥有静态的、单一的、僵化的知识或者技能的人,而是要有一种综合性能力、思维和品质的素养类型的人;其二,核心素养能够提供引领课程教学改革的新的价值导向,从课程教学作为人才培养的基本载体看,核心素养的理念为当下和未来的课程教学提供了一种新的理念和指导,核心素养导向的教学成为一种必然选择。作为课程与教学改革的重要指导和依据,核心素养在实践领域的价值具体表现为四个维度:指导课程改革、指导教学实践、指导学生学习和指导教育评价。整体而言,核心素养概念的提出意味着课程改革的再出发,它与全面发展、素质教育等人才培养的目标和理念有内在的契合,也有新的价值超越①。不仅意味着一种人才培养目标在新的教育时代背景中的创新,也意味着学校课程教学改革的"再出发"。

一、核心素养对于教学改革的整体诉求

自从核心素养作为课程教学改革的重要价值导向后,学界和教育实践领域对于教学过程中如何培养学生的核心素养,或者说核心素养导向的课堂教学究竟有怎样的特征,进行了持续的探索。目前已经形成了一些共性的结论,这些共性的结论彰显了核心素养对于当下课程教学改革的整体性诉求,对于我们从宏观层面把握核心素养导向的课堂教学特征具有直接的指导价值。

核心素养导向的课程与教学改革,提倡学生主体性参与。传统的课堂以教师为中心,教师传授知识,学生被动接受。而核心素养要求学生更加积极主动地参与学习过程,通过思考、发现问题、解决问题等方式实现知识的建构,这意味着核心素养导向的课堂教学,应该是学生深度参与的课堂,学生在学习过程中的主动参与、思考和建构,是其核心素养不断积累的基础。

---

① 胡定荣. 全面发展・综合素质・核心素养[J]. 新疆师范大学学报(哲学社会科学版),2018,39(6):61-78.

核心素养导向的课程与教学改革,倡导学生多元能力的协同提升。核心素养作为一种新的人才培养价值和理念,它以"全面发展的人"为总目标,超越"以学科为中心"的教育体系[①],倡导通过学科的联动达到系统育人、整体育人的效果,提升学生的综合素养。在这一过程中,学生的跨学科能力、批判思维能力、创新实践能力和社会交往能力等受到超越以往的重视。首先,传统的学科划分在一定程度上割裂了知识的整体性,而核心素养要求学生具备跨学科的能力,能够将不同学科的知识进行有机整合和运用;其次,核心素养要求学生具备批判性思维的能力,能够对所学知识进行评估和分析,从多个角度思考问题,形成独立的判断和见解;再次,核心素养要求学生具备创新和实践的能力,不仅要能够灵活运用所学知识解决实际问题,还要具备创新的思维和意识,能够提出新的观点和解决方案;最后,核心素养要求学生具备良好的沟通和合作能力,能够有效地与他人进行信息交流和合作,形成集体智慧,并通过合作解决问题。

核心素养导向的课程与教学改革,倡导教师教学理念和教学行为的转型。一方面,核心素养是一种超越单一知识技能的综合素养,意味着学生知识、技能、情感、能力、价值观等的综合提升。这就需要教师在教学过程中跳出传统的知识技能传递的导向,更加注重学生综合素质的培育。另一方面,核心素养还是一种超越了单科知识的综合素养,是一种具有综合性、实践性的能力体现。因此,核心素养的培育不能仅靠单一的学科教学,也不能仅靠静态的课堂教学,这就要求教师掌握跨学科教学、综合实践活动教学等新的教学方式,通过教学行为的创新提升课堂教学的开放性、跨越性、实践性,让课堂教学更好地支撑学生核心素养的培育。除此之外,核心素养的积淀和形成更多需要学生的自我探究和创造,这意味着课堂教学中师生角色的重构。教师要认识到学生对于学习和自我素养提升的重要主体性价值,引导学生在课堂教学中进行更多的自我思考和探索,将自己从课堂教学的"权威者"角色转变成学生核心素养提升的"支持者"角色。

综上所述,核心素养对课堂教学提出了更高的要求,要求教师转变角色,注重培养学生的主体性参与、跨学科能力、批判性思维、创新和实践能力,以及社交与合作能力。这将有助于培养学生全面发展的能力和素质,适应未来社会的需求。

二、"双新"改革下课堂教学对核心素养的应对

如果认为在义务教育"双新"改革之前,课程教学改革领域对于核心素养的关注和探索更多的是一种基于教育教学和人才培养改革最新理念的零散性思考的话,那么2022年开始的义务教育"双新"改革,则明确将"学科核心素养"纳入课程方案和课程标

---

① 李霞.核心素养:人才培养模式改革的召唤[J].教育评论,2018(10):21-25.

准的正式表述,以一种法理性的界定让学科核心素养从课程标准、课程方案、课程规范的高度成为课程教学改革的重要价值引领。

本轮义务教育"双新"改革与以往课程教学改革最大的区别就在于研制了各学科的学科核心素养,并将之作为学科教学改革的重要价值导向。教学是一个充满问题的专业领域,"为什么教""教什么""怎么教"和"教到什么程度"应该是该领域的四大核心问题。然而,人们一直以来对"教什么"和"怎么教"关注较多,而对"为什么教"和"教到什么程度"探讨得较少,这一问题的深层次根源在于对教学的依据和价值导向缺少明确的认识。传统教学的一般程序通常是教师根据教材确定教学内容,根据教学内容设计教学活动,实施教学,设计并实施评价,获得反馈,然后进入下一主题①,这一过程中教师更多依赖的是教材或者自身的教学经验。对于课程标准的理解、敬畏和落实做得不够。近年来,在课程教学改革的推动下,人们对于教学的依据和导向问题进行了持续探索,在反思传统的"教师经验"和"教科书"导向的教学范式下,基于标准的教学成为一种广受关注的教学模式。课程标准反映出国家对学生学习结果的统一的基本要求,是对学生在校期间应达到的知识与技能、过程与方法、情感态度价值观的阐述,尽管它直接指向的是学生的学习,但是对教师的教学也能够起到直接的约束、规范和导向作用。基于课程标准的教学,就是教师根据课程标准对学生规定的学习结果来确定教学目标、设计评价、组织教学内容、实施教学、评价学生学习、改进教学等一系列设计和实施教学的过程。基于课程标准的教学给了教师一种方向感,它既为教学确立了一定的质量底线,又为教学预留了灵活实施的空间②,因而成为新课程改革以来最受认可的教学改革导向。从"基于标准"的教学理念出发,既然"双新"改革中,在课程标准的设计上明确提出了学科核心素养的概念和要求,那么学科教学就应该树立起明确的素养导向,以教学理念、教学内容、教学方法和教学评价的系统性设计,既落实"双新"改革中基于课程标准的教学要求,也推进教学中对于学生核心素养的有效培育。要实现这一价值,三个方面的问题需要充分考量:

首先,要从育人的高度重新理解学科知识的内涵与价值。对于任何学科的教学而言,学科知识的传递都是基础性的工作。倡导学生学科核心素养的培育,并非否定学科知识的价值,而是要重新思考和挖掘学科知识的育人效能。作为人类智慧成果的学科知识,不是固定的、僵化的,而是随着人类社会的发展而逐步发展的,具有重要的社会属性、文化属性和实践属性。从学生学科核心素养培育的角度看,知识的价值并不在于学生了解多少静态的概念、定理、结论,而是要引导学生在掌握静态知识的基础上学会理

---

① 王少非. 论基于标准的教学[J]. 教育发展研究,2006(17):10-13.
② 崔允漷. 课程实施的新取向:基于课程标准的教学[J]. 教育研究,2009(1):74-79,110.

解知识的意义和价值,建构具体知识、静态知识和社会实践活动之间的内在关联。引导学生和知识形成一种"生动的相遇"。从这个角度出发,学科核心素养导向的课堂教学要求教师站在整体育人的视角思考本学科的教学内容设计,引导学生在学科知识学习的基础上利用所学知识进行观察分析,解决复杂问题,增强知识的关联性和实践运用性,发挥学科知识的育人价值。这是推动学科核心素养导向的教学改革的逻辑基础。

其次,要推进学科知识向学生学科素养的有效转化。从各学科课程标准中关于学科核心素养的界定和论述看,学科知识与学科核心素养之间有着重要的内在联系。尽管知识不等同于素养,但是学科知识的获取是学生学科核心素养形成的必要条件,这是普遍的共识。然而,零散的、碎片化的、具体的知识往往缺乏系统性,在真实的实践环境和问题解决场景中难以直接发挥作用,而核心素养不同于静态的、单一的知识,其最重要的价值就在于对学科知识的整体的、综合的理解和运用,在于通过学科知识解决具体的实际问题。因此在教学过程中,教师要有将学科知识主动向学科素养转化的意识,特别是要通过相应的任务设计引导学生突破单一零散的知识学习,为学生创造一个动态的立体的学习空间,引导学生在具体场景、具体问题的解决中学会知识的综合理解和运用,在问题解决的过程中进一步加深对知识的理解,提升问题解决能力和高层次思维培养能力。从某种意义上说,学生学科核心素养的培育,最重要的体现方式就是基于学科知识,运用高阶思维,解决实际问题。这一价值的实现需要教师在教学过程中通过相应的任务设计来完成,这实际上是为教师教学方法的改革提供了一个基本的指导。

最后,要从学生的生命成长高度认识学科素养的培育价值。教育最重要的价值在于促进人的生命成长,生命成长既是当下的,也是指向未来的。培育学生的核心素养,从某种价值上看就是提升学生适应未来生活的能力,促进学生更持续、更有效度的生命成长。因此,培育学生的学科核心素养不应该仅仅局限于学科教学的领域,以学生学科学业水平的提升为目标,而是要聚焦于学生的整个生命成长,将核心素养的培育和学生的有价值的成长关联起来,让学习的过程成为学生积极参与的过程,成为学生获得深度的情绪情感体验的过程,成为学生良好的反思和自我提升的过程。学科教学固然需要以知识为媒介,但是"在对知识的反思中,展现出来的是自我本身,是对自我的一种认识,是自我同一性的形成过程"①,因此,知识的学习和素养的提升,能够与学生的个体成长建构起密切的关联。通过学科核心素养的培育,让学生真正经历"理解世界—进入世界—改造世界"的逻辑②,让知识的习得,学科素养的培育和人的成长、社会进步发生有意义的关联,这是学科素养培育的真正价值所在。

---

① 扬 M. 未来的课程[M]. 谢维和,王晓阳,等译. 上海:华东师范大学出版社,2003:33.
② 汤雪平,郭元祥. 指向学科核心素养的学习任务单设计[J]. 中国教育学刊,2023(7):50-55.

总而言之,对于学科核心素养的重视是"双新"改革最为显著的特征之一。对于学校和教师而言,要真正践行学科核心素养导向的教学变革,一方面,要通过扎实学习和研讨,深刻领会学科核心素养的内涵、要求和价值,体会其对于课程教学实践的各层面要求;另一方面,更为重要的是,要厘清素养导向的课堂教学与传统的知识导向的课堂教学之间的内在差异性,通过跨学科、项目化、大单元等新型教与学方式的运用促进传统课堂的现代转型,提升教与学的深度和效度,让学科核心素养真正在当下的教学中得到落实。

第三节 核心素养与深度学习理念的内在契合

让核心素养真正落地,是践行新课程方案和新课程标准的根本要求。从学校教育的范畴和体系看,学生核心素养的培育必须依赖有效的学习活动,学习活动构成了核心素养的培育基础。然而,作为一种新的课程教学和人才培养理念,培育学生的核心素养必须转变学习观,使学习成为学生发展的过程。学习是一种复杂的脑活动、完整的心理活动、丰富的精神活动和多维的实践活动。学习方式变革不应仅仅需要停留于学习动力系统层面上,更应从学习的过程系统和活动机制上优化学习活动。情境激发、知识转化、活动生成,是学习作为核心素养生成的内在机制①。让学生深度参与、深度探索、深度产出的深度学习,是一种契合学生核心素养培育价值的学习理念与范式。

一、深度学习的概念与内涵

深度学习是课程教学改革,特别是学习方式变革与实践中的重要话题。从历史沿革探察,对浅层加工和深度加工的探讨开启深度学习研究端绪,深度学习产生之后,经由人工智能热点事件助推"成名",已成为多国教育改革的一面"旗帜"②。

"深度学习"的概念探索源于人工神经网络的研究,1943年,心理学家麦卡洛克(McCulloch)和数学家皮茨(Pitts)参考了生物神经元的结构,发表了抽象的神经元模型,引发了人们对于深度学习及其神经系统活动支持的关注③。从教育领域看,学界一般认为,马飞龙(Marton, F.,亦被翻译为马顿)等人于1976年在《英国教育心理学杂志》发表的《论学习之质的差异:I—结果和过程》一文中最早提出深度学习的理念,只不过

---

① 郭元祥. 指向核心素养的学习活动及其形态优化[J]. 当代教育科学,2022(12):9-16.
② 曾文婕. 深度学习究竟是什么:来自历史、共时和未来维度的探问[J]. 教育研究,2023(3):52-62.
③ 于然,赵世恩. 深度学习的内涵与教学实践[J]. 数学教育学报,2021,30(1):68-73.

马飞龙运用的是"深度加工"的概念表达而非直接运用"深度学习"①。早期关于深度学习的研究主要是与神经学研究密切关联,后续的深度学习,随着信息技术的演进,更多地体现为一种信息技术、人工智能支持的学习方式变革,这一时期深度学习中的深度模型,很大程度上表征为"一种人工神经网络"②,从推进深度学习的角度看,"教育技术是通过创建、使用和管理合适的技术过程与资源以促进学习并改进绩效的研究和合乎道德规范的实践"③,这一定义中的"学习"已经表现为一种技术支持的超越表层的深度学习④。近年来的深度学习,随着课程教学改革的深入有了更多的理解思路,学界更加倾向于超越学习方法改革的技术拘泥,从学习活动本身特别是学生的参与程度与效果等维度解读深度学习(参见表3-1),认为"深度学习是指学习者以高阶思维的发展和实际问题的解决为目标,以整合的知识为内容,积极主动地、批判性地学习新的知识和思想,并将它们融入原有的认知结构中,且能将已有的知识迁移到新的情境中的一种学习"⑤。这种认知方式与我国新课程改革中"改变课程实施过于注重接受学习、死记硬背、机械训练的现状,倡导学生主动参与、乐于探究、勤于动手"的学习方式转型诉求相契合,与高中和义务教育"双新"改革的理念相匹配,因而也成为当下课程教学改革背景中理解"深度学习"的有效思路。

表3-1　信息技术领域和教育学领域的"深度学习"比较⑥

维度		信息技术领域的"深度学习"	教育学领域的"深度学习"
模型		输入层(原始数据)	设计具有挑战性的学习任务
		隐层(模仿大脑的神经元之间传递、处理信息,含有多层神经元)	激活认知结构中已有的知识,建构知识之间的关联
		输出层(输出处理后的信息)	触及并遵循教学本质
		检验模型	开展持续性的有效教学评价
目标		让机器具备学习能力	培养学生形成有深度学习的能力,自主挖掘知识间的联系,由"学会"发展到"会学",最终指向学生核心素养培育

① 曾文婕.深度学习究竟是什么:来自历史、共时和未来维度的探问[J].教育研究,2023,44(3):52-62.
② HINTON G E, SALAKHUTDINOV R R. Reducing the Dimensionality of Data with Neural Networks [J]. Science, 2006(5786).
③ JANUSZEWSKI A. Stasis and Change in the Definition of Educational Technology: The Rationale and Decision Making Process [J]. Tech Trends, 2005(1).
④ JANUSZEWSKI A, MOLENDA M. Educational Technology: A Definition with Commentary [M]. New York: Routledge, 2008:6.
⑤ 安富海.促进深度学习的课堂教学策略研究[J].课程·教材·教法,2014,34(11):57-62.
⑥ 于然,赵世恩.深度学习的内涵与教学实践[J].数学教育学报,2021,30(1):68-73.

（续表）

维度	信息技术领域的"深度学习"	教育学领域的"深度学习"
模型	通过大量的数据模拟和分析来确定学习模型	在教师的引导下,学生通过完成任务,激活更多的知识元,自主挖掘知识元间的关系,建构个体化的知识体系
重点	训练过程、神经元的激活以及权重的确定	学生的自主思考和探究过程、知识元的激活以及知识元间的关系

基于对教育学领域"深度学习"的概念把握,结合我们对于"双新"改革和对学科核心素养等的认知,笔者尝试建构了体现我们个性化理解的"深度学习"概念:深度学习指在教师引领下,学生围绕具有挑战性的学习主题,全身心积极参与、体验成功、获得发展的有意义的学习过程。在这个过程中,学生掌握学科的核心知识,理解学习过程,把握学科核心思想与方法,形成积极的内在学习动机、形成健康向上的情感、态度与价值观,成为既具独立性、批判性、创造性又有合作精神、基础扎实的优秀学习者,最终实现学科教学对核心素养的关注和学科综合育人价值的体现。

二、深度学习与核心素养的契合

从课程教学的角度看,核心素养的核心是真实性。所谓的真实性是指"超越学校价值"的知识成果,也就是解决真实问题的能力,当前提倡的深度学习的内核也是解决真实问题。富兰提出,新教育学(深度学习)的目标是使学生获得成为一个具有创造力的、与人关联的、参与合作的终身问题解决者的能力和倾向。我国的许多学者也认为,深度学习就是要解决当前课堂教学中存在的形式化、浅表化、碎片化的问题,指向学生创造性解决问题能力的提升,从这个角度出发,素养导向的课程教学就是要打破学习的浅层性和表象性,通过深度的学习帮助学生建构运用知识解决问题的综合能力。从这个角度出发,深度学习与核心素养的培育有着重要的内在关联,深度学习被视作一种契合核心素养培育要求的学习理念,甚至在很多研究者看来,唯有深度学习的真正发生,学生的核心素养才能更为强健地生发起来。在笔者看来,深度学习之所以能够成为核心素养培育的路径支持,是因为深度学习的各环节均蕴含了核心素养培育的可能,这种可能体现在三个维度[①]:

其一,深度学习的深层次动机构筑了核心素养培育的逻辑起点。对于深层学习而言,设计深层次的动机,激发学生学习的自觉动力,是实现深度学习的基础和关键。这

---

① 李松林,张丽. 深度学习设计的框架与方法:核心素养导向的分析视角[J]. 中国教育学刊,2022(9):46-49,57.

意味着深度学习能否真正发生,首先取决于学生深层次学习动机的激活效果。通常而言,深层次的学习动机主要源自学生内心深处的好奇心、求知欲和探究欲,源自生命成长本身的认知需要和自我实现需要,要激发学生的深层次的学习动机,就要找准学生心灵的"触发点",要通过有效的场景、环境、命题设计,形成相应的问题情境,进而激发学生的自主学习动力。在这一过程中,学生学习的主体意识将被激活。而对于核心素养的培育而言,学生是否有主动参与学习、主动探究问题的意识,是其核心素养形成的关键。这意味着深度学习中学生深层动机的激发,能够有效提升学生建构和发展自我素养的主动性,这是核心素养能够真正从课程标准的要求走进课堂教学实践的逻辑基础。

其次,深度学习的切身体验和高阶思维过程形成了核心素养培育的关键支撑。对于深度学习而言,不论我们怎样理解和界定它,都无法回避两个重要的因素,即切身体验和高级思维。学习过程中,如果缺少了学生的丰富的切身体验,学生就无法感知学习的过程,无法把握学科的知识结构及其内在的逻辑关系;如果缺少了高阶思维的参与,学习的效果就难以得到保障。因此,唯有切身体验和高阶思维才能促使学生实现从零散的知识向综合的、实践的素养转变。在深度学习的过程中,切身体验和高阶思维是一个有着密切关联的整体,切身体验为高阶思维的培养提供了基础,而高阶思维则是一种基于切身体验的升华和超越。特别是近年来,随着教育领域对于传统的"教师发起—学生回应—教师评价"的教学话语体系和以知识传承为主要任务的教学目标的系统反思[1],思维的培养逐渐成为教育改革和人才培养的重要目标。思维是人脑借助于语言对事物的概括和间接的反映过程,一种理性认识或理性认识过程[2],它以感性认知为基础,又超越感性认知的局限性。不同于一般的思维,高阶思维更多地表现为一种知识重构技能[3],需要学生能对给定的信息进行理解、分析和操作运用,并致力于解决实践性问题[4]。这也就意味着,从整体上说,高阶思维更多地关注知识的深度建构、迁移运用和复杂问题的解决,它与机械训练、知识的简单应用等存在本质区别,它是一种实践导向、问题导向的思维,体现了学生对知识的综合理解、迁移、运用和创造能力。不论是丰富的切身体验还是高阶思维的培养,在教学的过程中往往又需要依托具体的情境、具体的问题解决来培养。特别是高阶思维能力的培养,这一过程与学生核心素养的培育有非常

---

[1] 夏雪梅. 在传统课堂中进行指向高阶思维和社会性发展的话语变革[J]. 华东师范大学学报(教育科学版),2019,37(5):105 - 114.

[2] 张东江. 论思维能力及其培养[J]. 河北学刊,1993(4):40 - 45.

[3] ABOSALEM Y. Assessment techniques and students' higher-order thinking skills [J]. International Journal of Secondary Education, 2016(1).

[4] NEWMAN F M. Higher order thinking in teaching social studies: A rationale for the assessment of classroom thoughtfulness [J]. Curriculum Studies, 1990(1).

大的相似性。从核心素养的形成来看,它既需要学生通过丰富的体验来积累相应学科的知识,习得相应的技能,也需要学生通过高层次的思维实现从具体学习到问题解决再到综合能力提升的跨越。因此,深度学习倡导的切身体验和高阶思维决定了这种学习模式与学生核心素养的培育有着密切的内在关联,它们在教学的要求和过程上体现出鲜明的一致性,这也是能够将深度学习作为培养学生核心素养的有效的学习范式的最根本的原因。

最后,深度学习的深度实践结果导向彰显了素养培育的价值所在。从结果上看,不论我们怎样描述深度学习的质量状况,学生是否在学习过程当中实现了深度的理解,是否能够依托这种深度理解来达到实践领域的创新,这始终应该是评判深度学习是否有效的核心标志。对于深度学习而言,深度理解是基础,深度实践是最终要求。这意味着在深度学习中,学生不仅要实现知识的有效习得,也要结合具体的问题情境,综合利用所学的知识实现问题的解决。深度学习当中的创新实践指向于学生对知识的实践性运用和创造性运用,这里的实践活动不仅仅是简单的操作,重复的训练,而是要回归到人类生产生活的真实场景中,在具体的问题解决中检验学生对知识的理解和应用。这实际上与学生核心素养培育在内在的价值和逻辑上也呈现出深度的一致性。因为从某种意义上讲,培养学生的核心素养就是超越了传统的知识技能导向,强调学生在真实的环境和问题中综合运用知识能力创造性地解决问题。核心素养正是这种问题解决过程中所体现出来的一种综合素质。所以,不论是深度学习还是核心素养的培养,都非常关注学生利用知识解决问题的能力提升,这意味着二者在最终的教学和人才培养的价值上是一致的。也正是因为如此,我们能够通过深度教学的变革促进学生更丰富地经历学习过程,更深度地参与学习探究,更有效地实现知识的理解,并在知识理解的基础上实现实践领域的创新。这个过程既是深度学习的过程,也是学生核心素养培育的过程。

基于上述三个维度的分析可以发现,深度学习作为一种回归学习本质的学习方式,不仅有助于提升学生学习的效能,改善课堂教学的育人效果,也有助于培养学生的核心素养。整体而言,深度学习相比较于传统的浅层次的学习,它更加注重系统性、结构性和综合性[①],不仅需要在学习的广度上进行拓展,更加需要在学习的层次上进行深度挖掘。要实现深度学习,必须要求学习主体深刻理解学科知识的内涵和外延,要求学习主体通过积极地投入建构知识的内在联系,并通过高层次的思维方式将知识迁移到具体的情境之中,实现真实性问题的解决。这一过程恰好也是学生核心素养的有效培育过程。从这个角度出发,深度学习的过程,在某种意义上就是表现为学生核心素养的培育

---

① 岳新强.以深度学习促进学生学科核心素养发展[J].中国教育学刊,2021(10):103.

过程,而学生核心素养的不断积累和培育又有助于深度学习的后续发生。因此,从深度学习的课堂教学改革入手提升课程教学对于学生核心素养培育的价值,具有理论上的可能性和实践上的可行性。

第四节　核心素养与深度学习变革的研究回溯

尽管在教育研究中,对于文献研究法是否是一种科学的研究方法还存在着很大的争论①,但是在研究之初通过文献的梳理进一步聚焦问题、梳理观点、推进创新,这几乎已是社会科学研究的普遍选择。通过文献资料研究,可以获得新论据,找到新视角、发现新问题、提出新观点、形成新认识②,这同样已经成为一种共识。正如著名的《教育心理学期刊》(*Journal of Educational Psychology*)编辑居尔·温勒等人所言:"要想使得你的研究有一种实质性贡献,必须将研究建立于充分翔实的知识基础和研究梳理之上,一些研究没有经过充分的文献梳理,忽视了该领域的最新研究动向,因而也就失去了研究的价值"③。对于本书而言,一方面,在近年来的课程教学改革当中,对于深度学习和核心素养的研究始终占据了教育研究成果体系的重要组成部分,对两类问题的分别研究已经收获了丰富的研究成果,这些研究对于我们整体把握核心素养导向的课程教学和教学活动中如何开展深度学习具有直接的指导价值。另一方面,对于核心素养和深度学习之间的内在逻辑关系,学界也已经开展了一定的研究,但是如何依托深度学习的变革,真正撬动课堂教学改革,进而培养学生的核心素养,依然面临很多的问题需要探索。在这样一种现实情况下,要推进我们学校层面的教育变革,有必要以一种文献回顾的思路,对现有的相关研究进行梳理,明确研究的起点和借鉴性结论,以期获得更有创造性的研究成果。

一、关于核心素养和学科核心素养的研究

整体而言,为了适应时代发展,经合组织启动了"素养的界定与遴选:理论和概念基础"项目讨论,主要就学生应具备的核心素养展开探讨,最终形成 DeSeCo 核心素养的概念参照框架。世界多个国家提出了"21 世纪型能力"的概念,强调学生在学科内容的知识之上,还要有生存所必须具备的高阶综合能力。

经合组织在 PISA 测试中发现,大部分公民在社会中所需要的关键知识和技能方面

① 肖军.教育研究中的文献法:争论、属性及价值[J].当代教育理论与实践,2018,10(4):152-156.
② 杜晓利.富有生命力的文献研究法[J].上海教育科研,2013(10):1.
③ 高尔 D,博高 R,高尔 P.教育研究方法导论[M].许庆豫,等译.南京:江苏教育出版社,2002:98.

的素养还需要进一步加强。为改善这一现状,启动了国际性的研究项目——"素养的界定与遴选",以此呼吁各国关注学生发展的核心素养。该项目认为核心素养主要由社会愿景和个人的生活需求两大要素所组成,这是个人实现自我、终身发展、步入社会所需要的关键能力和必备品质。同时还指出,这些要素之间不是单独存在而是相互依存的,能使人与自我、人与社会、人与工具之间相互转换,最终能够达到成功的生活和健全的社会的目的。

欧盟在倡导终身学习的战略计划之外,创造性地提出了发展学生核心素养的观点。在此基础上,将终身学习和核心素养二者有机地融合,规定在学前和义务教育阶段发展学生的核心素养为今后的终身学习奠定基础,成人以后则能通过终身学习来完善和发扬自身的核心素养。

通过经合组织、欧盟等对于新时期学生发展的关注中可以看出,在新课改的国际化背景下,各国对发展学生核心素养、核心素养的具体内容,以及如何将核心素养贯穿在学生发展的各个阶段,进行了理论探索和实际行动。核心素养作为当下教育的热点话题,在提高学生综合素养和能力的前提下,培育适合学生发展的核心素养也愈发受到国际上的广泛关注。

我国关于核心素养的相关研究是从 2010 年到 2013 年这三年间发展起来的。2016年 9 月,在北京师范大学举行的新闻发布会上,中国学生发展核心素养研究成果正式发布。该项成果将中国学生发展核心素养分为文化基础、自主发展、社会参与三个方面,综合表现为人文底蕴、科学精神、学会学习、健康生活、责任担当、实践创新等六大素养。

学科核心素养是核心素养在学科教学领域的重要表现,近年来逐渐成为一个相对独立的研究领域。在教育理论界,怀特海(Alfred North Whitehead)较早提出了"学科素养"的概念,他认为"唯有学科学习能够对普遍观念的准确结构予以欣赏,对结构化的关系予以欣赏,对观念服务于理解生活予以欣赏。"他提出"学科智能"的概念,指出通过学科学习,发展对观念结构的理解、欣赏与应用能力,是发展学科智能的基本途径。加德纳(Gardner)在他的《学科智能》一书中,指出理想的教育应当超越学科事实与标准化测验,走向学科理解,培养能够欣赏和创造真善美的信息时代的新人。学校教育的主要目的是发展学生的学科思维,让学生对少量的、典型的学科范例展开深度探究,以学科专家的方式去思维和行动。

教育部在《普通高中课程方案和语文等学科课程标准(2017 版)》中,首次明确了各学科应具备的核心素养,2022 年义务教育"双新"改革的政策和文件同样沿用了"学科核心素养"的概念。"学科核心素养"是指在特定学科或某一领域的知识学习过程中形成的、体现学科思维特征及态度,能够适应终身发展和社会发展需要的正确价值观念、必备品格和关键能力。钟启泉认为"学科核心素养的界定是学科素养的独特性、层级性与学科群三个视点的交集。"李艺、钟柏昌认为,学科核心素养有三层框架:最底层的基本知识与基本技能的"双基指向";中间层的问题解决指向;最高层的科学(广义)指向,指在系统的学习中通过体验认识及内化等过程逐步形成的相对稳定的思考问题、解决问题的思维方式和价值观。实践层面的研究涉及学科课程、学科教学、评价测试等方面。清华大学附小开展基于学生核心素养发展的"1+X课程"的建构,以课程作为核心载体,将课程标准、教材、教学三者有机结合在一起,促进学科之间的整合,从而促进学生在态度、行为以及能力等各方面的发展。马云鹏的《关于数学核心素养的几个问题》将核心素养理论运用于数学学科,探讨学生在数学方面应具备的关键能力;刘玉振的《试论地理核心素养的内涵、特征及其培养策略》指出要通过对地理学科的学习,提炼出更为关注个人终身发展和社会发展的必备品格和关键能力;王巧琴的《历史学科核心素养的内涵与构成》、方培君的《让学生终身受益——浅谈思想政治课的核心素养》等都从不同的学科出发,去寻找对于每个学科学生应具备的核心素养。

总体而言,国内关于学科核心素养的研究,更多地强调理论阐释、思辨演绎居多,实践层面的研究偏少,至于针对教师、学生个体的研究则更少。通过现阶段国内外的研究可以发现,核心素养作为当下提高学生的关键能力和必备品格的关键素养,日益受到各国教育界青睐。核心素养作为新时期的产物,在促进基础教育改革、全面深化课程改革、提高学生的综合能力,以及促进跨学科整合等方面有着积极的作用。

二、关于深度学习的研究

1976年,瑞典哥德堡大学教育学院教授马飞龙和罗杰·塞里欧在《学习的本质区别:结果和过程》中首次提出并阐述了"深度学习"和"浅层学习"的概念,认为深度学习是一个知识的迁移过程,而这个过程有助于学习者提高解决问题并作出决策的能力。2012年,威廉和弗洛拉·休利特基金会(The William and Flora Hewlett Foundation)把深度学习阐释为六种相互关联的核心竞争力,即核心学业内容知识的掌握、批判性思维与问题解决、有效沟通、写作能力、学会学习、学术心志。美国学者格兰特·威金斯(Grant Wiggins)认为深度学习就是让学生能够实现对学习内容的理解。艾瑞克·詹森(Eric Jensen)等人提出提供深度学习的七个教学步骤:设计标准与课程;预评估;营造积极的学习文化;激活先前知识;获取新知识;深度加工知识;评价学生的学习。莫妮卡·R.马丁尼兹(Monica R. Martinez)等人在《深度学习如何才能创造教学的新愿景》中指出:为深度学习而设计的教学应赋权学生,使其成为真正的学习者;使知识情境化;联结学习与真实世界的经验;将学习拓展至校外;激励学生个性化学习;有目的地纳入技术,从而促进学习。

整体而言,近年来的深度学习研究,逐渐跳出了单纯的概念辨析,开始着重围绕 21 世纪的人才培养和教学改革而进行。大量研究指出,21 世纪呼唤培养具有专家思维和复杂沟通能力的人才,而深度学习正是培养 21 世纪技能的主要途径①。随着研究的深入,学界对于深度教学的特征及其实践路径有了更多具有理论价值和实践价值的探索。有研究认为,深度学习超越以往学习的一个重要特征就是在学习目标上突破传统的知识维度的局限,倡导学生知识、情感、态度、价值观等的综合提升。比如,有学者提出,深度学习要"促使学习者最大限度地认知和情感投入"②,深度学习是"学生感知觉、思维、情感、意志、价值观全面参与的、全身心投入的活动"③;还有学者指出,深度学习要促成学生在认知、人际和自我三大领域共六大素养④。也有研究认为,深度学习相比较于传统学习的关键在于破除零散单一的教学活动观,倡导一种整体系统的学习活动观,其目的是更好地实现教学目标,培养学生具备更高层次的思维能力。例如,有研究指出,"让学生形成专家型知识结构,成为具有适应性专长的人"是深度学习的目标⑤;深度学习在事实性知识与概念性知识等知识类型和良构问题与非良构问题等问题类型之间取得平衡⑥,强调通过高阶学习、整合学习与反思学习及翻转课堂等多种方式让学生深度参与⑦,进而实现对学生高阶思维和核心素养的培育。另有研究认为,深度学习的真正价值和意蕴是培养学生知识的良好迁移能力,特别是培养学生利用知识解决具体问题的能力,回归实践是深度学习的最终价值指向。在此类研究看来,未来社会需要能创造新想法、新产品、新解决方案与新知识的人,这是深度学习的人才培养导向。指向知识创造的深度学习,强调深度学习任务的设计,深度学习任务经常涉及多学科内容,其目标是"创造新知识"即将已有知识与观点、信息、概念加以整合形成新的产品、概念、解决方案或内容⑧。

从整体上看,对于深度学习的研究,主要还是集中于理论上的思考。对于深度学习的路径建构,目前是一个方兴未艾的研究领域。我国学者陈静静根据长期的课堂研究

① National Research Council. Education for Life and Work: Developing Transferable Knowledge and Skills in the 21st Century [R]. Washington, DC: The National Academies Press, 2012:53 - 54.

② 余胜泉. 智慧课堂核心是促进深度学习[N]. 中国教育报,2021 - 06 - 16.

③ 刘月霞,郭华. 深度学习:走向核心素养[M]. 北京:教育科学出版社,2018.1,35.

④ American Institutes for Research. Evidence of Deeper Learning Outcomes [R]. Washington, D. C.: American Institutes for Research, 2014:1.

⑤ 孙智昌. 学习科学视阈的深度学习[J]. 课程·教材·教法,2018,38(1):20 - 26.

⑥ 付亦宁. 深度(层)学习:内涵、流变与展望[J]. 南京师范大学学报(社会科学版),2021(2):67 - 75.

⑦ 何克抗. 深度学习:网络时代学习方式的变革[J]. 教育研究,2018,39(5):111 - 115.

⑧ FULLAN M, LANGWORTHY M. A Rich Seam: How New Pedagogies Find Deep Learning [M]. London: Pearson, 2014:23 - 34.

和实践,提出深度学习是基于学习者自发的、自主性的内在学习动机,并依靠对问题本身探究的内在兴趣维持的,一种长期的、全身心投入的持久学习力。首先,从认知的角度上看,深度学习是思维不断深化的过程,向高阶思维阶段(分析、评价、创造)发展,学习者能够不断自我反思与调节,因此这样的学习最终是通往自发的创造;其次,从动机情感上来说,深度学习是一种全身心的投入、令人身心愉悦充实的学习状态,学习者常常是忘我且不知疲倦的;最后,从人际关系的角度来看,进入深度学习者对自己的学习充满信心,而且能够与他人有效沟通合作,共同克服困难解决问题。

三、关于深度学习和核心素养之间的关系研究

在早期的研究中,深度学习和核心素养是两个相对独立的概念。相比较而言,关于深度学习的研究历史更悠久,成果更丰富。近年来,随着核心素养成为一个重要的教育研究领域,如何培养核心素养,如何着眼核心素养优化课堂教学改革,成了独立而且重要的研究方向。在这样一个整体背景下,学者们越来越关注到深度学习和核心素养培育之间的关系,普遍认为深度学习是一种契合核心素养培育需求的有效的学习理念,通过深度学习的设计和实施,能够有效培养学生的核心素养。

深度学习与核心素养的内在契合,基本的逻辑起点是对核心素养导向的学习活动特征的分析。有研究指出,确立发展性学习观,优化学习结构,彰显学习的活动属性,激活学生的脑活动,引导认知全参与、情感深体验、意志强支撑;让学生的学习向现实世界敞开,激活真实情境知识学习;在复杂问题解决中提升核心素养,并丰富学生作为发展主体的学习者形象,深化学生的学习体验,是指向核心素养的学习活动形态的本质诉求[①]。深度学习的特征恰好能够匹配这样一种学习范式,因而能够成为促进学生核心素养培育的有效方式。

深度学习是发展核心素养的学习,深度学习以培养学生核心素养为根本追求,这是核心素养与深度学习之间的内在逻辑。有研究者分析了核心素养导向下的深度学习的基本特征,认为"核心素养视域下的深度学习核心特征之一就表现在高阶思维的培养",要求学习的过程体现出主动性、建设性、提示性、真实性和合作性[②]。大量的研究从核心素养的角度出发探究指向于核心素养培育的深度学习应该包括的教学内涵和要求(见表3-2),这些研究在很大程度上丰富了核心素养与深度学习内在关联的理性认知,为实践领域的变革提供了一种重要的价值引领。

---

① 郭元祥.指向核心素养的学习活动及其形态优化[J].当代教育科学,2022(12):9-16.
② 吴丽莎,等.核心素养视域下深度学习的操作性定义[J].教育科学研究,2021(9):56-61.

表 3 - 2　核心素养下的深度学习教学内涵与要求

代表性学者	代表性成果
翟磊①	促进知识迁移、科学思维和可持续探究的发生
袁国超②	培养学生的高阶思维,提升学生的关键能力,培养态度情感、价值观
郑葳③	注重理解和实践运用,创造性解决问题,注重反思和元认知
付丽④	注重认知理解、想象推理和解决问题
胡久华⑤	完善知识的结构框架,增进理解和运用,提升解决问题的能力
崔友兴⑥	关注知识的理解、生成和建构,提升学习内在动力,培养质疑、反思和批判精神,注重情境的创设和利用
张良⑦	注重知识运用、问题解决能力,反思生活,改变世界,培养创新能力和批判思维,注重合作、交往和优秀品格养成
白晶⑧	注重整体认知和体验,注重科学思维和反思能力
叶冬连⑨	注重认知理解,知识迁移,问题解决,反思创新和创造能力的培养
朱宁波⑩	注重高阶思维培育,强调人际关系重构和自我发展效能,强调体验学习和学习环境的重构

2014 年,我国教育部基础教育课程教材发展中心研究和推进了"深度学习"教学改进项目。项目组刘月霞、郭华主编的《深度学习:走向核心素养》一书中,明确了"深度学习"与"核心素养"之间密切关联,认为深度学习"深度契合以核心素养为目标的课程理念"⑪,它"将围绕学科核心概念建立起来的相关概念、原理之间的框架及其与生活世界关联而生成的关键性问题,视为最有学习价值的知识。通过呈现问题情境,让学生在前概念的基础上不断探究,像学科专家一样进行知识建构、问题解决和反思改进,从而实现概念

① 翟磊. 物理学科核心素养视角下的深度学习:以"光的直线传播"的教学为例[J]. 物理教师,2020,41(5):40 - 42.
② 袁国超. 基于核心素养的深度学习:价值取向、建构策略与学习方式[J]. 教育理论与实践,2020,40(8):3 - 5.
③ 郑葳,刘月霞. 深度学习:基于核心素养的教学改进[J]. 教育研究,2018,39(11):56 - 60.
④ 付丽,孙京红. 理解数学核心素养　践行深度学习[J]. 基础教育课程,2018(20):30 - 33.
⑤ 胡久华,罗滨,陈颖. 指向"深度学习"的化学教学实践改进[J]. 基础教育课程,2017,37(3):90 - 96.
⑥ 崔友兴. 基于核心素养培育的深度学习[J]. 课程·教材·教法,2019,39(2):66 - 71.
⑦ 张良,杨艳辉. 核心素养的发展需要怎样的学习方式:迈克尔·富兰的深度学习理论与启示[J]. 比较教育研究,2019,41(10):29 - 36.
⑧ 白晶. 指向深度学习　培养核心素养[J]. 中学物理教学参考,2016,45(5):2 - 5.
⑨ 叶冬连,胡国庆,叶鹏飞. 面向核心素养发展的课堂深度学习设计与实践:基于知识深度模型的视角[J]. 现代教育技术,2019,29(12):35 - 40.
⑩ 朱宁波,严运锦. 高中学科核心素养视域下深度学习的路径研究[J]. 教育科学研究,2020(7):67 - 72.
⑪ 刘月霞,郭华. 深度学习:走向核心素养[M]. 北京:教育科学出版社,2018:1 - 35.

的改变和知识的迁移。"因此,深度学习成为信息时代培养"学科核心素养"的必然选择。

基于对现有文献的分析,我们能够清晰地感知到,一方面,尽管核心素养和深度学习的理念不是最近才提出来的新理念,但是在当前的课程教学改革背景中,不论是深度学习还是核心素养,都依然有着进一步进行研究和探索的实践价值。这意味着在当前的课程教学改革和教育研究中,继续关注深度学习,关注核心素养依然具有重要的时代意义。另一方面,从现有的研究看,核心素养与深度学习之间的内在关联性已经达成了共识,深度学习是一种普遍认可的契合核心素养导向的和核心素养理念的教学方式。通过深度学习,有助于学生核心素养的形成,这在理论上也已经达成了共识。但是在实践中如何建构深度学习和学生核心素养之间的关联,如何围绕学生的核心素养设计深度学习发生的实践路径和方法,依然需要更为扎实的校本研究。我们认为,要实现学生学科核心素养的培育,就要实现深度学习的变革,这种变革应该是一种包含多个维度、多种因素的系统性变革。我们结合学校的实际情况,设计了四个主要领域,通过行动研究来形成一种基于深度学习理念的课堂教学的转型和重构,真正打造契合学生核心素养培育的新型课堂。

领域一,主要研究学生深度学习的条件,促进学生深度学习的达成。通过对学生学习历程的深度观察和调研,分析本校中学阶段学生的学习现状,分析浅表学习以及虚假学习的比例、原因,充分理解分析学生进行深度学习的可能性,并探索学生进行深度学习的条件,从而为学科核心素养的落地提供机制保障。领域二,主要研究优化教师学科核心素养的专业实践。针对当前教师落实学科核心素养中实际存在的问题,走进微观教育现场,开展实践研究,在深入理解各学科核心素养的基础上,建立学科核心素养与学科核心内容之间的关系,依据课程标准和教材,设计有利于培养学科核心素养的高品质学习设计,开展课堂教学,使学科核心素养在课堂上落地;领域三,探索基于学科核心素养的课堂变革路径。通过各学科长期、系列化课例研究,通过学科核心素养理论研究—学科课程标准研读—协同备课—观课议课—反思改进的路径,进行持续性、渐进性课堂变革,从"知识本位"的课堂转型"素养本位"的课堂;领域四,主要构建深度学习的整校学习共同体。以深度学习为导向,构建学生之间自主协同深度学习的课堂,教师之间协同研究、共同发展的专家型教师联盟,各个学科之间协同发展,改革创新,从而构建全校性学习共同体,形成稳定、持续的共同体文化生态。

基于上述四大领域,本书的撰写和相关的课题研究,主要着眼于学生深度学习内涵特征与发生机制的理论研究、教师核心素养的专业实践研究、课堂变革路径研究、整校学习共同体构建研究。在我校看来,这四部分共同组成实现基于学科核心素养的深度学习课堂的方法论研究,以揭示当下中学阶段学生学习现实的真实、复杂面貌,并为学科核心素养在课堂落地提供有意义的启示。

第四章 透 视
——对当下课堂教学的问题调查与诊断

深度学习是一种以高阶思维为主要认知活动的持续性学习过程,从认知与情感整合的视角,能够有效对接学生核心素养体系中的学会学习,指向学生的主动参与学习。深度学习的教学逻辑与学科思维发展、学科知识整合、问题解决以及方法迁移等密切相关[1],因而这能够成为学生核心素养培育的有效方式。从目前关于深度学习和核心素养的相关研究看,核心素养培育与深度学习的内在逻辑关系已经非常清晰,深度学习作为一种培养核心素养的有效的教学方式也已经成为普遍共识。当前最为重要的是在实践领域探索指向于核心素养培育的、体现深度学习理念的课堂教学方式,以深度学习理念和核心素养的培育为理论指导,推动课堂教学的转型重构。本章之中,笔者将结合上师二外的课题研究,分析呈现学校层面推进核心素养导向的深度学习课堂改革的思考与实践。

第一节 从实践中的问题入手开展研究与变革

任何的教育研究活动都需要实现对教育实践和教育问题的观照。教育理论与实践的关系是教育研究的基本关系,促进理论和实践之间的有效贯通是教育研究的价值所在。对于学校层面的教育研究而言,其本质不是一种学院化的职业,也不仅仅是为了知识体系的建构和自我价值的实现。应该特别要意识到教育研究本身所蕴含的实践本性,即教育研究本质上是一种实践性的社会活动,教育的生活世界是教育研究的家,是教育研究的生命所在,应该在教育研究中达成基于这一实践本性基础之上的实践理

---

① 朱立明. 深度学习:学科核心素养的教学路径[J]. 教育科学研究,2020(12):53 - 57.

性①。教育实践是一个混沌领域。教育实践有些时候是合规则的,有些时候是不合规则的。合规则指的是教育实践符合儿童身心和社会发展规律,能够满足儿童和社会发展的需要;不合规则指的是教育实践违背儿童和社会发展规律,对儿童的身心发展和社会进步不利甚至造成破坏,极端情况下甚至会损害儿童的身心健康,阻碍社会的发展进程②。从某种意义上说,开展教育研究,推进教育变革,就是要不断发现和聚焦教育实践中的不合规则事件,通过改革创新使之符合教育发展、学校变革和师生成长需要。

教育研究对于实践的观照,通常需要通过对现实问题的调查和分析达成。教育研究需要明确的问题意识,主要包括三层含义:作为质疑与批判精神的问题意识,它体现了人的一种智慧和理性激情;作为观照现实的研究原则,它为这种激情的释放指定了方向;作为一种理论建构姿态,它凸显了问题为本的学术研究取向③。对于教育研究活动而言,问题意识是有效研究的基础,而合理的调查和分析则是将问题意识转化为现实的研究问题的有效路径。

第二节　学校课堂教学问题的三维度调查结论

指向学生核心素养培育的深度学习的课堂变革,本质上是一种基于现实问题的实践研究。要开展这一研究,首先要对传统课堂教学中存在的问题进行分析。近年来,在课程教学改革的整体推进中,反思回顾课堂教学的问题,基于问题设计课堂教学的改革之道已经成为一种普遍的研究范式,围绕这一领域也取得了诸多的研究成果,比如要丰富课堂教学改革的理论基础,要把课堂教学视作一个社会组织进行系统性变革④,要强化课堂教学改革的研究,要创新课堂教学的方法,要充分利用信息化教学手段,要丰富课堂组织形式,要优化教学生态,要关注课堂教学的伦理问题,要优化教学评价,要提升教师应对课堂教学复杂环境和动态变化的"适应性"专长⑤等。

我们认为,尽管课堂教学改革中的问题存在共性特征,但每一所学校在自身的课堂教学改革中也必然面临着一些个性化的问题。只有通过学校课程教学改革相关利益主体的全方位的调查分析,才能准确把握学校课堂教学改革存在的真正问题,并将这些问题转化成行动研究要关注和破解的核心领域。

---

① 王兆璟.论有意义的教育研究[J].教育研究,2008(7):39－43.
② 彭虹斌.教育理论、教育政策与教育实践三者关系研究[J].教育科学研究,2017(3):41－45,62.
③ 何善亮.论教育研究者的问题意识[J].教育理论与实践,2017,37(19):6－10.
④ 李松林,金志远.深化课堂教学改革的几个问题[J].中国教育学刊,2006(12):46－49.
⑤ 王美.逼真教学问题解决情境中教师适应性专长表现的实验研究[J].中国电化教育,2011(10):24－32.

一、学生维度的调查与分析

学校层面的教育变革,首先要解决一个价值取向的问题。价值取向导致一种行为取向,是人们在选择和决策时,根据自身的利益需求,按照一定的价值标准进行实践活动所表现出的价值倾向和行为取向[①]。学校变革的参与主体是多元的,不同的主体有不同的价值取向,但基本价值取向是所有主体都应该坚守的,一定程度上它决定着学校变革的性质和方向以及变革的效果[②]。教育是关于人的学问,教育的原点是"育人"[③],因而,学生应该是学校教育改革的基本逻辑出发点,也是改革的最终归宿,学生立场就是学校教育改革的基本价值取向。学生立场是学生主体地位派生出来的概念,是学生发展的逻辑起点,也是教育研究与实践所应秉持的思想基础[④]。基于学生立场的学校改革,有着丰富的内涵,既意味着要理解和尊重学生,也意味着要提醒学生,更意味着要真正把学生当作主人,促进学生的成长。这一切的基础是深入了解学生学习成长和发展的需要,分析其成长过程中存在的群体性问题。因此,在指向核心素养培育的深度学习的课堂变革中,需要确立学生在这一变革中的主体价值,基础性的工作是了解学生的学习需求、成长困惑,这是改革的基本逻辑出发点。

对学生学习问题和成长困惑的调查,主要依托深度访谈的形式开展。访谈由学校领航教师承担,每位老师访谈一位自己任教的学生,采用面对面访谈、录音、后期转成文字的方式。访谈的主要问题涵盖学业自我认同、学习投入度自评、学习环境评估、学习成果与满意度等方面(参见下文),整体了解学生的学习状态、需求和困惑。

学生访谈提纲

一、学业自我认同

(1)你是如何理解学习的?提到"学习"你能想到的一些关键词是什么?(追问:能具体解释一下吗?)

(2)你认为自己是怎样的学习者,学得如何?(追问:能否举例说说?)

(3)你认为自己在老师和同学的心目中是怎样的形象?(追问:能否举例说说?)

(4)你觉得自己在学习中最大的优势是什么?(追问:这一优势是如何形成的?)

(5)你觉得自己在学习中最大的问题或者困难是什么?(追问:造成困难的主要原因是什么?)

① 陈丽.学校改进的特征与价值取向分析[J].教育科学研究,2010(11):5-8.
② 李伟,唐圆,熊冰.学生立场:学校变革的基本价值取向[J].教育科学研究,2016(8):11-17.
③ 鲁洁.教育的原点:育人[J].华东师范大学学报:教育科学版,2008,26(4):15-22.
④ 陈玉华.学生立场:教育研究与实践的出发与回归[J].中国教育学刊,2017(1):19-22.

（6）你的学习经历了怎样的变化过程，你能够画出一条变化趋势曲线吗？哪些关键事件或者人对你的影响最大？

二、学习投入度自评

（7）你喜欢哪个学科(或者哪方面)？为什么？你觉得这门学科提升了你的哪些关键能力和必备品格？在这方面你有什么特别的学习方法吗？

（8）你每天的学习时间大概是几个小时，你是否感觉时间足够？你有哪些好方法可以管理时间吗？

（9）在学习过程中你经常会深入思考并产生一些疑问吗？能否举例说说？

（10）你愿意为自己感兴趣的问题进行更多的探索吗？能否举例说说？

（11）你善于进行自主学习吗？你有哪些好方法可以分享吗？

（12）你会经常和同学探讨问题吗？在这过程中，你有什么收获吗？能否举例说明？

（13）你能用一个词来形容你对考试的感受吗？（追问：能具体解释一下吗？）关于考试你有什么建议吗？

（14）对于学校生活你是否有压力，压力主要来自哪些方面，能否举例说明？

（15）在学校中有哪些可以令你开心的事情吗？能否分享给大家？

三、学习环境评估

（16）你喜欢什么样的学习环境？是否可以描绘一下你理想的学习环境的图景？

（17）与你理想的学习环境相比，你希望学校做哪些改变？

（18）你在参与学习共同体课堂变革的过程中有哪些感触和收获？这些对你的学习方式产生了怎样的影响？

（19）父母如何看待你的学习？他们对你的影响如何，能否举例说明？

（20）你如何看待当前的教育生态，可否用一个词来形容，并举例说明？

四、学习成果与满意度

（21）最近1—2年，你认为自己有哪些方面的成长？你认为自己在哪些方面需要再提升？

（22）你对自己未来的发展定位是怎样的？能讲讲你对自己未来的规划吗？

学生维度的访谈结果显示：

整体而言，被访谈的学生在学业自我概念方面，对于学习的理解还比较狭隘，大多停留在教师教的层面上，学习的自主性发挥不多，承受着选拔的压力，处于被动学习的状态。对于学习者的角色，大部分同学在意认真听讲和及时提问，个别同学体会到了协同学习带来的同学之间互助和师生共同成长的快乐。在老师和同学心目中的形象多元化,分别为不怎么努力、非常努力、随性而为,个别同学呈现出主人翁意识,能主动解决问题。学习中最大的优势体现在勤学好思,有钻研精神;学习中最大的问题在于被动学习带来的课堂效率不高,解题思路不清晰,知识点掌握不牢固等方面。学习经历的变化过程,受老师和学校的影响很大。学生对于上师二外认可度高,认为学校开放的平台和老师付出的努力对学生变化的影响很大;家长帮助孩子养成良好的习惯等方面也有帮助。

在学习投入度自评方面,被访谈的学生喜欢的学科总体偏向文科。如英语,理由是走国际路线,必须熟练掌握;其他文科体现在容易理解,老师一点就通;喜欢数学,理由是锻炼思维。特别的学习方法大多为教师讲解下的学生多听、多看、多练、多做等。学习过程比较长,几乎占用学生的全部时间,在时间管理方面都有方法,会借用时间管理工具,具备一定的时间管理能力。在学习过程中经常会深入思考并产生一些疑问。不管是薄弱科目还是优势科目,都有主动询问老师和与同伴探讨讲解的习惯。学生愿意为自己感兴趣的问题进行更多的探索,甚至有同学借大学心理教材研读,和同学探索,问老师等。自主学习主要体现在预习和完成作业方面,要看科目和场所,认为文科有利于自主学习,理科由于较难,需要教师引领,不利于自主学习。在家的时间可以规划,在学校受老师和活动局限不利于自主学习。个别学生没有经常和同学探讨问题,但大部分学生发现了探讨问题的好处并喜欢和同学一起探讨,从中收获了良好的学业成绩和同伴关系。对于考试的压力,来自家长、同伴,都想考好成绩。关于考试的建议为个性化复习,及时总结经验教训,缓解考试压力等。学生认为学校生活不存在压力,管理制度人性化、学生立场,为学生当下和未来着想。对于学校中的开心事来自同学和老师,还有学校食堂菜好吃,学习成绩优秀等。

学习环境评估方面,被访谈对象整体喜欢安静、文明、互助、有秩序,能让人好好学习,天天向上的环境。对于本校的学习环境很满意,老师负责、敬业,关心学生学习和生活,这方面不需要作改变;学生自控力不足,希望老师制定规则,及时解决问题。在参与学习共同体课堂变革的过程中,学生认为氛围好、有意思,师生关系和谐,亦师亦友,形成了共学共建的共同体。对学习方式的影响主要表现为从主要听老师讲解到共同探讨,认为课堂的每一分每一秒都很珍贵,上课很快乐。父母对孩子的学习表现为两点:一是很看重,但孩子学不起来;二是宽松,对学习态度、学习习惯方面的影响大。一个词看待当前的教育生态为 Nice,应试教育。

学习成果与满意度方面,最近1—2年,学生大都希望自己的学习会主动一点,自主学习能力能够有所提高,对问题的深入探索还要再提升。对自己未来的发展定位以升学为导向,进入国内高中、大学,或者国外留学深造并回国发展等多种未来的选择。

就不同学段的学生而言,初中生处于从教师的教到学生的学的发展变化阶段。学生对教育变革的不同感受,固然和学生的自身成长经历、个人禀赋、学习习惯、家庭教育等方面有关,但更重要的是与任课教师或者班主任对于课堂变革实践的程度相关。学生对于学校认可度很高,对于学校教师的认可度也很高,得益于学校"扬长容短"的核心价值观的践行,以及学习共同体的深入变革。高中生对于学习的认识更为深刻,更能体会到新高考背景下学科核心素养和学术综合素养提升的必要性和重要性,对于课堂上和谐的师生关系,同伴之间相互交流、协同学习的关系,课堂上宽松、宽容、愉悦的氛围,有一定的需求、满足感和认同感,认为只有少数学生具备一定的自主学习能力,有规划有追求。

二、教师维度的调查与分析

教育变革从来都不是件容易的事情,试图透过一次大规模的教育改革解决所有的教育问题亦是不现实的。在教育变革的众多元素中,对于课程的改革始终是变革的核心。自 20 世纪以来,世界各地发生了许多大规模课程改革运动,包括从杜威倡导的进步主义教育改革到 60 年代的"学科结构化"课程改革,及至世纪之交,为适应全球化和终身学习的需要,课程改革风潮席卷各地。在回顾了三十余年来的课程变革与实施历程后,理查逊(Richardson)和普莱瑟(Placier)指出,即使设计再完美的课程,如果缺少了教师的有效参与,也不能保证变革成功[①]。课程学家古德森也曾强调,教育变革需要重新思考变革的内部事务、外部关系与个人因素之间的平衡,分析变革时应该把个人转变放在首要位置。只有当教师的个人投入被视为变革动力及其必要目标时,教育变革才最有成效[②]。从这个意义出发,推动学校层面的教育教学改革,特别是课堂教学改革,必须努力提升教师的参与度,只有教师真正愿意参与的课堂教学改革才是有效的、可持续的改革。教师能否主动参与核心素养导向的深度课堂教学改革,教师在这一改革中究竟能够扮演一种怎样的角色,涉及的因素是多种多样、整体系统的,其中最重要的,也是最基础的,是教师的心态问题。我们在开展核心素养导向的课堂深度学习变革中,试图通过教师层面的深度访谈了解教师对于学生学习状态、教师自我发展状态、课程教学改革态度等领域的认知,形成教师维度对于核心素养导向的深度学习改革的整体认知,为引导教师更深度、更有效地参与这一课程教学改革提供可能。

教师访谈提纲

一、学生学习状态评估

(1)您班级学生目前的学习积极性主动性如何?是否可以用一个词来形容?
(追问:能具体解释下吗?)

---

① RICHARDSON V, PLACIER P. Teacher change [A]//RICHARDSON V. Handbook of Research on Teaching [C]. 4th ed. Washington, D.C.: American Educational Research Association, 2001:907.

② 张侨平,林智中,黄毅英. 课程改革中的教师参与[J]. 全球教育展望,2012,41(6):39 - 46,38.

（2）学生们对哪方面（学科、内容）比较感兴趣？能否举例说明？

（3）学生们主要采用了怎样的学习方法？学习中还存在哪些问题？

（4）学生们在自我管理方面做得如何？（追问：有哪些突出问题？有哪些好的做法？）

（5）学生们在自主学习方面做得如何？（追问：有哪些突出问题？有哪些好的做法？）

（6）学生之间的同伴关系如何？（追问：有哪些突出问题？有哪些好的做法？）

（7）学生和家长之间的亲子关系如何？（追问：有哪些突出问题？有哪些好的做法？）

（8）学生和老师之间的交流顺畅吗？（追问：有哪些突出问题？有哪些好的做法？）

（9）学生的学业成绩如何？学生们的优势在哪里？主要短板是什么？

二、学科核心素养

（10）您认为赶进度、满堂灌等教学方式对提高学生的学习兴趣和学习成绩有效吗？如果效果不好，你在课堂上做过怎样的改变？

（11）关于本学科核心素养，您参加过哪些培训？谈谈您对本学科核心素养的理解。

（12）您认为学科核心素养的培育是否必要？它与学生成绩的提升之间有何关系？

（13）您在课堂上是如何落实学科核心素养的？有哪些经验或者困惑？

（14）为落实学科核心素养，您在学习设计方面做了哪些有意义的尝试？

三、教师专业发展与教学改革

（15）作为教师，您对自己的角色定位是怎样的，您对自己未来发展的规划是怎样的？

（16）您是否时常感到焦虑，表现在哪些方面？主要原因是什么？

（17）您采用了哪些教学改革和改进的措施？如何下决心进行改革？

（18）您的教学改革的成效如何？学生的学习有哪些方面的变化，具体表现如何？

（19）学生在学习方面有哪些变化或进步，具体表现如何？

（20）您对这些学生有信心吗？对他们的未来发展期望是怎样的？

四、对教育生态的理解与思考

（21）您需要哪些支持和帮助来进一步提升学生的学习（学校层面或者教育管理

层面)?

（22）您如何看待当前的教育生态,可否用一个词来形容,并举例说明?

（23）您头脑中是否经常勾勒理想中的教育图景,具体是怎样的? 您觉得要实现这个图景还需要哪些条件和举措?

（24）您对"双减"政策是怎么看的? 您有哪些好的建议或者意见?

教师维度的访谈结果显示:

初中学生的学习状态方面,学习缺乏主动性、持久性,在自我管理方面因人而异,有学生存在不知道怎么学的问题。与同伴的关系总体比较融洽;与家长的关系也因年纪尚小,未出现过度的对立和紧张;与教师的沟通没有障碍。学习方面的优势在于心态较好,劣势则表现在学习能力较弱、缺少内驱力等方面。初中教师的专业发展方面,教师愿意采用新方法、新理念,提升学生的兴趣和能力;教师希望获得本学科的专业支持。对学科核心素养的理解不尽相同,教师采取了多种形式的尝试,效果也有较大差别。在落实层面,缺乏专业性的培训和指导。在对教育生态的理解上,教师认为当前家长和教师都比较焦虑,而学生则比较迷茫;对理想中教育图景的实现,并不抱乐观态度,认为它有赖于整个制度和生态的转变。对待"双减"政策,教师的理解也各有不同。

高中学生的学习状态方面,学生普遍存在自律能力不足、缺乏自主性的问题,对知识缺乏好奇心和主动探究的精神,难以提出问题并进行深度思考。学生对学习目标、学习方法和策略等问题,缺乏深入的反思和长期的规划。与同学、家长和教师的关系良好,但缺乏深度沟通,难以进入学生的精神世界。高中教师的专业发展方面,多数教师有自我提升的需求,期待得到专业化的指导;采取了一定的课堂改革措施,但多局限于一些个人的尝试,成效并不显著,评价层面也缺少量化标准;对学科核心素养的了解并不深入,只有部分教师有时会在教学设计中考虑到学科核心素养的渗透,但未能真正落实到日常的教学活动中。在对教育生态的理解上,教师认为当下的教育生态有待改善,一方面需要让教师从繁杂的无关教学的事务中解脱出来,另一方面要提升学生的学习兴趣,让学生主动学习。对待"双减"政策,教师都比较支持,但也认为需要区别对待;在减少课业任务的同时,要提升效率。

三、家长维度的调查与分析

教育不仅关系到国家发展的"百年大计",更是涉及中国亿万家庭"美好生活"的"民生工程"[1],家庭、学校、社会共同构成完整的教育生态圈。在近年来的课程教学和人才

---

① 范瑛,皇甫全.中小学生家长需要什么样的课程:基于课程价值取向的实证研究[J].湖南师范大学教育科学学报,2021,20(6):70-80,102.

培养改革中,人们越来越清晰地认识到,学校和家庭是学生成长的最重要场所,学生的健康成长和全面发展,既需要学校教育的支持,也需要家庭教育的联动①。因此,建构家庭、学校有效联动的完整育人体系是当下教育教学改革的重要任务。特别是在现有教育治理理念提出之后,如何有效引导家长参与学校治理事务已经成为一个热门的研究领域。在教育治理的思维模式中,推动教育治理体系现代化是当下学校教育改革的重要目标向度,有效的家校合作则是学校教育治理现代化的题中之义。传统的家校合作以"共育"为基础,存在认知、价值、层次、能力四个方面的普遍性问题,制约了家校合作的成效。教育治理理念为新时代家校合作创新提供了新的空间和思路,从"共治"视角创新家校合作具有理论上的可能性与实践上的可行性②。整体而言,当前家长参与学校治理尽管不是一个新的命题,但是却存在一些亟须破解的问题,要化解这些问题,就要让家长参与到学校改革发展中的核心领域,特别是课程建设和教学改革领域。基于这样的思考,我们在推动核心素养导向的课堂深度学习变革过程中,除了注重了解学生和教师的意见之外,还通过家长维度的深度访谈了解家长对于学生培养、学校发展、家庭教育等领域的困惑和需求,整体提升家庭教育的指导能力,提升家长参与学校治理事务的意愿和水平,让家长真正成为学校教育的合伙人。

家长访谈提纲

一、孩子学习状态评估

(1) 目前您孩子学习的积极性、主动性如何? 请用一到两个形容词来解释。

(2) 您孩子感兴趣的学科和内容是哪些?

(3) 您孩子学习过程中比较喜欢的学习方法有哪些,存在的学习问题有哪些?

(4) 您孩子在自我管理方面有哪些好的做法,存在哪些主要问题?

(5) 您孩子在自主学习方面有哪些好的做法,存在哪些主要问题?

(6) 您孩子在处理同伴关系方面有哪些好的做法,存在哪些主要问题?

(7) 您跟孩子的亲子关系如何?

(8) 您认为您的孩子跟教师的整体沟通交流情况如何?

(9) 您孩子在学习上的优势学科和问题学科分别是哪些? 具体有怎样的表现?

二、家庭沟通和教育的方法与效果

(10) 您是怎样定位自己在孩子成长中的角色和作用的?

(11) 您对孩子在学习方面有怎样的期待? 您希望他成为怎样的人?

① 黄河清,马恒懿.家校合作价值论新探[J].华东师范大学学报(教育科学版),2011(4):23-29.
② 江平,李春玲.教育治理体系现代化视角下家校合作创新实践[J].上海教育科研,2020(2):58-62.

（12）如果孩子的表现达不到您的期待水平，您会怎样对待？

（13）您是否会在孩子的教育上感到焦虑？如果有，您会怎样处理这些焦虑？

（14）您是否会给您的孩子成长的独立空间和自由度？您具体是怎样做的？

（15）如果有可能，您是否想过在家庭教育上做出一些调整？如果要调整，您打算怎样调整？

三、需要进一步提供的支持和帮助

（16）在家庭教育中您目前存在哪些比较棘手的问题需要帮助和支持？

（17）您是如何看待当前的教育生态的？能不能举例说明？

（18）您能在头脑中勾勒一幅未来教育的理想图景吗？要实现这样的理想图景，需要哪些条件和举措？

（19）您对"双减"政策是如何看待的？落实"双减"政策，您有哪些建议？

根据家长维度的访谈结论，可以梳理出家长视角下初中阶段学生和高中学段学生在学习生活、家庭生活中的共性问题，也能够总结凝练出家长对于学校课程教学和人才培养改革的诉求，以及对于改善家庭教育的需求与困惑。

初中家长对孩子学习状态评估方面，学生学习总体较被动，对感兴趣的学科主动性稍强，但尚不够深入。没有明确的学习方法或不了解学习方法，有一些复习备考的技巧。能服从学校的规章制度，但自我管理能力尚缺。孩子与同伴的关系比较融洽，与家长的关系也较好，家长希望能与孩子平等交流，与老师也能顺畅沟通。课业成绩有较大进步。在家庭教育方面，家长希望能与孩子成为朋友，同时做好言传身教，重视学校教育的专业性。当孩子未能满足家长的期待时，家长会选择与其沟通，避免使用强制手段。对孩子的成绩有一定焦虑，但都愿意给孩子自由选择的权利，让孩子参与家庭决策。愿意在家庭教育方面接受专家的指导。在需要的支持方面，家长比较关心青春期和学业方面的指导，肯定"双减"政策的初衷，但也有家长认为"双减"政策还未呈现预期的效果。家长希望能减少学生和家庭的压力，同时切实提高学生的成绩，学校和家长应该各司其职，既不逾越界线，也不互相推诿。

高中家长关注孩子全面而有个性的发展，并不仅仅是追求学业成绩，对孩子的身心健康、睡眠、时间管理能力、沟通协调能力、兴趣爱好方面都很关注。在学科发展上，除关心课堂听课效率和作业完成情况，还关注学科核心素养的落实和孩子综合素养的提升。在和孩子的相处上，家长大多提到朋友关系，能给孩子自由发展的空间，并能倾听孩子的需求，能陪伴孩子成长，并善于反思。对于当前的教育生态有所不满，支持"双减"政策的实施。对学校的教育改革持支持态度，对学校老师的付出持肯定态度，对同伴间的相处和孩子在校期间的发展持满意态度。对孩子有规划，大多希望进入理想大学深造,受国内外更好的教育,实现个人价值和社会价值。

第三节　对学校课堂教学问题调查的总结分析

　　整体而言,在中国特色社会主义进入新时代的背景之下,当基础教育发展的规模、速度、设施装备等硬件条件基本满足需求之后,为满足人民群众更优质、更个性化的教育需求,教育应从以外延式增长为特征的发展转向以内涵式优化为特征的发展①。要推动教育的内涵式发展,一个重要的前提就是对制约教育改革发展的诸多问题进行精准调查研究和分析,要深刻把握教育主体、教育对象的现实困惑与需求。我们通过对学生、家长、教师三个维度的调查,全面了解了学校核心素养导向的课堂深度学习研究过程中,在课堂教学的诸多领域存在的普遍性问题,这些问题尽管具体表现形式是多种多样的,但是对于本书而言,我们关注更多的是课堂教学和学生学习两个维度。在对调查结论进行进一步归类分析的基础上,我们厘清了核心素养导向的深度学习的课堂教学改革所需要关注的核心问题,具体如下:

　　课堂上虚假学习与浅表学习的学生大量存在,隐性、显性"学困生"不断增多;

　　"学优生"的内在学习动机不足,大多以"外在任务优先的换取式学习"为主,功利化倾向明显,学习方法较为浅表、单一;

　　极少学生对学习具有内在兴趣、爱探究、自得其乐,能够按照自己的兴趣和步调安排学习和生活;

　　多数中学生对考试充满恐惧,认为教育生态压力过大、考试太多、非理性内部竞争太激烈、不公平,自己如同完成指令的机器人,没有快乐可言;

　　学生在线学习的自觉性不足,学习效果两极分化,学生难以高质量地完成学习任务,学生有强烈的孤独感,对独立学习缺乏信心;

　　学生公平的学习机会难以在课堂中得到保障,其主要原因在于课堂中过于侧重"教授"过程,而忽略了学生的学习历程;

　　学生之间关系不平等,难以获得平等的学习权;学生的个性特征易被忽视,多元需求难以得到回应;

　　教师被大量的有关学生管理的事务性工作缠身,学生自觉性不强,需要老师"盯关跟",教师难以静下心来研究新课程标准以进行高品质的学习设计;

---

①　杨小微,张秋霞.新时代我国基础教育改革的难点与对策[J].新疆师范大学学报(哲学社会科学版),2020,41(3):79-90,2.

学校对教研组、备课组的教研活动都有具体的要求,但难以落实到位,同事之间未能构建信任、安全的关系,很难真正开展教师间的相互学习、教研活动。

针对以上问题,我们在研究的过程中主要做了如下工作:

首先,进一步聚焦,明晰研究关注的两个关键问题。学生深度学习的研究落脚点是课堂现场。这需要研究人员兼具实践性知识与理论性知识,对中学阶段复杂的课堂进行长期研究。如何在行动研究中,对教育现场产生深刻的洞见,探索基于学科核心素养的深度学习课堂变革路径,并在不同年段、不同学科课堂中发挥持续作用,是本课题研究的第一大关键点;鉴于影响学生深度学习的要素较多,各要素又彼此关联影响,如何在基于学科核心素养的大框架下准确揭示深度学习的发生机制、具体内涵及课堂变革路径,勾勒出各要素之间的内在关联与相互影响,最终形成基于学科核心素养的深度学习课堂方法论,是本课题研究的第二大关键点。

其次,协同备课,开展高品质的学习设计。探索学习设计对学生学习状态和学习效果的影响,并进一步明确高品质学习设计的策略和方法,形成基于核心素养的高品质学习设计案例集。同时关注领航教师的专业发展路径与机制,并形成教师发展案例集。

再次,开展系列化、多学科课例研究。建立本校的、多元参与的课例研究团队,涵盖各个学科、学段,核心研究成员和领航教师。以促进学生的深度学习为目标,进行学习设计、课堂观察、课后反思与改进的专业研究循环,从大量课例研究案例中进行提炼和挖掘,归纳出促进核心素养的学生深度学习课堂改进策略,并形成课例研究案例集。

最后,常态化校本研修。持续进行基于核心素养的学生深度学习的常态化校本研修。每周五9:00—12:00进行全校性校本研修活动,通过高品质的学习设计、课堂观察与研讨、课堂案例分享、专著共读等方式,使学校教师团队形成"保障每一位学生深度学习"的愿景与共识,逐渐形成校本研修机制(校历)、校本研修成果集等。课题组对校本研修方式、教师团队发展特点、学生学习方式等进行分析,从而归纳出基于核心素养的高品质学习设计对学生学习效果与教师专业发展的影响机制。

第五章　建　构

——核心素养导向的深度学习课堂整体设计

从整体而言,在世界范围内推进课程教学改革的历史进程中,深度学习已经成为一种越来越受到重视的学习理论和学习方式。不论是在理论研究界,还是在实践变革领域,如何尊重深度学习的基本特征,推动深度学习的发生,已经成为一个越来越受到关注的重要问题。从前述章节的论述中可以看出,对于深度学习,学界已经达成了一种基本共识,即深度学习主要起源于两个方面的研究:其一是计算机领域的机器学习或人工智能学习研究,其二是教育领域当中的学习研究。整体来看,目前的研究已经就深度学习的价值形成了普遍的共识,但是从实践的角度看,目前的研究还有三个方面的问题需要破解[①]:

首先,当前对于深度学习的认识依然受到心理学认知学派的信息加工理论影响,这一研究思路和范式,试图以人工智能、机器学习的研究成果来反观人类学习。但实际上人的学习跟机器学习、人工智能学习有显著的差异,用人工智能、机器学习的研究成果来推进生命个体的深度学习,这对学习的理解是狭隘的,因为情感、价值、态度及精神领域的学习要素容易受到忽视。这显然难以涵盖当下学习的全貌。

其次,尽管深度学习也强调学习情境的设置,但是其对学习情境的思考和设计比较简单和孤立,而且这种情境远离学校实际,脱离真实的课堂。这实际上是简化了人类学习的复杂性特征,没有很好地关注到真实的学习情境中深度学习是如何发生的。实际上,在一种完全孤立的,静态的,简单的情境当中,是难以真正得出深度学习的规律的。要真正促进深度学习,必须在真实的课堂教学场景中追寻深度学习的本质特征,探索深度学习的有效方法。

最后,从国内关于深度学习的研究看,我们的研究起步较晚,但是发展速度较快。然而从整体上看,现有的研究,尽管不论在数量和质量上都已经取得了比较好的成绩,

---

① 吴永军.关于深度学习的再认识[J].课程·教材·教法,2019,39(2):36,51-58.

但是也存在一些突出的问题。其中最核心的就是对国外的研究翻译引荐较多,本土化的探索较少。从课程教学改革的属性看,每一个国家的课程教学改革都有其固有的特征,这必然需要具有本土话语方式的教育理论来支撑教育改革的进程,这也同样呼唤要结合我国本土课程教学改革的实际问题,立足我国教育教学改革发展的现实土壤,探索具有本土特质的深度学习研究与实践成果。

核心素养导向的深度学习课堂教学变革,是一个从理论到实践的系统变革,尽管目前关于深度学习的理论研究已经比较丰富,我们完全可以借助现有的研究理论来直接推进实践层面的改革,但是正如上文所言,在中国特定的空间、场域、文化和地理环境中推进改革,在学校现实的、具体的、个性化的环境中推进改革,需要具有本土特质的理论作为支撑。这不仅关乎核心素养导向的深度学习课堂教学改革的实效问题,也关乎教育改革和教育研究的话语方式和话语权问题。

教育话语是我们用来表述和探讨教育事实的话语形式,是涉及教育领域的现象和问题的话语类型。这些话语不仅可以描述教育现象、传递教育信息、探讨教育问题,还承载着知识、权力及其他诸多社会关系①。相当一段时间以来,随着西方一些"经典"与"新经典"教育论著以及作为教育思想支撑的其他人文社会学科的一些"经典"与"新经典"学术论著越来越多地被介绍与翻译进来,国内教育学界尤其是在一些青年学者中出现了对于这些论著的一种"尊奉热"②,教育研究和实践的话语方式逐渐呈现出一种"西化"的趋势。尽管在教育国际化的整体环境中,通过国际比较和借鉴寻找中国教育改革发展的新思路是有其实践价值的,但是对于中国本土的教育改革发展而言,"有意义的"教育思想必须基于实践,对中国教育真正具有引导力的思想最终只能形成于本土境脉与本土实践之中③。

对于核心素养导向的深度学习课堂教学改革而言,我们也需要用本土化的视角,结合课程教学改革的学校实践,形成我们对于深度学习课堂特征的理解,建构核心素养导向的深度学习课堂模型,探索课堂教学之中深度学习的发生机制,对核心素养导向的深度学习课堂进行整体性的设计,形成具有本土特质的深度学习课堂教学改革成果体系。这不仅是丰富深度学习研究成果体系的题中之义,也能够体现中国式教育现代化进程中一所普通学校的责任和担当,是教育改革中中国自信的表达。

依托课题研究,我们广泛收集国内外文献资料,对深度学习的相关学理问题进行进一步梳理和研读。对学科核心素养、深度学习的内涵(新课程标准的专题研讨,核心素

① 刘娜,古春娟. 教育话语及其实践效果[J]. 教育评论,2011(6):3-5.
② 吴康宁."有意义的"教育思想从何而来:由教育学界"尊奉"西方话语的现象引发的思考[J]. 教育研究,2004(5):19-23.
③ 同②.

养、深度学习的文献综述)、指向核心素养的高品质学习设计(中学各个相关学科的具体设计)、学生深度学习的观察与研究方法(课堂观察以及学习分析的各种方法)、引发深度学习的课堂形态(真实学习、综合学习等相关研究成果)、学生的深度学习对教师、学校和教育管理提出的挑战(教师角色转换与专业发展、校本研修重构、教师专业共同体的建设)等问题进行了归类研讨分析。在充分吸收国内外优秀的研究成果,并不断实践和反思的基础上,拓展和深化对本研究核心概念和问题的认识,在理论与实践对话的过程中,逐渐形成具有独特价值的研究成果。在此基础上,结合对于学校课程教学和学生学习状态的调研分析,明确了深度学习课堂改革应该关注和破解的核心问题。在理论学习和实践问题调查分析的基础上,我们着眼课堂教学改革的理论与实践融合的特征,着手对核心素养导向的深度课堂教学样态进行整体设计,以进一步明确核心素养导向的深度学习课堂的基本特征,厘清课堂之中深度学习的发生机制,建构旨在培养学生学科核心素养的深度学习模型。

第一节　素养导向的深度学习课堂特质分析

整体而言,对于深度学习的认知和探索主要是为了分析、批判学校教育教学环境中长期存在的浅层学习现象。所谓的浅层学习就是把信息作为不相关的事物来被动接受,忽视学习过程中对各种信息、元素的深层加工、深度理解和有效保持与创造,将学习仅仅停留在认知和记忆层面,无法形成知识的迁移、建构和实现问题的解决[1]。而深度学习正是要破解这种存在浅层学习的问题,推动信息的加工从浅层走向深层,推动知识的学习从简单的认知理解到深层次的迁移、建构和创造。

一、对课堂教学深度学习的整体认识

深度学习作为一个系统概念,理论上说可以发生在任何的学习场景中,但是课堂教学的真实情景是深度学习发生的最天然、最重要场域,因此我们探究深度学习的发生机制主要应立足于课堂教学的情境之中。本课题之中,我们探究的也是课堂情境中的深度学习问题。在我们看来,课堂情境中的深度学习主要是指在课堂教学的真实情境中,教师通过创设相应的问题情境,引导学生通过丰富的社会性交往,推动知识的学习向纵深发展,向实践、应用、创造发展,最终促进学生核心素养的形成。

为了实现上述目标和价值,能够促进深度学习发生的课堂教学应该体现出一些与

---

① 张浩,吴秀娟. 深度学习的内涵及认知理论基础探析[J]. 中国电化教育 2012(10):7-11,21.

传统课堂教学有较大区别的特质,例如:

深度学习的课堂教学注重理论与实践相结合。深度学习是实践性很强的学习状态,学习历程的呈现,课堂教学通常需要理论和实践相结合。教师会先介绍相关的理论知识,然后,学生会有机会亲自动手实践和体验,使用深度学习框架完成一些实际的任务。

深度学习的课堂往往借助现代信息技术开展,同时倾向于运用小组学习、案例驱动等多样化的学习方式,并注重及时反馈。深度学习涉及大量的图像、视频和音频数据处理,因此课堂教学往往采用多媒体教学的形式。教师会使用投影仪或电子白板展示相关的图像和视频,帮助学生更好地理解和掌握深度学习的概念和技术。深度学习的概念和技术比较抽象和复杂,为了更好地帮助学生理解和应用,课堂教学通常会以实例驱动的方式进行。教师会通过具体的实例,如图像分类、自然语言处理等任务,引导学生学习和掌握深度学习的方法和技巧。学生通过实例的实践操作,不仅可以加深对概念的理解,还能够提高解决实际问题的能力。深度学习的应用范围广泛,并且需要大量的计算资源和数据支持,因此课堂教学通常会鼓励学生进行小组合作。学生可以组成小组,在实践中相互讨论和合作,共同完成深度学习任务。这样不仅可以提高学生的学习效果,还能培养他们的团队合作和沟通能力。深度学习的课堂教学注重实时反馈和评估。深度学习涉及大量的参数调整和模型优化,因此课堂教学中往往会提供实时的反馈和评估机制。教师会定期检查学生的实践作业,并提供针对性的指导和建议。同时,学生也可以通过在线平台提交代码和实验结果,达到系统自动地评估和反馈的效果。

深度学习的课堂注重学生个体学习和社会学习的统一[①]。深度学习在课堂教学的实践过程中非常注重学习机制的优化和建构。从现代心理学的研究看,学生高级心理机能和非智力因素是促进其深度学习发生的前提性因素。培养学生的良好心理机制和非智力因素是促成深度学习的必要条件。教学促进学生心理发展的过程往往不是由学生个体完成的,而是个体在教师的帮助和同伴的合作下逐渐形成的从潜在水平向更好水平的转化的过程[②]。深度学习的课堂教学不仅关注学生个体是如何开展学习的,而且倡导通过一种丰富的、民主的、立体的交往环境建构,帮助学生实现社会性成长,培养学生的思想、情感、价值观等非智力因素。这些因素尽管不直接指向学生学科成绩的提升,但是对于提高知识的综合运用能力,塑造核心素养具有积极价值。

深度学习的课堂致力于促使学生实现从知识习得到知识运用的升华。按照布鲁姆

① 潘新民,张燕.课堂情境中学生深度学习:基本特性与实现路径[J].教育理论与实践,2021,41(19):60 - 64.
② 陈佑清.教学论新编[M].北京:人民教育出版社,2011:85.

的教育目标分类学,知识的学习目标可以分为了解、理解、应用、分析、综合、评价等几个层次。如果学习者的认知水平仅仅停留在知道的领域,也就是认知领域,那么这样的学习显然是浅层次的学习。深度学习旨在引导学生在充分认知和记忆的基础上,实现知识的深层次理解、应用、分析、综合甚至创造。这种基于复杂的高级思维活动的学习方式更能够体现学习的真正价值,实现在知识整合的基础上积极主动地、批判地学习,并且能够将这种知识的习得迁移到新的环境当中,实现思维的发展和实际问题的解决。这意味着深度学习跳出了传统的以识记为特点的知识传递导向,更加注重知识的迁移、创造和应用,这也与核心素养的发展有密切关联。

深度学习强调"教师的教"和"学生的学"的联动改革。从深度学习的概念出发,这种学习理念的落实固然需要首先改变学生的学习方式。从目前关于深度学习的研究看,大量研究者所关注的也是结构学习、单元学习、项目学习等新的学习方式的运用。但是对于教师在深度学习中应该如何开展教学却研究得较少。教学中教和学是一对天然存在的不可分割的对应关系。"不存在没有学的教,也不存在没有教的学"[①]二者相互依存。特别对于中小学生而言,深度学习不仅强调学生要用一种更高阶思维介入的学习方式来开展学习活动,也意味着教师需要通过更精准的课堂观察来了解学生,通过更有效的课堂教学变革来建构一种师生共同成长的教学文化,用更加契合核心素养培育和深度学习理念的教学方式来开展教学,这也是深度学习的课堂教学变革的应有之义。因此,深度学习的课堂教学改革意味着"学生的学"和"教师的教"的整体联动,任何一个方面都不能偏废。从中国当前的基础教育课程教学改革发展趋势来看,如果缺少了教师教的探索,仅依靠学生维度"如何学"的单一尝试,那么教学的改革成果将难以得到保障。

二、对深度学习课堂特质的校本建构

对于深度学习课堂教学的整体特征分析有助于我们从宏观上把握深度学习课堂的整体样态。由于学习方式的变革归根到底是要解决学校存在的课程教学和人才培养领域的实际问题,因此对于深度学习课堂教学特征的分析,既要立足于深度学习课堂教学的共性特征,也要充分结合学校的现实情况。形成对深度学习课堂特质的校本建构和个性化理解是推动核心素养导向的深度学习课堂教学变革的基础条件。我们以走向深度学习的高品质学习设计为载体,从人际、认知、动机情感三大领域来培育学习者,并采用"焦点学生完整学习历程观察与关键事件分析"(LOCA Approach)的课堂观察新范式,对学生的学习进行研究(对于课堂观察的技术和工具,我们将在下一章中进行论

---

① 王策三.教学论稿[M].北京:人民教育出版社,2005:88.

述），发现走向深度学习的学生在课堂上呈现出四个主要特征：

一是全身心地投入，即深度学习的课堂需要学习者在认知、情感及行为方面积极投入；二是复杂的思维过程，即深度学习的课堂需要学习者基于理解的学习，关注深层次的信息加工、主动的知识建构、有效的知识迁移以及真实问题的解决；三是丰富的学习成果，即深度学习的课堂教学关注学习者认知结构的完善，关键能力的发展，复杂情感的体验，是知识性成长与社会性成长的有机结合；四是持续深化学习的状态，即深度学习的课堂教学指向学习者的终身学习和全面而有个性的发展，不仅有助于厚实学生的核心素养，也有助于培养学生面向未来的终身学习技能（参见图 5-1）。

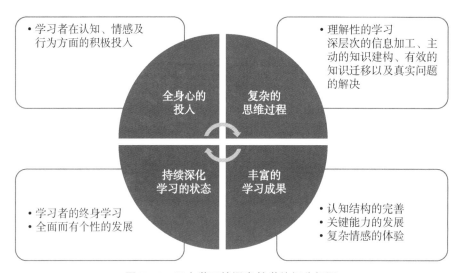

图 5-1　深度学习的课堂教学特征分析图

从图 5-1 显示的深度学习课堂教学特征看，深度学习可以理解为是一个过程，学习者通过这一过程，能够将一种情境中所学的知识应用于新情境中。通过深度学习，学习者超越死记硬背或程序性知识，获得学科领域的专业知识，并能理解如何、为何应用所学知识。当学习者认识到新的问题或者情境与之前学到的知识发生关联时，能够运用已学到的知识和技能来解决问题。因此，深度学习最主要的特征是知识和能力的迁移和创造。

在教育学领域里，能力与知识构成一对范畴。相比较而言，知识是会被遗忘的东西，而能力则是留在学生身上的东西；知识是认知加工的对象和材料，能力则是认知加工的工具和策略[①]。从知识的培养走向能力的培养，是我国新课程改革以来一直强调的课堂教学改革方向。课堂教学是一种有目标、有意识的社会性活动，深度学习的课堂

[①] 余文森.能力导向的课堂有效教学[J].全球教育展望,2018,47(1):21-34.

教学特征分析不仅给予了我们学校层面的教学改革目标导向，也让能力导向的课堂教学改革变得更加具体和清晰，因而能够成为后续核心素养导向的教学变革的重要引领。

第二节 基于学科素养的深度学习设计模型

学习设计(learning design, LD)指"为学习而进行设计"，是一种以活动为中介的课程安排、学习规划[1]。学习设计是近年来课程教学改革中一个非常重要的研究领域，特别是随着信息技术的发展，如何借助信息技术优化学习设计已经成为一个重要的研究命题，形成了诸如慕课学习活动设计、具身学习活动设计等新的成果[2][3]。从现有的研究来看，良好的学习设计能够为教学实施提供更加便利的条件，在良好的学习设计和活动中，学习者能够更加积极地参加学习活动，取得更好的学习效果[4]。学习设计是一个从局部到整体的螺旋式上升的过程。在实践过程中，学习设计通常表现为整合师生活动，支持学与教的资源和服务，并且通过一种可行的框架设计和活动设计实现学习资源的优化重组，为某种学习理念的落实以及支撑学生的有效学习提供服务，是一种既体现活动设计理念，又融入多种教学方法的整体规范[5]。

深度学习是以问题为中心，学生能动参与的学习。它需要一个有层次、结构化、可扩展、能持续的问题序列来对学生的学习进行引导和驱动，需要一种整合教与学多种元素的系统性的学习设计来形成深度学习的实践引领。从对深度学习课堂教学的特征分析和对学校学生在学习过程中凸显的共性问题分析看，我们认为学习是一个多种因素共同作用的综合过程，学习设计是一个系统工程，需要教师根据学生学习的心理、认知、情感等多方面的需要来进行整体设计。

一、学习目标设计

教学是一种高度的思维介入活动，教学思维是教师对教学活动及其本质的认识，关乎教师对什么是教学以及如何开展教学活动的理解与追问，决定着教师的教学实践行

① 曹晓明,何克抗.学习设计和学习管理系统的新发展[J].现代教育技术,2006(4):5-8.
② 陈明选,周亮,赵继勇.学习设计与学习分析的联结:现状、挑战与实现路径[J].开放教育研究,2022,28(6):27-36.
③ 杨南昌,刘晓燕.具身学习设计:教学设计研究新取向[J].电化教育研究,2014,35(7):24-29,65.
④ BRITAIN S. A Review of learning design: Concept, specifications and tools [J]. A report for the JISC E-learning Pedagogy Programme, 2004(6).
⑤ 孙迪.IMS学习设计规范及其实践[J].中国电化教育,2006(6):77-82.

为表现①,而学习目标的设计则是教师教学思维方式的重要体现②,不仅彰显了教师对于教学活动的整体感知和把握,对整个教与学活动的开展也具有重要的引领价值。学习目标是学习结果的本质体现,也是教学设计的总体概括③,在整合教学活动设计中居于核心和首要地位。作为一种具有独特理念和价值要求的教学范式,深度学习的课堂教学首先应该在学习目标的设计上进行思考和建构。

美国教育专家格兰特·威金斯博士毕业于哈佛大学,是美国一个非营利性教育研究和咨询组织的负责人,为州教育部、学区和学校提供咨询,其著作有《教育性评价》《学生表现性评价》以及《通过设计而理解》等④,他在教育评价领域和教学设计领域的贡献越来越被人熟知和运用。格兰特·威金斯提出最好的教学设计是"'以终为始',从学习结果开始的逆向思考"。逆向思维可以帮助设计者确定高阶认知能力的学习目标。从学科视角来看,如果学习目标仅限于所教文本需要学生掌握的知识、技能,那么学生获得的知识可能会枯燥、零散,难以发生迁移能力。如果学习目标能依据课程标准要求,遵循学生学习发展规律,结合单元学习目标、文本的特点加以综合,那么学生有可能在理解大概念的前提下,将已有知识迁移到新的情境中,作出决策并解决相应问题。

要实现这样的学习目标,教师就要思考哪些可以通过学生自主学习来达成,哪些需要学生之间的相互协同来达成,怎样的环境、问题和活动设计能够让学生投入到阅读、思考、讨论中去。学生们不但要把自己对文本的理解表达出来,而且能够通过同伴的互动来提升对问题的思辨能力。学生通过表达观点、相互倾听、辨析观点、扩展阅读的方式,来加深对文章主旨和写作手法等的深入理解,从而产生属于学生自己的探究过程与学习成果,对文本的学习会更加投入和持续。

二、学习环境设计

学习环境这一概念是随着学习科学研究的兴起而产生的。随着人们对学习科学研究的不断深入,人们普遍认识到,学习既是一个个体感知、记忆和思维的认知过程,也是一种根植于特定环境、文化、历史和现实的社会建构过程⑤。这一过程既需要相应的技术支持和思维投入,也需要相应的环境作为支持和保障。学习环境一般包括物理环境、心智环境、技术环境和人际环境,其中最为核心的是物理环境和人际环境。近年来,随

---

① 杨莹莹.教师教学思维的本质、立场与超越[J].教育研究与实验,2021(1):55-62.

② 孔晓玲.教师教学思维转型:从学习目标的设计开始[J].中小学管理,2021(9):17-20.

③ 周云华.教学设计应重视对学习目标的研究[J].中小学教师培训,2020(1):60-65.

④ 周加仙.走向智慧教育:探究性课程的设计——美国教育专家格兰特·威金斯博士访谈[J].全球教育展望,2003,32(6):3-7.

⑤ 刘微.中小学课堂学习环境的设计研究[J].教育科学研究,2021(10):90-94.

着信息技术与课程教学改革的深度融合,特别是教育元宇宙概念的提出,如何充分利用信息技术建构一种技术空间和物理空间相结合的,适应于学生学习的高沉浸式学习环境,越来越受到关注①。这种理念启发我们,对于深度学习而言也要关注学习环境的建构。这种环境不仅要为学生提供学习上的舒适感、愉悦感,也要契合深度学习的要求,通过物理空间、技术空间和文化空间的共同建构,形成一种有助于学习观念的转型、学习概念的转变、知识的迁移应用的具有"具身"特征的学习环境②,为深度学习提供支持。

良好的学习环境设计,首先意味着传统学习物理空间的打破。为使学生获得心理安全,信任关怀的学习环境的创设必不可少。学习环境中的平等、信任、温暖能够大大提升学生的自主性和自信心,也使得学生之间容易形成相互协同的关系,学生共同面对高挑战的学习任务和课题时,会减轻压力,自然投入。两两相对的四人小组是学习共同体常用的座位摆放形式,从秧田式转变成小组排列,其背后是从以"灌输中心"教学向"对话中心"教学、从"个人学习"向"协同学习"转变。教师心怀促进每一位学生深度学习的课堂愿景,声音平和舒缓、话语简短精练、表情舒展放松、姿态亲和自然,课堂氛围就会发生微妙变化,学生以老师为"参照镜像",也变得更加安心、沉稳,让人感受到安静、润泽的气息。

良好的学习环境建构,不仅是一种物理空间上的重构,也是一种精神、文化、理念的重生。从某种意义上说,相比较于物理空间的打破,课堂中的文化环境建构更具有深远的影响价值。如何让学生在课堂上与他人有效沟通,并能协同解决问题?教师不仅要把课堂学习空间还给学生,还要让学生学会倾听他人的声音。良好的学习环境营造使得学生内心安定、充满信心、互相信任,并对学习内容产生好奇与兴趣,为教师把学生熟知的日常社会生活体验和将要学习的专业语文知识相联结做好准备,也为深度学习的发生营造必要的环境和氛围。

三、学习方式设计

从概念上说,学生学习方式是指学生在完成学习任务过程中的基本行为和认知的取向③。尽管学习有不同的路径和方法,学生个体也存在鲜明的个性差异,这必然会赋予学习方式鲜明的"具身"特征,但是作为学生学习成果的重要影响因素,如何优化学生

① 曹晓明,谢娜. 高沉浸式学习环境:学习环境设计的新视角[J]. 中国教育信息化,2023,29(11):121-128.
② 李志河,王元臣,陈长玉,等. 深度学习的困境与转向:从离身学习到具身学习——兼论一种深度具身学习环境的构建[J]. 电化教育研究,2023,44(10):70-78.
③ BIGGS J B. Student approaches to learning and studying [M]. Hawthorn: Australian Council for Educational Research, 1987:111-117.

的学习方式显然不仅仅是一个个体化的命题,而是一个课程教学改革中的重要共性话题。学生的学习方式对学习结果具有决定性的影响,然而传统课堂中采用的"听讲—背诵—练习"的被动接受的学习方式,严重限制了学生的能力培养和情感体验[①],也正是因为如此,我国21世纪以来的课程教学改革,强调要"通过转变单一的学习方式来发展多样化的学习方式,特别是要提倡自主、合作与探究的学习方式"[②],以此来改变旧样态的课程教学,提升教与学的效能。从某种意义上说,倡导深度学习,是要打破传统课堂教学中"你讲我听"的单一的知识传递模式,倡导学生通过更加自主地合作、探究、投入来提升学习的效能。这一过程必然需要学生学习方式的转型。这种对于学生学习方式的转型需要,与新课程改革强调的以学生为主导的学习方式具有内在的一致性,也意味着核心素养导向的深度学习的课堂教学改革应该以学生学习方式的转型为重心。

在我们看来,要促进学生深度学习,就要充分信任学生的能力。教师要放下身段,改变传授式的教学方式,让学生通过自主学习、协同学习去探索,真正让学生意识到学习的责任落在自己的肩上,学习的奥秘需要自己和同伴的努力去发现。如何在人际领域构建自我接纳、协同学习的深度学习状态?让学生达到个人独自学习、同步学习所不能达到的高度?课题组设计合作共享的学习方式,具体表现为个人自主探究、小组协同探究、全班公共分享等,更多地关注学生个性化、多样化的学习和发展需求。

从学生的视角来看,学生能在小组协同探究中坦然地说"不知道"或者"我需要帮助",能在全班共同分享中积极参与、主动表达。从教师的视角来看,教师能还给学生个人自主探究、同伴协同学习的时间和空间,能减少对每位学生学习历程的中断,能善于倾听,识别出学生独特的观点和潜在的学习问题,并能在合适的时机给予帮助。合作共享的学习方式,让课堂中每一位学生长期、全身心地投入到学习中,促使深度学习的发生。学习规则的制定是让合作共享的学习方式得以实施,实现同伴协同探究、全班公共分享效果最大化的保障。比如,对于重点问题,四人轻声细语地讨论,轮流发表意见,互相尊重,以形成组内的共识性观点,或提出组内疑问;四人共同公共发表,其他人认真倾听、记录、整理,不打断他人;其他人陈述完整后,可以补充、提出质疑或回答其他组的问题等。学生从被动听讲的学习方式转向自主探究、协同探究的学习方式,既能充分地对文本进行阅读、理解,也能充分倾听他人的观点,并进行辨析、优化。学生之间的相互倾听与对话促进提升了学生对文本的理解、表达和再创造,深度学习所需要的基于学习者自发、自主的内在学习动机也能尽可能地得到激发。

---

① 张亚星.自主·合作·探究:学生学习方式的转变[J].华东师范大学学报(教育科学版),2018,36(1):22-28,160.

② 钟启泉,崔允漷,张华.为了中华民族的复兴为了每位学生的发展:《基础教育课程改革纲要(试行)》解读[M].上海:华东师范大学出版社,2001:1-5.

四、学习任务设计

学习任务是指为了达到学习目标而给予学生的具体学习活动或任务。设计学习任务是根据学习目标和学生的需求,制定出能够促进学习的具体任务和活动。一般而言,学习任务的设计首先要有确定的目标和期望结果。目标应该具体、明确,并与课程要求和学生的学习需求相符合。学习任务的设计要注重整体规划,将学习任务安排在一个适当的时间段内,并根据学习目标的难易程度和学生的学习进度进行合理地分配。要结合学生的学习需要,设计多样化的任务类型,如阅读、写作、实验、讨论、项目等,以便学生能够通过不同的方式来掌握和应用知识。学习任务的设计要提供足够的支持和资源,确保学生在完成学习任务时能够获得必要的支持和资源,包括教材、参考资料、实验设备等,以及老师和同学的指导与合作。学习任务的设计,也要考虑学生的兴趣和背景,尽量使学习任务与学生的兴趣和背景相关。这可以提高学生的主动参与和积极性,促进他们对学习任务的理解和投入。设计学习任务时,还需要考虑评估学生的学习成果并及时给予反馈,可以使用不同形式的评估工具,如作业、考试、项目展示等,以便了解学生的学习情况并帮助他们加以改进。

整体而言,良好的学习任务不仅能够引导学生有序、有效地开展学习,也能够为学生核心素养的积淀和综合能力提升提供支撑。以语文学科为例,良好的语文学习任务能够促进学生的语言建构、思维提升、审美意识的提升,使得学生在探索的过程中实现多种能力和素养的发展。设计学习任务,需要教师解读学科知识背景、逻辑关联、思维方法、价值意义,还要从学生的学习起点与实际需求出发,厘清学生已有的认知水平、学习困难和学习策略。其中,冲刺挑战性问题是学习任务的聚焦点,需要设计者基于学习者的"最近发展区",激发已学知识、生活体验与当前学习内容之间的意义关联,引发学生对核心内容的探究,使学生持续探究并产生深入的理解,为知识和能力的迁移、创造提供可能。

学习任务的设计可以通过学习单去落实。随着深度学习理念的提出,各基层学校大力开展了以"具体挑战性"的任务或者活动为线索的学习设计,"学习任务单"应运而生[①]。大量的实践表明,学习单是深度学习设计外在具象化的重要载体,是为了让每一位学生都清晰无误地学习,并能把对学习任务的思考、理解、完善、修正过程一一呈现出来。学习单可以由四部分组成:学习目标、学习规则、学习内容、学习要求。学习目标要用学生可理解的语言来阐述;学习规则可以师生共同讨论,并随着学生深度学习的不同阶段而不断调整变化;学习内容要秉承"少即是多"的原则,让学生聚焦核心任务,经历

---

① 汤雪平,郭元祥.指向学科核心素养的学习任务单设计[J].中国教育学刊,2023(7):50-55.

完整的思维过程;学习要求是为了给学生更多自主思考的时间,不因为教师细碎重复的话语而切断学生的思路。教师以怎样的方式将学习单印发到学生手中,要根据课堂学习内容的需要。

第三节 深度学习课堂的发生机制与条件

学习是"一种在人类行为或行为潜力方面的持续改变,这种改变一定是学习者的经历及其与世界相互作用的产物"①,这意味着表层化的学习难以触及学习的本质,只有建立在充分的广度、充分的深度和充分的关联度基础上的学习才是真正有效的学习②,实际上这也是深度学习一直倡导的理念。

作为一种新型的学习理念,深度学习具有超越传统的表层化学习的新的特征,有助于培养学生的高级思维能力和核心素养,促进学生从浅层次的知识记忆到深层次的知识综合、实践、运用的转变。这种高层次、深层次的学习不会天然发生,它需要相应的发生机制和条件。如何在课堂当中有效把握深度学习的发生机制和条件,进而设计有效的教与学路径是实现深度学习课堂教学转型的关键。课题组在文献梳理的基础上,对500多位学生的完整学习历程进行观察和研究,在个案分析和因素提取的基础上,探索了学生深度学习发生的机制和条件。

一、以兴趣的充分调动为前提

深度学习的课堂是一种学生乐于参与、愿意参与的课堂,强调学生学习兴趣的激发是深度学习得以实现的前提③。长期以来,由于我们对教学价值、目标、理念等理解的偏颇,学习的过程在很大程度上被学生视作"应付考试"的痛苦过程,学生参与学习的兴趣得不到调动,学习的有效性自然难以得到保障。要让深度学习发生,就要跳出这样的思维方式,让学生真正感受到学习的幸福和愉悦,从教育与幸福的本质属性出发建构深度学习的课堂。从这个角度出发,在深度学习的课堂上,不论是情境的导入还是问题的设计,教师都需要充分考虑学生的身心成长特征,用学生喜闻乐见的事物来激发学生的学习兴趣。对于高中阶段的学生而言,其学习兴趣的激发往往与学习过程中的困惑和探

---

① 德里斯科尔.学习心理学:面向教学的取向[M].王小明,等译.上海:华东师范大学出版社,2008:37.
② KIERAN EGAN. Learning in depth: A simple innovation that can transform schooling [M]. London, Ontario: The Althouse Press, 2010:117-129.
③ 钱旭升.论深度学习的发生机制[J].课程·教材·教法,2018,38(9):68-74.

究欲望相关联。正如杜威所言,学习就是要学会思维,思维的缘由是因为遇到了某种困惑①。从学生感兴趣的事物出发,通过问题的设计让学生主动发现困惑、探究困惑,提升学习兴趣,这是深度学习发生的前提,也是关键。

二、以学生的主动参与为核心

深度学习的发生机制和条件是丰富的,杰伊·麦克泰格建构了以理解、大概念、迁移与运用等为关键词的深度学习理论体系②,逐渐成为一种颇受关注的深度学习共同条件认知。其中,学生的主动参与是联动这些条件的核心。学生通过自主学习提出新的观点或者问题,并提出假设性解决方案或者解决问题的线索,通过推理、讨论、实践等方式去验证,逐渐形成观点,并不断修正观点、方案,从而发现新问题,产生继续探索的渴望,这是学习不断深化的内在机制,也是核心素养的形成过程。学生发现知识性问题或社会性问题,自主思考,协同解决问题,从而获得和改组知识,理解和融入社会,实现每个人的自主发展和社会的和谐发展。这既体现了自主发展(科学精神)的养成过程,也体现了社会参与(人文底蕴)的形成过程。教师是一个与学生共同探索和创造的角色,他们为学生的深度学习推波助澜,他们通过创设真诚温暖的环境支持学生,对学生提出的观点和问题充满关切,鼓励自主思考和自主解决,为学生提供必要的专业支持,对学生思考和实践的成果予以鼓励,提供建议和资源等方式,促进学生更加深入地探索,这是师生共同深度学习的内在机制。

三、以丰富的成果产出为表征

从成果水平来说,深度学习的学习成果包括至少三部分内容,一是学业成绩的提升,二是学习素养的形成,三是心智模式的改变。深度学习会在一定程度上提升学生的学习成绩,学生经历了完整的学习历程,参与了问题探究的过程,他们对知识和概念的理解会更加深刻,更容易迁移和应用。由于考试的出题方式往往是比较主观的,如果试题本身是比较浅表的、讲求速度的、不求深度的,那么考试的成绩并不能说明学生的真实学习情况。考试成绩虽然是相对显性的,容易被看到,也常常备受重视,但是因为考试本身受各种主客观因素的影响,可能会出现评价上的偏差,并不适合作为稳定的学习水平的唯一参照。深度学习与核心素养的形成密切相关,核心素养相对比较隐性而深刻,对个人学习的方法论,指导人的持续学习活动,决定人的学习动机、策略、学习投入

① 杜威. 我们怎样思维·经验与教育[M]. 姜文闵,译. 北京:人民教育出版社,1991:120-125.
② 张良,关素芳. 杰伊·麦克泰格深度学习的含义、条件与实现策略[J]. 比较教育研究,2023,45(6):66-73.

度和时间分配等有积极的影响作用,核心素养的养成需要更长的时间,但其一旦达成,对学生学习的指导作用是持久的。深度学习最大的价值是对学生心智模式的改变。心智模式是人思考问题和解决问题的心理准备状态,心智模式是极为隐蔽的,但其对人的影响却十分深刻,心智模式一旦形成会影响到一个人学习和生活的方方面面,学生能够获得成长型思维和开放式心智,会受益终身。

四、以自我的效能提升为追求

学习究竟是为了什么?这是一个古老的命题。在传统的教育学范畴下,学生的学习往往以知识的习得和技能的提升为核心目标。近年来,随着人们对教育本质问题的深度挖掘,课程教学指向人的成长,促进人的发展,关怀人的生命,逐渐成为共性的价值取向。深度学习超越了知识技能传递导向的传统学习,更加注重学习对于人的生命成长的价值和意义,注重学生在把握学习意义、体验成长收获中实现自我效能感的提升。在深度学习的理论视野下,学习的意义在于学生立足能够为自己理解的世界生活,引导学习从一种认知性信息加工活动转变为实践性文化建构活动。这是问题驱动的文化实践活动,而非机械的重复性演绎。深度学习的课堂教学,能够引导学生在生活中发现问题,揭示规律,完善认知结构。学生能够通过深度学习学会把握从"是什么"的问题认知到"为什么"的逻辑推演,进而上升到"怎样使生活变得更美好"的理性运用①。例如,学生的数学学习注重"数感"的培养,需要学生学会在具体情境中把握数的关系,从而做出合理判断,进而养成良好的统计观念,这种转变和升华不仅有助于培养学生的学科核心素养,彰显深度学习应有的价值和意义,也能够引导学生更好地审视自我、发展自我,提升自我效能感,为将来更好地融入社会提供可能。

---

① 钱旭升.论深度学习的发生机制[J].课程·教材·教法,2018,38(9):68-74.

第六章　突　破

——核心素养导向的深度学习课堂变革策略

核心素养导向的深度学习课堂变革既是一种理性的思考，更意味着在实践领域的路径创新。这种创新不是盲目的，而是基于学习科学发展的丰富理论支持。学习是一种独特的社会活动，人们对于学习的认知是一个不断完善的过程。最近几十年发生的心理研究的革命，对教育教学活动的改革产生了重要的影响和引领价值，让我们认识到人的学习是一种科学的行为。随着学习科学的发展，建构学习、主动学习、思维学习等新的学习方式不断出现。人们越来越认识到课堂教学的变革是"教师的教"和"学生的学"同步进行的系统变革。学生带着有关世界如何运作的前概念来到课堂，他们初期的理解应该被卷入学习的过程中，否则就会影响他们对新概念和信息的掌握程度；学生的学习不仅仅指向于知识的习得，而在于其综合能力的提升，要实现这种综合能力的提升，学生必须具有事实性知识的牢固基础，要在概念框架的情境中理解事实和观念，并且能够用促进提取和应用的方式来组织知识①，实现知识的实践价值。同时，教学中教师的有效教学设计和引导，可以帮助学生更好地定义学习的目标，监控学习的进程，实现学习的目标。这三个维度勾画了"人是如何学习的"的基本图景，实际上也与深度学习的课堂教学改革有重要的内在价值契合，这也提供了核心素养导向的深度学习课堂变革的认知与价值支撑。

在推进核心素养导向的深度学习课堂变革中，笔者所任职的上师二外和桃李园实验学校都充分认识到了深度学习在当今教育改革发展背景下，对于促进课堂教学改革，提升人才培养质量，推动学校内涵发展的多维度价值。都能够在认真学习最新教育改革政策和学习科学理论的基础上，结合学校的实际，通过扎实的行动研究探索核心素养导向的深度学习课堂变革策略。从具体的行动样态看，这些策略尽管因为学校的差异

---

① 布兰斯福特. 人是如何学习的：大脑、心理、经验及学校［M］. 程可拉，等译. 上海：华东师范大学出版社，2021：12 - 16.

而在具体的实践方式上可能存在不同,但是其所体现的共同的内在价值和行动诉求是有一致性的。这种一致性也体现了推进核心素养导向的深度学习课堂变革是能够形成一些共性的实践经验的。这在很大程度上提升了本研究和本书写作的推广价值。综合而言,两所学校主要通过以下几个方面的具体路径设计,整体推动了核心素养导向的深度学习课堂变革,提升了课堂学习中师生的参与度、获得感,提升了课堂教学的综合育人效能。

第一节　循规律,打造相互倾听的课堂

对于课堂教学的关注是教育教学改革研究和实践的重要内容。长期以来,人们关注课堂教学改革一个重要思路就是探究课堂教学究竟应该以何为中心。围绕这一问题的争议产生了诸如主体性理论、主体间性理论和他者性理论等多样化的理论范式①。其中比较有代表性和影响力的是主体性理论,其衍生的教师中心论、学生中心论和交互主体论等在很大程度上影响着课堂教学改革的进程。然而从现代教学改革发展的趋势看,课堂教学改革要想取得成功,其前提未必是确定某个主体作为课堂教学的中心,而是要建构一种有利于课堂教学开展的合理的关系。从关系的视角看,课堂教学可以被理解为以知识、能力、素养等为中介促进课堂教学关系的生成、发展和建构的社会行为。这种关系不仅是课堂教学行为发生的基础,也是课堂教学成效得以维持的保障。在这种关系中,师生关系是最基础、最核心的组成部分。从深度学习发生的特征和规律看,师生之间合理、亲密、信任的关系是深度教学产生的重要前提条件,要建构师生相互信任,共同发展的和谐关系就要打破传统教学中过于强调教师中心或者学生中心的局限性,通过二者有效的互动加深理解,提升认同,促进和谐师生关系的养成。在这一过程中,师生之间有效的倾听,特别是教师主动对学生的倾听是建构良好师生关系、教学关系的前提因素。基于这样的认识,在打造核心素养导向的深度课堂教学改革中,我们通过对"课堂倾听"和"深度学习"理念内在契合性的分析与把握,倡导遵循学生深度学习发生规律,以学生学习需求为中心进行系统性课堂变革,特别是要求教师尊重学生的自主性,倾听学生需求,构建彼此倾听的共同体文化。

一、课堂倾听与深度学习的契合

从学生核心素养培育的现实需求看,当前的课堂教学急需实现从浅层次学习到深

---

① 谢泉峰.从个体中心到关系视角:教学中的界限及其超越[J].湖南师范大学教育科学学报,2021,20(1):31-37.

层次学习的转变。基于本书前述章节的分析,对于深度学习的概念界定、类型概括和特征总结可以从不同的维度进行。但是不论我们怎样界定深度学习,其最核心的价值都在于通过怎样的方式促进深度学习的生成。有效的课堂倾听,不仅有助于建构和谐的师生关系,而且能够为深度学习在课堂当中的有效生成提供新的视角。借助课堂倾听助推深度学习的发生具有重要的理论和实践价值。整体而言,课堂当中的倾听包括多种类型,如互动性倾听、情感性倾听、认同性倾听、支持性倾听、探究性倾听等,这些倾听尽管具体的指向和任务不同,但它们都能够对深度学习的发生产生积极的价值,这种价值的生成主要是基于课堂倾听与深度学习之间紧密的内在契合。

课堂教学不仅仅是单纯的说话,也不仅仅是教师对学生单向度的信息输出。很多时候,有效的课堂教学源自或者表现为教师积极、耐心、主动地倾听,这种倾听能够保障课堂教学的有效开展,能够促进深度学习的生成。具体而言[①]:

首先,课堂倾听有助于保证深度学习的协同性。不论我们如何界定深度学习的概念和内涵,深度学习发生的一个重要前提都是学生的主动参与。课堂当中的深度学习就像是一部交响曲,教师和学生是共同的创作者,在参与课堂的过程中,教师、学生就像交响乐演奏中的不同角色,他们有不同的基础、不同的技艺、不同的兴趣爱好,因而对课堂教学也就有不同的需求。只有通过深度的倾听才能理解彼此的需求,认同彼此的语言和认知风格,进而通过及时地调整满足不同学生的学习需求,保障学习的协同性,提升学生参与学习的主动性,这是深度课堂学习发生的前提条件。

其次,课堂倾听有助于支持深度学习的复杂性。深度学习不同于浅层学习的一个重要特征,就是它不以知识的获取和接受式的记忆为主要目的,而是力求达到学生对知识的深刻理解和综合运用,进而实现学生核心素养的提升。这种核心素养导向的学习相较于单一的知识接受式学习,无疑会更加复杂。因此,教师在课堂教学的过程中需要通过细致的倾听来了解学生在学习中对于事物的理解、内化、解释,体会学生的所思、所想和所感,让学生经历复杂性的学习,产生精彩的观念[②],促进思维和素养的形成。这意味着课堂教学中倡导师生之间的相互倾听,在很大程度上改变了教师的传统教学行为,使得教师的主要任务不再是讲授和告知,而是在信息的不断获取和丰富的交流中引导学生更好地体会复杂性学习,帮助学生通过复杂性认知与体验活动实现知识学习向素养提升的转型升级,这是深度学习课堂的价值和精髓所在。

再次,课堂倾听能够丰富学习者的情感体验。高质量的学习应该是情感、智力、技术共同参与的活动。深度学习就像是一场充满多种可能的探险之旅,学生在学习的过

① 毛耀忠,等.深度学习视角下的课堂倾听:内涵、价值与路径[J].当代教育科学,2021(3):59-64.
② 达克沃斯."多多益善":倾听学习者解释[M].张华,仲建维,宋时春,译.北京:高等教育出版社,2004:3.

程中能否体会到积极的情感,决定着他们在学习过程当中的投入程度。有效的课堂倾听能够建立起师生之间、学生之间有效的情感认同,既能够让师生深度体验自己的情感变化,也能够引导师生了解感知他人的情感和内心世界①,学会换位思考,增加彼此的情感认同,提升整个课堂教学当中教师对学生,学生对同伴之间的社会情感支持。让课堂教学充满温情,这也是深度学习发生的重要条件。

最后,课堂倾听有助于支撑课堂学习共同体的形成。课堂是一个拥挤的、微缩的社会,有其相应的组织结构、文化内涵和价值诉求。深度学习特别倡导良好师生关系的建构,倡导师生之间在课堂学习过程中的共同目标、共同文化、共同追求。这就需要建立一个有效的学习共同体。在相互倾听的过程中,教师和学生能够深刻地感觉到言说者说了什么,倾听者听到了什么。感知到倾听者如何对言说者进行反馈,言说者是否能够通过及时的反馈信息感觉到被尊重。这意味着从深度学习课堂的发生看,师生之间的有效倾听,不仅要求师生能够有自由的表达,而且能够要求师生之间有效的、及时的信息反馈,这样才能逐渐形成一个课堂中的学习共同体②,从而真正促进深度学习的发生。

二、以有效倾听打造深度学习课堂

基于上述分析,有效的倾听是深度学习课堂的重要特征,通过倡导建构相互倾听的新型课堂文化,打造课堂学习的共同体,是推动深度学习变革的重要路径选择。不仅如此,课堂教学的对话本质也自然要求课堂中师生需要相互倾听建构起相互倾听的环境③。但是在现有的课堂当中,教师往往存在主动倾听的意识缺乏,难以抓住学生的言外之意,不能准确应对学生的有效信息等现象,导致课堂教学中教师倾听意识和能力的缺失,这在很大程度上影响了课堂教学的有效性。按照佐藤学的理解,相比较于发言和交流,倾听才是课堂活动的核心④。佐藤学认为,要形成相互倾听的课堂,教师既需要为学生创造一个安心安静的课堂环境,也需要提升自己主动倾听的意识,成为学生倾听的示范者,并能够长期耐心地坚持⑤。同时,最为重要的是要基于倾听的信息,及时调整课堂,及时给予学生反馈,以此推进深度学习的发生。

在笔者看来,深度学习的发生是有条件的,对每个学习者来说,深度学习是从自主的思考和发现开始的,要放弃被动接受现成知识的想法,从最开始就做好了要去自主探

① 李静,杨晴,吴琪,等.青少年的共情与自我意识:归属需要的中介作用[J].教育研究与实验,2019(5):83-87,92.
② ALLISON H, KERSTI T. Complex listening: Supporting students to listen asmathematical sense-makers [J]. Mathematical thinking and learning, 2015,17(4):296-326.
③ 蒋玉华.论课堂教学中教师倾听的缺失与回归[J].教育理论与实践,2020,40(2):49-52.
④ 佐藤学.教师花传书[M].陈静静,译.上海:华东师范大学出版社,2016:28.
⑤ 张鲁宁.佐藤学"相互倾听课堂"理论及启示[J].当代教育科学,2018(6):76-79.

索的准备,要愿意为此付出努力。这个过程既是学习者因为问题解决而不断深化学习的过程,也是教师倾听、理解、鼓励、帮助学生成长的过程。教育者乐于倾听学生,给他们创造温暖而友好的支持环境,为他们创设可以自由探索的空间和资源,并给予搭建脚手架,以教师的倾听为基础建立的班级文化使学生的深度学习成为可能。同时,教育者要支持的不是个别学生,而是全体学生,要让所有学生的学习都成立,就要让这个班级建立起"彼此倾听""互相学习""共同探讨"的文化,师生之间、生生之间彼此平等,互相欣赏,共同交流和进步,只有这样的文化氛围会使每个人感到自在、温暖、有成就感,而这就是学习共同体的关系,也是深度学习的课堂生态的基本特征。

基于这样的认知,在推进核心素养导向的深度学习课堂建构中,我们要求教师以"倾听"所有的学生为第一要务。这种倾听涵盖课堂学习的不同维度和内容:第一,要倾听学生的学习需求,了解学生的探究兴趣所在;第二,要倾听学生的学习困难在哪里,了解学生的"迷思概念"和"认知冲突",并以此为起点进行学习设计;第三,要倾听学生的观点的独特性和价值所在,并将这些观点串联起来。要促进学生的深度学习,就要让学生能够有自主学习的机会。如果学生总是被告知什么是正确的,什么是错误的,他们可以做什么,他们不可以做什么,他们就不能够发展判断力,不能够发展独立性和责任感。因此要把学习的机会真正交到孩子的手中,就要真正理解学生的复杂学习历程,教师的课堂教学体现在对学生学习规律的充分尊重、理解、支持和助力。首先,从教学过程与教学节奏上看,教师要给学生充分的自主学习的时间,并且让学生形成相互协同合作的关系,让学生有充分的思考、交流、试错和修订的时间,在学生们的思考遇到困难或者无法深入的时候,教师再去进行点拨、指导,因而教学节奏要慢下来,教学环节要尽可能简化,这样学生才会有充分的自主学习与协同合作的时间。另外,从教学设计与策略选择上看,改变凭经验教学或者按照教学参考书来教学的常规做法,通过细致的课堂观察和深入的教学质量分析,充分了解学生的学情,特别是学生的学习困难到底产生于何处,从学生的学习困难入手,进行"逆向"的学习设计,从而对学生的学习提供有针对性的帮助。以桃李园实验学校王钰茹的案例为例。

彼此倾听,走向交响课堂
——《穿井得一人》学习设计

文言文在语文教学中有着举足轻重的地位,却一直是难点和薄弱环节。首先,学生在文言文学习过程中出现畏难情绪。一是由于年代的差异,在"言"方面理解困难;二是迁移能力差,遇到新文章不会扩展迁移。其次,教师过度关注考试,出现重语法、轻文本,重翻译、轻人文素养培养的现象。因此,针对这些问题,并基于学习共同体的教学理念,我们在《穿井得一人》中进行了新的教学尝试。课前,由郑艳红教师牵头,初中部全体语文教师共同备课确立了授课主题;课中,共同体学习小组的老师们深入课堂,通过定点观察来了解学生的学习状态;课后,共同体教师团队进行了长达三个小时的课后研讨,探讨教师的教学设计和学生倾听、交流的状态。

一、研究课选题的由来

《穿井得一人》是初中语文部编版教材七年级上册第六单元的讲读课文《寓言四则》中的一则,第六单元是一个以想象为主题的单元,给人启迪。《穿井得一人》是一篇寓言,体现了寓言的讽喻特色,在网络自媒体时代,它仍然有着积极的现实意义。另外它也是一篇文言文,文言实词的教学也应得到相应的重视。

所以,这篇课文的教学,我准备分三个阶段落实:一是预习。二是课堂学习。三是课后作业。首先预习阶段,《穿井得一人》是文言文,需要疏通文义。因为它短小而且浅显,课下注释又比较详细,所以学生是可以通过浏览课后注释自行疏通文义的,这一点需要做,但可以不用占用太多时间。其次,要让学生了解《吕氏春秋》的相关文学常识,最后梳理出《穿井得一人》中出现的几类人物,进而梳理出主要的情节。其三,课堂学习阶段,采用小组合作探究式,讲求同伴之间、师生之间的倾听关系,通过彼此的分享探究让学生体悟文章的寓意。最后的课下作业方面,在明确寓言特点之后,我安排了《刻舟求剑》的比较阅读,让同学们更深层次地了解寓言,也增强同学们的语言鉴赏能力。

二、课前语文组教学研讨

教研之前的教学目标:

(1)了解《吕氏春秋》相关的文学常识。

(2)积累重要的字、词。

(3)联系生活实际,感悟文章寓意,并从中吸取经验教训。

组内老师发言:

问题一:《吕氏春秋》的相关文学常识在六年级已经有所涉猎,不必要单独放在这里作为教学目标再次出现,可以作为预习单上的测验小题,填空进行知识点的回顾。

问题二:一节课40分钟,教学目标不宜过多,否则教学目标无法实现。

问题三:课堂中会涉及慎、察的含义,可以将《吕氏春秋·慎行论·察传》中的慎、察作为教学目标。

教研之后的教学目标:

(1)感悟文章寓意,并从中吸取经验教训。

(2)了解《吕氏春秋·慎行论·察传》中慎、察的含义。

教研之前初拟的课堂思考探究：

（1）文中三类人物的分析都围绕着一个主问题：他们为什么说（传）？用什么语气读出来？

（2）文中除了三种"说的人"还出现了一个人物，他听到传闻做了什么？通过两类人的对比，你得到了什么结论？

组内老师发言：

问题一：在共同体课堂中，每个问题要留给学生充足的思考时间。此次学习单中有四个问题，这样学生在分享环节就会时间紧迫，问题贵在精不在多。

问题二：问题一和问题二之间缺少串联性，无法将两个问题很好地串在一起，导致学生思维混乱、课堂发散。

问题三：即使问题能很好地串联，但缺乏趣味性，学生也很难走入文本。可以尝试情境教学导入法，来吸引同学们迅速进入状态。

教研之后调整的课堂思考探究：

（1）课前设计话剧，符合七年级学生好玩好奇的天性，能激发学生学习的兴趣，也为解读文本埋下伏笔。

（2）如果你是法官，你认为谁该为这场谣言负责？为什么？通过一个问题，串起整篇文章。通过探求犯错原因来领悟经验教训。完成教学目标。

经过一个小时左右的备课研讨，最终确定了《穿井得一人》的教学设计，本次课例为第二课时，将针对"如果你是法官，你认为谁该为这场谣言负责？为什么？"这个问题进行探讨。

三、《穿井得一人》的教学过程

（一）教学过程一：导入

由于是第二课时，我直接以提问的方式导入，带同学们回顾了一下《穿井得一人》中重要的实词、虚词。文言文中"文"很重要，"言"的内容也不能丢，在理解大意的基础上更好地探究文章内涵。

同学们已经准备好了话剧表演，接下来由同学们为我们展示话剧内容。话剧表演完毕，提问有何感悟？由此引出本文的核心探讨问题"如果你是法官，你认为谁该为这场谣言负责？为什么？"

（二）教学过程二：合作探究

合作探究时间的安排：首先自我思考，时间为 2 分钟，接下来 8 分钟为组内合作探究。小组成员轮流交流发言，完成思维导图。交流结束后，共五个小组主动到台前展示讨论成果。

（三）教学过程三：分享交流

学生在台前分享交流成果时，我作为教师做到三点：第一，退居幕后，不影响、不打断同学们的思路和思维；第二，认真倾听同学们的观点，简单总结，做到串联。第三，提示同学们是否有补充，或者其他小组是否有疑问。在此过程中，也要暗暗同学们倾听的重要性。交流过程中，在第二组发言完毕后，学生们开始擦出了火花，开始有疑问、有质疑，开始呈现出交响乐式的课堂氛围。

（四）教学过程四：课堂总结

由于时间关系，很多同学的疑问还没有解决，于是我承诺课后我们再来继续探讨和分析。最后2分钟由我来做课堂的总结。通过将同学们的分享进行串联后，总结出结论，同时也将结论和《吕氏春秋·慎行论·察传》相联系。让学生了解慎、察的重要性，完成此课的教学。

四、课后教学研讨

（一）教师要做好引导者

在学习共同体课堂中，教师首先要做一个合格的倾听者，在这个过程中做好串联和反刍。在同学们掉入互相争论的怪圈时，教师要明确学生争论的关键是什么？学生争论的源头是什么？教师在这种情况下要及时做一个引导者。明确问题、帮助解决问题，所谓"对症下药"不能让同学们在没意义的问题上消耗过多的时间和精力，这样就会偏离课堂本身。

（二）教师要善于抓住细微之处，生成有活力的课堂

学习共同体课堂和普通课堂的区别的关键点在于生成性更强。虽然，教师在课堂中要把主动权交给学生，但教师课前的文本解读、问题设计，以及课堂中的串联就显得更为重要。课堂中同学们一个细微的灵感就可以作为课堂延展的兴奋剂。我们不能一味沿着预设教学，以避免让课堂沉闷又无趣。

五、教学者的教学反思

（一）给足时间、充分思考

我们要的是真实发生的课堂，是交响乐式的课堂，是润泽倾听式的课堂，而不是快餐式的课堂。所以，要让学生有话可说、有话可讲就一定要给足学生思考的时间。我们不能追求和享受优等生和你之间的快问快答，而是要让所有学生真实发声，因为他们需要安全的发声和充足的思考。这或许慢，但长久下去，就会有效果。

（二）选好组长、充分鼓励

每个小组选择一个组长，这个组长不是所谓的领导和指挥。而是像老师一样，

在胆怯的同学面前给他们以鼓励的眼神，和坚定的支持。很多同学不是不能说，而是不敢说，怕说错、怕被嘲笑。而一个好的鼓励者能够让这样的孩子们看到希望，继而变得敢说，慢慢变成大胆说。

（三）抓住亮点、拓展延伸

本文我预设法官判罪。国人有罪、丁氏有罪、闻而传之者有罪。宋君无罪。因为他做到了探究和实践观察，而不是听而信之，真正做到了慎、察。其中一个同学提到了现实生活中如果自己遇到同样的事情，一定会去看一看。其实教师此时就应该顺着延伸到慎、察的含义，而不是再次去提及宋君，以避免割裂学生的思维惯性，以免收效甚微。

另外，在学生已经充分探究出主旨之后，教师可以在课堂上带领学生往更深处去探究。而不是完成教学任务即可。任何课堂都是思维的碰撞。比如这堂课教师就可以延伸到现实生活中，让学生探究现实生活中的传谣者，进而加深学生对文本的解读。

（本案例作者：上海市民办桃李园实验学校　王钰茹）

第二节　可视化，开展有效的课堂观察

深度学习的课堂指向于学生学习有效性的提升，如何把握课堂学习的相关信息，如何分析学生参与课堂的实际状态，在很大程度上决定着课堂当中深度学习发生的实践效能。近年来，可见的学习成为教与学改革当中一个重要的命题。新西兰学者约翰·哈蒂出版了关于可见的学习的一系列丛书，其中深刻描绘了可见学习者的特征，这些特征包括：

学生可以成为自己的老师；

学生能够清晰地表述他们正在学习的内容以及学习的原因；

学生可以自由地谈论他们是如何学习的，以及他们在使用怎样的学习策略；

学生可以阐明他们的学习步骤，学习计划；

学生可以使用自我管理的策略；

学生能够在学习过程中寻求挑战，并且渴望挑战；

学生能够设计掌握学习的目标；

学生将错误视作机会并且可以很自由地说出自己不知道或者自己需要帮助；

学生能够积极支持同伴的学习；

当学生不知道怎样改进的时候,他们知道自己该怎样寻求支持;

学生能够积极寻求反馈;

学生有元认知技能,并且可以谈论这些技能。

要培养可见的学习者,就需要有可见的学习。可见的学习可以是一个研究数据库,一份学校改进计划,也可以是一项号召。它是建立于大数据分析基础上的综合的判断和教学改进①。对于深度学习而言,可视化学习的理念能够为我们建构一种基于观察和数据分析的课堂教学针对性改进提供理论支持。在推进核心素养导向的深度学习课堂变革中,我们也借助有效的课堂观察,更好地了解学生、理解学生、解剖课堂,寻求有效的教学设计,促进深度学习的发生。

一、课堂观察及其深度学习价值认知

深度学习的课堂改进需要带着研究的视角进入课堂,课堂观察作为课堂教学与教育研究之间的有效桥梁,在当前的教育研究和实践体系中越来越受到重视。课堂观察被视作教学评价的可行方式,视作教师开展课例研究②,促进自身专业发展的有效方式。更为重要的是,课堂观察越来越被普遍地认为是促进课堂有效改进的路径。课堂观察起源于西方的科学主义思潮,其典型代表是美国社会心理学家贝尔斯在1950年提出的"互动过程分析理论"和美国课堂研究专家弗兰德斯在1960年提出的"互动分类系统"③。尽管课堂观察进入课堂教学研究和实践的领域已经由来已久,但是对于课堂观察的内在价值和概念依然有不同的认识。对于课堂观察,有人称之为专业性的课堂研究方法④,有人则将其比喻成诊断教学的临床技术⑤。尽管对于课堂观察的概念上没有统一的定义,但是比较一致性的看法是,课堂观察是指观察者带着明确的目的,凭借自身感官以及相应的辅助工具,从课堂语境中获取信息并且根据获得的信息资料数据在一定研究的基础上实现教育教学改进的方式。课堂观察具有实践性、互动性、模仿性、合作性和改进性等特征,课堂观察对于建构良好的课堂文化,提升课堂教学的品位,改进课堂教学的水平等,具有积极的价值⑥。同时课堂观察有助于凝练教师教学的集体智慧,促进教学创新,因而在实践当中,课堂观察的运用越来越广泛。

课堂观察技术的运用与深度学习课堂的发生有密切的关联,有效的课堂观察能够

① 约翰·哈蒂.可见的学习与深度学习[M].杨洋,译.北京:中国青年出版社,2021:7-9.
② 安桂清,沈晓敏.课堂观察工具的开发[J].人民教育,2010(23):46-48.
③ 崔允漷,沈毅,周文叶,等.课堂观察20问答[J].当代教育科学,2007(24):6-16.
④ 李国强,魏春梅."课堂观察"的实践探索[J].教师教育研究,2012,24(2):48-51.
⑤ 周卫.一堂几何课的现场观察与诊断[J].上海教育,1999(11):12-19.
⑥ 陈金华.课堂观察的价值意义与改进策略[J].中国教育学刊,2012(12):52-55.

帮助教师更好地了解课堂,读懂学生,进而有效实现课堂教学的及时改进,提升课堂教学效能。具体而言,其一,课堂观察倡导实时反馈,通过课堂观察,教师可以及时了解学生的学习情况和表现,包括他们的参与度、理解程度、问题和困惑等。这种实时反馈可以帮助教师及时调整教学策略和方法,确保学生能够更好地理解和掌握所学内容。其二,课堂观察注重个性化指导。不同学生的学习能力和学习方式存在差异,课堂观察可以帮助教师更好地了解每个学生的特点和需求。通过观察学生的学习状态和问题,教师可以提供更具针对性的指导和支持,满足每个学生的学习需求,促进他们的个性化发展。其三,课堂观察有助于发现学生的学习障碍。课堂观察可以帮助教师及时发现学生的学习障碍和困难点。教师可以通过观察学生的学习表现和提问情况,判断学生是否理解和掌握了所学内容。一旦发现学生存在困难,教师可以通过适当的调整和辅导,帮助学生克服困难,提高学习效果。其四,课堂观察能够促进课堂中的互动与合作。课堂观察可以帮助教师了解学生之间的互动情况和合作程度。教师可以通过观察学生的小组讨论、合作项目等活动,评估学生的协作能力和团队合作精神,并及时给予鼓励和指导,促进学生之间的互动和合作,提高课堂氛围和教学效果。其五,课堂观察能够推动课堂教学改进和创新。通过长期的课堂观察,教师可以对自己的教学进行反思和总结,发现教学中存在的问题和不足之处,并进行改进和创新。教师可以根据观察结果,积累经验,改进教学方法和策略,提高自身的教学能力和水平,从而提高教学的有效性。综上所述,课堂观察通过实时反馈、个性化指导、发现学习障碍、促进互动与合作等方面的作用,能够提高教学的有效性,使教学更具针对性、灵活性和高效性,进而促进深度学习的生成。

二、指向深度学习的课堂观察量表开发

课堂观察不是一种随意的行为,需要有科学的技术、手段和工具支撑。因为课堂观察的丰富性、生动性和实践性,课堂观察的工具也不应该是单一的。常见的课堂观察工具包括:观察记录表——教师可以使用观察记录表来记录学生在课堂上的行为表现,如参与度、注意力集中程度、课堂互动等。通过观察记录表,教师可以定量地评估学生的行为表现,并据此作出相应的反馈和调整。视频录像——教师可以使用摄像设备录制课堂全程或部分内容,以便后续回放观察学生的行为和表现。通过观看录像,教师可以仔细观察和分析学生的言行举止,进一步了解学生的学习情况,并进行必要的改进和指导。学生问卷调查——教师可以设计问卷调查,询问学生对课堂教学的满意度、理解程度、学习动机等方面的问题。通过学生的反馈,教师可以得知学生对教学的感受和需求,从而进行有针对性的改进和优化。教师具身观察——教师可以运用自己的直观观察和判断能力,通过观察学生的面部表情、身体语言、学习态度等方面的细节,来评估学

生的学习情况和积极性。这种方法需要教师对学生的行为有较强的敏感度和洞察力等。使用课堂观察工具可以帮助教师更全面、客观地了解学生的学习情况,有助于提高教学效果和个性化教学的实施。但在使用过程中,应注重方法的科学性和客观性,避免主观偏见的影响,并保护学生隐私和权益。

为了更全面地收集信息,既保护学生的隐私,又将课堂观察真正打造成为促进深度学习发生的有效工具,我们着重采用开发课堂观察量表的方式开展课堂观察。课堂观察量表的开发设计是课堂观察研究实践中的重要内容,比如有研究者提出课堂观察的LICC模式,并且建构了"4要素20视角68观察点"的指标体系[①]。现有的研究也已经生成了大量可共享的课堂观察量表(参见表6-1,表6-2,表6-3),这些量表的开发和广泛运用昭示了课堂观察作为教师专业发展方式和课堂改进有效路径的鲜活的生命力。

表6-1 课堂观察量表(样例1,关注课堂总体情况)

时间		地点		学科		年级	
教师姓名		教龄		单位		课题	
观察者姓名		教龄		单位		备注	

		教学环节观察			
课堂导入	类型	□衔接导入　□直接导入　□复习提问导入　□创设意境导入			
	所创设的情境	□真实 □不真实	□必要 □非必要	□有效 □低效或无效	□真实情境 □模拟情境
教学呈示	教师讲授	讲授方式	□讲授式为主	□启发式为主	□边讲授边演示
		其他辅助讲授方式			
	板书	方式	□提纲式　□词语式　□表格式　□图示式　□板图式 □总分(括弧)式　□线索(流程)式　□无板书		
		评价	□书写规范　□用词准确　□层次分明　□重点突出　□布局合理		
教学呈示	板画	□有　□无	效果	□良好　□一般　□差	
	教具媒体使用	类型	视频	音频	动画	图片	模型
		次数	___次 或全程	___次 或全程	___次 或全程	___次 或全程	___次 或全程

① 崔允漷.论课堂观察LICC范式:一种专业的听评课[J].教育研究,2012,33(5):79-83.

（续表）

			AB123	AB123	AB123	AB123	AB123
		效果评价	注：A 切中重难点　B 偏离重难点 1.效果良好　2.效果一般　3.效果不佳				
师生互动	提问	类型	判断性问题 （是与否）	描述性问题 （是什么）	论证性问题 （为什么）	情感性问题 （感受）	
		次数	□0—5 次 □5—10 次 □10—15 次 □15 次以上	□0—5 次 □5—10 次 □10—15 次 □15 次以上	□0—5 次 □5—10 次 □10—15 次 □15 次以上	□0—5 次 □5—10 次 □10—15 次 □15 次以上	
		效果评价	A B C 1 2 3	A B C 1 2 3	A B C 1 2 3	A B C 1 2 3	
			注：A 切中教学目标　B 联系学生实际　C 层层深入 1.效果良好　2.效果一般　3.效果不佳				
	互动	类型	教师与单个 学生	教师与一组 学生	教师与全体 学生	学生与学生	
		次数	□0—5 次 □5—10 次 □10—15 次 □15 次以上	□0—5 次 □5—10 次 □10—15 次 □15 次以上	□0—5 次 □5—10 次 □10—15 次 □15 次以上	□0—5 次 □5—10 次 □10—15 次 □15 次以上	
		秩序	□有序　□无序	□有序　□无序	□有序　□无序	□有序　□无序	
		学生参与	□主动　□被动	□主动　□被动	□主动　□被动	□主动　□被动	
		效果	□好　□中 □差	□好　□中 □差	□好　□中 □差	□好　□中 □差	
	学习状态	主动发言人数	□多　□中等　□偏少　□冷场				
		做笔记人数	□多　□中等　□偏少　□冷场				
		情绪	□积极　□一般　□消极　□沉闷				
教学反馈	练习测验	练习测验【□有　□无】　重点【□突出　□不突出】 时间【□充足　□不充足】　难度【□适当　□不适当】 题量【□适中　□不适中】　参与度【□高　□中　□低】 教师讲评【□及时讲评　□未讲评或未及时讲评】				
	教师评价	□积极评价为主　□一般评价为主　□消极评价为主　□无评价				

表 6 - 2　课堂观察量表(样例 2,关注教师教学)

时间		地点		学科		年级	
教师姓名		教龄		单位		课题	
观察者姓名		教龄		单位		备注	

	言语行为				

讲授	讲授艺术	科学性 □好□中□差	启发性 □好　□中　□差	适应性 □好　□中　□差	感染力 □好　□中　□差	条理逻辑 □好□中□差
	讲授方式	叙述式讲授 (　　)分钟	启发式讲授 (　　)分钟	边讲授边演示 (　　)分钟	其他讲授方式 (　　)分钟	汇总 (　　)分钟
	表述不当举要					

提问与理答	提问次数	(　　)次	提问面	□个别提问,提问面广　　□个别提问,提问面窄 □齐答为主　　□缺少提问或不提问		
	问题质量	切中教学目标 □好　□中　□差		联系学生实际 □好　□中　□差		符合层层深入原则 □好　□中　□差
	理答方式	诊断性理答次数 (肯定或否定) (　　)次		激励性理答次数 (赞扬或指出不足) (　　)次		目标性理答次数 (引导、归纳、总结) (　　)次

教师设计的学生活动	具体任务 □好　□中　□差	要求明确 □好　□中　□差	组织有序 □好　□中　□差	效果 □好　□中　□差

对课堂生成的回应次数	即时回应			延时回应	不予回应
	结合教学认真回应	简单应付	压制生成		

	非语言行为

仪表仪容	□衣着朴素整洁　□举止稳重　□态度亲和　□其他
教态	□从容自然　□身体语言恰当　□表情呆板　□表情严肃　□其他
媒体使用	□熟练　□一般　□不熟练

表 6 - 3　课堂观察量表(样例 3,关注学生学习)

时间		地点		学科		年级	
教师姓名		教龄		单位		课题	
观察者姓名		教龄		单位		班级人数	

（续表）

教学环节	学习行为表现观察统计（统计人数，估计百分比）												
	听讲	回答问题	参与评价	朗读阅读	观察	练习	操作	参与讨论	合作	成果展示	做笔记	提问	其他
总体描述	【课堂气氛】□有利于激励学生参与　□不利于学生参与 【学习情绪】□满意　□愉快　□兴趣　□主动　□自信　□注意力集中 　　　　　　□平静　□恐慌　□焦虑　□厌倦　□涣散　□需要帮助 【学习目标】□达成　□基本达成　□未达成 【学习任务】□完成质量高　□完成质量一般　□未完成 【参与活动】[对象]　□优等生　□中等及以上学生　□各类学生 　　　　　　[自主性]　□主动参与为主　□被动参与为主 　　　　　　[互动性]　□师生互动为主　□生生互动为主　□二者兼而有之												
本节课学生活动中需要特别记录的亮点或不足：													

现有的课堂观察工具研究，为我们设计指向深度学习的课堂观察量表提供了整体参考。我们认为，要建构深度学习的课堂，必然需要建立在对课堂教学的全面观察之上，但是这种观察又不能增加教师过多的负担，由此，抽取课堂教学中的关键信息非常重要。我们借助学生学习过程当中的焦点人物和关键事件，设计基于关键事件的课堂观察量表。教学中的关键事件指"那些能强化当事者的原有认知或引起当事人原有认知冲突的事件，它可以是一个完整的事件过程，也可以是一个重要的片段，或者是一个不可忽视的细节。[1]"关键事件隐含了建构主义学习论的"同化"与"顺应"，关键事件也是对事件意义的阐释[2]，通过关键事件的分析能够更有针对性地观察和分析课堂。基于这样的认识，我们试图通过对焦点学生关键事件的深刻分析更好地把握学生在课堂学习当中的整体表现，分析影响其表现的多元因素，推动课堂教学的针对性改进，进而促进深度学习的有效发生。由此我们设计了焦点学生学习经历观察与关键事件记录表作为学生、教师开展课堂观察和实施有计划的课堂教学改进的依据（参见表 6-4）。

① 汤立宏. 关注关键教育事件　优化教师教育教学行为[J]. 中小学管理，2006(12)：30-32.
② TRIPP D. 教学中的关键事件[M]. 邓妍妍，郑汉文，译. 石家庄：河北人民出版社，2007：3-15.

表 6－4 焦点学生学习历程观察与关键事件记录表

学科与课题：	执教老师：

学科与课题：　　　　　　　　　执教老师：
焦点学生：　　　　　　　　　　　观察者：
关键事件记录：发生的、令人印象非常深刻的事情,促使观察者进行自我反思的重要事件(请详细记录关键事件的发生过程)

时间轴 (注意记录学生发生变化的具体时间)	关键事件与具体证据 (包括依据身体姿态、语言、动作、表情、互动或对话、学习单的填写及其变化过程)	观察者的反思 (关键词记录)	初次观察重点 (参考)
			学生心理是否安全,是否能够持续地安心学习,讲话轻声细语;学生是否能够投入学习,采用了有效的学习方法,有独特而精彩观点,有超出预料的表现等;学生的学习困难之处,困难的原因是什么,是否得到解决等;学生之间是否相互尊重、相互倾听、相互帮助等。

　　焦点学生学习历程观察和关键事件的记录让我们感受到了课堂教学中对于关键事件的深度考察是能够带来课堂教学的积极变化的,但是这一量表施行一段时间之后,我们发现促使真正有效的深度学习发生,除了观察学生的行为之外,也要对教师的教学进行观察。只有从教师和学生两个维度进行观察,才能达到既促进学生的学习品质提升,又改善教师的课堂教学质量,促进教师专业发展的多维度价值。由此,在后续的研究当中,我们又对课堂观察的量表进行了更新。从学生学习和教师教学两个维度设计了十个重要的观察点,通过时间轴描绘,关键事件记录,观察结果及判断等内容的记录,形成更清晰完善的观察量表(参见表 6－5),为深度学习发生的课堂观察提供了更有效的工具支撑。

表 6－5 焦点学生学习历程观察与关键事件记录表(优化版)

时间：	班级：	学科：			
执教者：	课题：	焦点学生：	观察者：		

本课学习目标					
观察维度	观察点		时间轴	事件记录	观察结果及判断
学生学习	1. 学生课前准备了什么(学习用品/精神状态)? 有多少学生做了准备?				
	2. 生生、师生倾听关系如何? 有哪些辅助行为支持(活动设计/探讨/回应等)?				

（续表）

观察维度	观察点	时间轴	事件记录	观察结果及判断
	3. 关键事件记录（学生学习行为、情感、态度等变化）			
	4. 学生的互动习惯怎么样？出现了怎样的情感行为（主动/被动）？			
	5. 学生的自主学习时间有多少？选取的形式是（阅读/练习/思考/探究）？			
	6. 是否创设了学生学习的安全的环境？学生是否安心学习？（心理/环境安全）			
教师教学	7. 学习目标规范、适切（课程标准/学情/教材）			
	8. 课堂中生成了哪些内容？怎么处理？			
	9. 教师在课堂中的行为（板书/媒体/语言等）是否规范？是否有利于教学？			
	10. 创新点（教学设计/师生关系/教学实施/环境创建等）			
总体评价及建议				

三、基于课堂观察的教学改进

课堂观察最重要的价值不局限于了解课堂的真实状态，而是在课堂真实状态的把握和分析基础上，寻找课堂教学中存在的问题，实现有证据支持的课堂教学改进。为了实现这样的改进，我们把课堂观察和课后研讨结合起来，制定了基于课堂观察数据分析的课后研讨规则与方法，从而建构起课堂观察与课堂教学改进的内在关联。

其一，观察者汇报与组内研讨。用5—10分钟的时间整理自己的课堂观察记录表，准备交流内容；四人一组开展讨论交流，轮流发表自己所观察的内容，当一个人发言的时候，其他三个人做好倾听和记录。交流的时候要做到轻声细语，四人之间相互可听见即可，尽可能在海报纸上记录交流的观点；聚焦个体学生的学习事实，讲述学生学习的关键事件，阐明自己的发现和反思；尽量避免直接评价任课老师。

其二，开展组间交流或大会分享。根据主持人的安排，进行组间交流或大会分享。最好是四人同时分享，一位为主发言人，其他三人补充，如果有多次发言机会，主发言人一般要进行轮换；主发言人在分享时以小组的关键词为主，总结小组中的多数观点，保留独特观点和困惑，尽量避免只阐述个人观点；如对他人的发言存在疑问，在他人发言结束时可举手示意主持人，并进行其他交流。

整体而言,课堂观察工具的研发,课堂观察之后的研讨分享,帮助我们建构起了一种基于课堂数据分析的教学改进机制,使得课堂观察与深度学习的课堂变革形成了内在的关联。通过课堂观察了解学生的真实学习状态和学习需求成为我们在推进课堂深度学习变革过程中的重要路径选择。具体来说,为了深度理解学生的学习规律与需求,发现并解决学生的学习困境,从而真正提升课堂教学的品质,我们通过"焦点学生完整学习历程观察与关键事件分析",以"观察—自我反思"为取向,以学生的完整学习历程为观察对象,借助观察者的专业判断和自我反思,来重构教学和提升专业能力,从而形成了课堂观察—发现儿童—自我反思—专业成长的教师专业发展新路径。为了保证观察的深刻度,课堂观察应以学生为中心,而且要选择一位具体学生作为焦点学生,观察者要放下身段,坐在这位焦点学生的身边,与学生进行良好的互动,减轻学生心理压力,观察者尝试一种良好的倾听状态,以眼、耳、心同时去收集信息,去感受和体会学生的内心世界,保持与学生精神"合一"的状态。焦点学生可以是有意选择的,也可以是随机选择的,对焦点学生的学习的全过程进行观察、记录和反思。焦点学生所表现出来的任何微小的变化,学习的进展等,观察者都要关注和揣测。如果我们的观察确实到了如此细致入微的状态,我们就可以尝试去体会学生的内心世界,只有我们站在学生的立场,真正走进他们的内心,去了解他们的感受、顾虑、不安、渴望、需求等等。作为专业工作者,教师应该能够进入学生的内心世界,至少能够揣测出他们内心里基本的需求和想法。既要看到学生的心理需求,也要看到他们独特的思考与互动方式,更要了解他们所身处的困境,了解他们还希望得到怎样的条件和支持,这是我们进行课堂改进所需要的线索和信息。通过学生具体表现和内心世界的揣测来反观自我的教学,这比为执教老师提出建议和意见更有深意。

从实践的角度看,课堂观察不仅为教师提供了了解课堂、了解同伴、了解学生的有效方式,也为教师团队成长和教学改进提供了丰富的实证支持,教师在教学过程中能够充分借助课堂观察,通过课例研究的方式推动教学改进的发生,这也为深度学习的课堂教学改革注入了新的活力。以下案例就是教师结合课堂观察,运用课例研究方式推动课堂教学改进的体现。

一堂真实的语文课
——《猫》课例报告

一、课例研究主题的确立

学习共同体课堂的宗旨是让学生的学习真实、有深度地发生。在开课前两周,基于7C班是一个由21个男生组成的上港足球班级,我选择了趣味性较强、文本容易理解的《猫》。

《猫》为七年级上册第五单元的第一课,所属单元是以"生命之趣"为主题,培养学生关爱动物、善待动物、学会与动物和谐相处的情感。《猫》在文章整体情感上,表现了内疚、惭愧、后悔;在写作手法上,是将第三只猫与前两只猫形成对比,引发读者的深思;在写作意图上,告诉人们凡事要实事求是,不能主观臆断、妄下断语,为人处世要公平公正、一视同仁,不能根据个人好恶、私心和偏见,善待生命,同情弱小,关爱动物、反思人类自身的弱点;在语文能力培养上,继续让学生学习默读,学会做摘抄,边读边思考,勾画出重要语句和段落,并且在把握段落大意和理清文章思路的基础上,学会概括文章中心。

本着由兴趣激发学习深度的原则,我在最初的学习单上设计了如下问题:①合作探讨预习单中的芙蓉鸟被害案。(5分钟)②谁该为这场冤案负责任?为什么?从这件事中你明白了什么道理?结合文中具体语句进行探讨(提示:可从小猫、张妈、妻子、我等角度进行分析)(10分钟)在开课前一周的周四,郑艳红老师参与了我们语文组的协同备课,大家一致认为我最初的学习设计中问题探讨部分研究得不够深入,难以引导学生对文本的深入分析、对情感的深入把握和对主题的深刻思考。经过三次集体备课,结合《猫》第一课时的教学,我设计了《猫》第二课时的学习单,包括学习目标,学习规则,学习任务等。

二、《猫》的教学过程实录

当天下午,很多学生来到开课地点,做好上课前的准备,但是有五六位学生仍然心不在焉,打打闹闹。上课了,我以提问的形式引出了本堂课研究的问题:第三只猫大家都不喜欢,作者为什么写"对于它的亡失,我却难过得更多"?抛出问题之后,我就让学生根据学习单上的要求先自主思考2分钟,然后小组探讨8分钟。这时候,整个班级出奇安静,很多学生翻着课本在学习单上写字,但有两个小组的学生迟迟没落笔,还没进入学习状态。2分钟很快过去了,学生们的自我思考还没结束,五个小组的学生还在学习单上面写着自己的想法。鉴于时间关系,2分钟结束之后,我对学生进行了提醒:"2分钟已经结束,小组可以开始讨论了。"这个时候,大家还是没有讨论的趋势,仍然沉浸在书写里面。我发现这个现象在以往的课上没有出现过,大家写得确实很认真,除了第一小组的两位学生和第五小组的三位学生处在游离状态。2分钟之后,第三小组学生开始窃窃私语,但是声音很小,主要集中在魏同学和安同学身上,同小组的郑同学和汤同学还沉浸在自己的思考中。第四小组在曾同学的领导下,已经进入人人发言的状态;第五小组仍然没有发言。我认真倾听他们的发言,8分钟很快过去,很多小组还在讨论中。我终止了这场讨论,进行小组展示环节。

我让学生小组展示，先是陷入 2 秒安静，然后第二组的黄同学举了手，显然大家还是有一些紧张。第二组学生上来后，余同学和陈同学拿着卡纸，王同学拿起白板笔，黄同学站在中间，小声对同伴说："那我念自己的了。"黄同学说："因为前两只猫非常活泼，大家喜欢这两只猫，而第三只猫有一件事：'我'误认为是第三只猫吃了两只芙蓉鸟，最终知道真相，原来是我误会了它，是一只黑猫吃的。我非常后悔，但它是动物，不能用语言来表达，直到它死了都未能明了作者的歉意。作者非常后悔，因此对第三只猫的亡失更难过。"黄同学发言后，王同学在黑板上只写了寥寥几个字。我问了句："还有补充的吗？其他小组有补充和质疑的吗？"

一片寂静后，我让这个小组回到自己的座位了，然后问："哪个小组可以继续展示你们的讨论结果？"第一组的同学举手，走向讲台。第一组的洪同学开始了发言："因为是我们冤枉了它，这使我的良心受到谴责，因为还没有查清真相，就认定小猫是凶手，单纯地看见了小猫很在意妻子买的黄鸟，并加上我以貌取人，认定它就是凶手。"第一组的发言很快结束，我问道："你们小组还有补充的吗？其他小组有补充或者质疑的吗？"3 秒安静后，第三组的魏同学说道："就因为第三只猫丑，我们就要以貌取人吗？"我说："是啊，我们要以貌取人吗？""不能。"同学们回答。接着第五组学生上台展示，第五组的尚同学说道："因为'我'的妄下断语才冤枉了一只不能说话辩诉的动物，想到它无抵抗地逃避，亦使我感到暴怒。我虐待它，那些行为都是针，刺我良心的针。"尚同学发言后，我说道："还有要补充的吗？其他小组有补充或者质疑的吗？"

接着第三组的魏同学发言："因为一只芙蓉鸟死后，大家没有选择调查，而是毫不犹豫地把全部事情推给一只无法说话的猫，作者没有搞清楚真相就去惩戒了它。事实上，犯错的并不是第三只猫，而是另一只黑猫，作者和它的家人对自己的'血口喷猫'而感到惭愧。有罪的不是第三只猫，可是家人的无理评判，把一切罪责推给一只不会说话的猫，所以'我'对它的亡失难过得更多。"魏同学发言完，我问道："还有要补充的吗？其他小组有补充或者质疑的吗？"

接着第四组学生进行了发言。曾同学说道："因为第三只猫在家中若有若无甚至令人可厌，对于鸟的亡失我没有查清真相就怪罪于它，第三只猫是被我冤死的，良心过意不去，所以更难过。"杜同学说："因为作者本以为是第三只猫害死了那只芙蓉鸟，但其实是一只黑猫把那只芙蓉鸟咬死的，所以作者很难过，认为是自己的判断失误，导致自己把这只猫害死了。"

离下课还有 10 分钟，因为对之前的小组发言没有记录，小组展示的观点比较碎片，我并没有承接住他们的观点带给我的启示，没有串联起行之有效的回答，我问道：

"对于第三只猫的亡失我更难过得多？这种难过其实包含着很多情感，都有哪些情感呢？"学生答道："后悔、内疚、自责。"然后我又说道："明明只是一只猫，为什么'我'会有这么浓重的情感表达，说明什么？"学生陷入一片安静，最后只能由我说出："说明作者善于反思。"这个时候我的情绪也有些紧张了，问："那么，作者想表达出什么样的道理呢？"学生七嘴八舌地回答，不能凭空臆断、不能以貌取人、要尊重动物等。最后，我让学生齐读了单元导语结束了这堂课。

三、课堂学生表现的观察记录

在郑老师的主持下，大家分享了和我一起备课的经历，观课老师分享了观察到的学生上课情况。

序号	焦点学生(小组)的关键事件	焦点学生(小组)的平时表现
1	曾同学：自主思考的2分钟内能认真思考，开始小组讨论的时候，组织小组轮流发言；当老师让停止讨论时，组织小组保持安静，停止讨论。	曾同学语文自主意识强，是小组组长，语言表达能力不错，在这堂课上的表现基本符合。
2	郑同学：自主思考时能认真思考，但在讨论时间时开始忙自己的事情，在卡纸上面画一只猫，说画了这只猫我们组准能获胜，一直沉醉在画猫的情绪中，等到其他组上来展示的时候，还在画猫。在教师提问环节，表现积极，但是站起来的时候又不知道该如何回答。	郑同学平时在语文课上表现积极，时不时会蹦出"金句"，但是喜欢夸下海口，说大话，比较情绪化，上课效率随情绪变化。
3	卞同学：整堂课未与其他同学进行有效讨论，埋头于自己思考，能认真听其他小组分享。下课结束后，拿出自己的学习单与老师分享：老师，你看我写得很不错吧。	卞同学平时上课认真，常常能根据自己的认知对文本有较深的理解，但思考问题有时没有思辨性。在上课前与本组成员发生矛盾，突然从第五组换到第一组。
4	第二组：大家埋头写学习单，没有进行很好的沟通，王同学说要隐藏自己的实力，黄同学积极整理，蓄势待发想展示自己的作品；余同学、陈同学参与度低。	本小组有三位同学语文成绩都很好，黄同学稍微弱一点。三个人合作意识较弱，不喜欢分享自己的观点，主要也是不知道如何分享；平时会有看不惯的情况。语文课上余同学和黄同学参与度高一些，其他两位多在打闹。
5	第五组：上课5分钟内，没有动静，放空状态。离讨论快结束的时候，林同学说我们要往卡纸上写东西了，不然来不及了。开始写。本小组上台发言后，尚同学说：完了，我们小组要倒数第一了。	第五组三个人，卞同学跑到了第一组，其他三人，林同学语文成绩较薄弱，尚同学语文很有理解能力，温同学有时候会有思维的闪光点。

课后研讨阶段，我谈及这堂课的教学感受，介绍了自己一波三折的备课经历。

我最大的体会是要相信学生思维的深度。我在说课中提到：此次开课，由于太纠结于学习共同体的形式，认为课堂就是学生的，尽可能地让学生探讨、发言、生发碰撞，教师多倾听、多观察，所以在整个备课中的重点都是放在如何让学生感兴趣，有话说，而忽略了课题研究的深度以及教师活动的重要性，没有参悟学习共同体的精髓，好在正因为有一次次的尝试才会有不断的进步和理解。因为固有的认知，潜意识里认为学生的思考会浮于表面，对一个问题的探究只停留在表层：因为"我"冤枉了第三只猫，所以"我"内心更难过。实际上课的时候，当我设计好挑战性任务，让学生协同探究时，学生的思考让我惊艳。当我在课后再拿起学生展示的卡纸时，发现学生的表达是那么流畅，视角是那么多样。教师要相信学生对于文本的解读，相信他们思考的深度。

各位观课教师各抒己见，共同探讨课后观课及听课感受。老师们提出的三点意见引起了我的关注。

第一，明确课堂中教师的角色。学习共同体中教师的角色不仅仅是观察者，观察只是手段，而非目的，教师要通过观察学生的学习活动，捕捉到学生思考的有效信息，构建课堂过程并做好引导。在这次开课中，由于对教师活动认知有误，只是一味观察，没有及时捕捉到学生发言的关键点，导致学生小组展示之后生成的问题没有深入探讨。如果能及时串联、引导，教师和学生对于文本的理解都会更深入。

第二，注意课堂细节的处理。让学生更舒适更有效地进行学习，细节少不了。比如，在学习单需要写的地方不要设置太多空格，不然学生把大量的时间放在书写方面，会减少思考的时间，让学生养成记录关键词的习惯；为让全班学生都能听见小组发言，可以准备话筒和扩音器，提醒学生发言声音要洪亮，学生在听清楚各组发言后，才能发生思想的碰撞，如果连发言都听不清，就别提碰撞了，只能减弱课堂的参与度；在学生上来展示的时候，如果小组来不及书写，教师可以在黑板上写下小组发言的关键词，以备后面的教学使用；课例研究问题的分解，需要多手准备，应对课堂突发情况等。

第三，提升教师的文本解读能力。郑老师带领我们重新解读了《猫》这一课的文本。从中我体会到，语文老师的核心素养是文本解读能力，解读文本时注意文字背后的深层意蕴。教师在上课倾听并不代表不说话，不作为，而是要把学生独特的观点串联起来；通过倾听，可以找到学生的困惑点、障碍点，让学生深入文本探究答案。课堂上，重要的是思维的运动，而不是类似于小组上上下下的身体运动。

四、执教者的教学反思

针对这次公开课，我也有了一些比较深的感悟。

第一，教师的文本解读，在开课前我自认为已经对文本有了很深的感悟，但其实不然。不是你看懂了这个故事，了解了课文的结构就可以了。语文是建立在语言之上，你要去解读文本就要去解读语言，作者为什么要这样写。语文教学注重语言的建构和应用、思维的培养和发展、审美与鉴赏、文化传承与创新。想要把文本解读得深、广，还要和同伴交流。一个人的力量是远远不够的，协同备课会带领我们共同发展。教师上课的过程也是带动学生深入解读文本，更好地感受语文的语言魅力、内涵魅力。

　　第二，课堂中的细节处理。要考虑好学生的任务，不要重复，在这次课上，学生既要把答案写在大白纸上，又要写在黑板上，浪费了很多时间；教师不要轻易打断学生，尽量给足时间思考；给学生准备好话筒或者扩音器，保证所有小组都能听见其他人的发言，以便思维的碰撞；将学生的重点写到黑板上，以便后期使用。

　　不能说这次课是一次失败的课，毕竟每一次的成功之前都会有很多次尝试。经历一百次观课，不如实实在在地上一堂课来得真实、来得深刻。值得庆幸的是，在学习共同体尝试的路上，学生有了一些进步，他们开始静下心来书写，开始懂得要交流想法，开始互相倾听同伴。我也有了一些进步，敢于去尝试新的教学模式，理解了深入文本分析对教学的重要性，并在今后的备课中努力践行，学会更有效地处理课堂细节，通过细节塑造好课堂。感谢学习共同体，让我痛并快乐着！

　　（本案例作者：上海师范大学附属第二外国语学校　杨周）

以课堂活动激活英语作文教学
——以"Unit 5 Writing：Describing a hotel room"教学为例

　　英语写作能力是学生综合能力的体现。写作能力的培养和提高不可能一蹴而就，它是一个由浅入深，由易到难，由简到繁的过程，它需要长期复合训练。这就要求教师在平时的教学中始终把写作训练贯穿于教学活动的各个环节，同时教师也应在写作技能上给予学生适时有效指导，帮助学生形成得当的写作策略。本节课就是在学习共同体理念的指导下，通过不同的课堂活动带动学生积极思考，拓展思维，尝试多角度去点评一篇作文，从而提升自己的写作能力。

　　一、研究课选题由来

　　依照教学进度，八年级正在进行牛津英语 8B Module 2 Unit 5 Magazine Articles 的学习，本课为该单元第 6 课时，主要内容为本单元的 Writing：话题写作部分。本单元 Writing 的内容为：用英语描述宾馆房间。本节课以单元主人公盲人 John 住宾馆的经历为线索，让同学们了解如何描述房间里的家具位置，掌握表示方位的介词及介词短语和常用句式,学会运用适当的说明顺序对房间进行描述。同时,更要让学生明白描述类作文的写作内容会随着写作目的的不同而不同。

8A班的学生都将选择国际高中方向,对英语学习比较重视,但英语水平两极分化情况比较严重。有一部分学生虽英语学习有一定的基础,但平时对写作的重视程度不够;还有一部分学生比较抵触写作,有畏难情绪。所以,教师尝试设计多种学生活动以激发学生写作兴趣,提高学生课堂参与度,提高学生英语写作水平。

二、自主备课

教师注重活动内容的梯度性,稳扎稳打,为了鼓励英语相对薄弱的同学大胆说、大胆写,并设计了闭眼睛体验盲人,画一画房间物品位置的活动;为了促使有一定英语基础的同学也能得到提升,设计了诊断并修改教师给出的有问题文章的课堂活动,力争让每个学生都能参与到课堂之中,让写作指导课不那么枯燥乏味,增强他们对英语写作的兴趣,提高语言的实际运用能力。

三、课前研讨

协同备课阶段,备课组的老师们针对我的课程设计以及预习单、学习单和作业单的设计展开了讨论,并给出了修改建议。

(1)学习单应明确小组活动要求,增加点评作文的任务,目的是让学生通过小组讨论发现作文中的问题,从而形成好作文的评价标准,进而用该标准指导自己的写作。

(2)学共体教学理念注重建立平等和谐的伙伴关系,让学生在安心润泽的课堂氛围之中,携手合作完成挑战性任务的学习。课前应注意以尊重学生意愿为前提将全班随机分成了六个小组,并由他们自主选出组长,自由选择座位,为平等自然的合作学习提供基础。

四、教学过程

1. 复习导入

导入部分,教师借助本单元阅读部分的图片,帮助同学们回顾阅读材料中的人物和情节,一起回到主人公盲人 John 来到宾馆办理入住的情境。宾馆经理正在为John 介绍房间里的物品及位置。我用问题推进:What's in his room? 带领同学们复习了房间里的物品名称,这些物品名称是预习单任务一的内容,所以这也是检验同学们的预习效果。通过另一个问题 Where are they in the room? 引出本课主题:Describing a hotel room。

2. Pre-writing 写作前

活动一:模拟体验。

为了让同学们更真切地感受盲人外出的诸多不便，教师让同学们闭上眼睛，把自己想象成主人公盲人John，教师来扮演宾馆经理，由教师向"John们"介绍房间里的物品及其方位，同学们在头脑中试着想出这个房间的样子。大部分同学很难准确描述出这个房间的情况，真实地体验到盲人的不容易，进而引导学生主动去帮助身边需要帮助的人，从而实现本课的情感目标。

活动二：标一标，画一画。

学生阅读经理对房间的描述，完成学习单任务一：根据经理的描述，标出房间中物品的位置。要求同学们先独立完成，再小组交流，选出两个小组代表到前面投屏展示，其他小组可以进行补充。该任务的难点在于学生需要把语言文字信息转换为空间符号信息，这对于一部分空间感不好的同学来说，还是有一定挑战性的。接着让同学们试着找出描述一个房间要用到的核心表达：方位介词和"There be..."句型，为后面的写作进行知识准备。

活动三：小试牛刀。

为进一步巩固练习方位介词的用法，教师创设另一情境：John喜欢旅行，今天又来到了一家新的宾馆，这个房间里又有哪些物品呢？同学们独立完成学习单任务二：观察房间图片，完成对房间的描述。该任务为选词填空，难度不大，90%的同学都能比较顺利地完成任务，完成后我请同学们展示了答案。

3. While-writing 写作中

活动一：我来评一评。

向学生出示一篇对任务二中房间的描述文章，请同学们与书上的描述进行对比，以小组讨论的方式完成学习单任务三，要求先独立思考，再进行小组讨论，形成小组观点与大家分享。实际上，这项任务对于大多数同学来说是很有挑战性的。学习共同体的观点认为，只有挑战性的问题才能训练学生的高级思维发展。即使同学们回答不出也没关系，只要他们让思考真实地发生，在教师的点拨下，相信学生们一定会有所收获。令人欣喜的是，在教师走进小组巡视的过程中，有几个小组通过讨论，形成了以下几种观点：

（1）描述中有几处介词使用不准确。

（2）描述顺序比较凌乱，没有条理性。

（3）句式比较单一。

学生呈现出的这几种观点，也正是教师想要提醒学生在描述房间时需要注意的地方，帮助学生归纳为以下三点，并作为下一步同学们写作以及评价同学作品的标准。

（1）准确使用方位介词。

（2）按照一定的空间顺序来描述房间物品，并注意句子间的逻辑性。

（3）运用丰富的句式，避免单一。

活动二：我是设计师。

学生小组设计一张房间平面图，每个组员根据平面图独立完成英文描述，然后小组成员间按照前面同学们总结出的评价标准 Checklist 进行互评。

4. Post-writing 写作后

作为一节写作指导课，就是要通过教师的指导和有针对性的训练，帮助学生掌握写作的方法，提升写作的能力，并激发学生的写作热情，所以，同学们写作完成后，教师帮助同学们归纳了描述类说明文的写作方法，同时对学生的文章在给予充分肯定的基础上，提出改写建议，不断完善自己的作文。

五、课后研讨

观课教师课后针对本节课开展了深入的教学研讨，分享了观课心得，摘录如下：

观课教师 1：教师的教态亲切自然，非常有亲和力，师生关系是和谐的、融洽的，学生在这样一种课堂氛围中是轻松的、安全的。

观课教师 2：教师在学习单的设计上，对每个学习任务都提出了明确的要求，例如任务一，要求学生先独立完成，再小组交流，然后推选一人展示。学生在完成任务的过程中很清楚该怎样操作，指令很清晰。但也发现，部分小组的讨论并不热烈，或者没有展开真正的讨论，小组成员对学习任务的参与积极性不高。

观课教师 3：教师设计让学生闭上眼睛去体验盲人的环节非常好，引导学生去帮助身边需要帮助的人，渗透了对学生情感、态度、价值观的教育，如果在本堂课中就让同学们在小组的学习中互相帮助，就真正让情感教育落到了实处。

观课教师 4：在任务三学生点评环节，师生都提到了句式太单一的问题，如何做到不单一呢？建议教师通过 PPT 为学生提供一些好的句式让同学们去尝试使用。

观课教师 5：教师整堂课的任务设计是有梯度的，为学生的语言输出一点一点地搭建框架，最终实现学生形成写作作品。但本节课教师把大量时间用在写作前的任务上，课堂上并没有最终形成学生作品，有些遗憾。好在家庭作业是这样一项写作任务，对课上的缺憾做了弥补。

观课教师 6：本节课个别同学回答问题的次数过多，建议教师课堂上相信学生，给更多同学回答问题的机会。

六、教学反思

1. 构建和谐的小组合作关系，是课堂活动顺利进行的前提

良好的小组合作探究关系源于小组成员的相互信任，安全的环境和价值认同。

本节课的学习单上,我设计了三个任务:Task 1 是请同学们根据宾馆经理的描述来标出房间中物品的位置,独立完成后小组内交流;Task 2 是根据房间平面图,完成短文填空,个人独立完成;Task 3 是小组讨论老师所给短文的不足,形成小组观点。这三项任务中有两项是需要小组讨论完成的,观课老师和我都发现,六个小组中,有两个小组基本没有开展讨论,或讨论很不热烈,没有发生思维的碰撞,没有深入的思考,最终也没有形成可以展示的学习成果。为什么会出现这样的情况?主要原因在于小组的形成过程为随机分组,这样临时组成的小组,成员之间还没有形成安全的、稳定的相互信任关系,展开合作交流就更难了。教师可以尝试让学生随机挑选座位,自选学习伙伴,选出小组长,让自己处于最自然、放松的状态,互相尊重,学会谦虚地倾听别人的发言,自信地分享自己的观点。

2. 教师相信学生学会放手,是课堂转型的关键

学生在完成任务一标注物品方位的时候,教师在巡视过程中发现有些小组完成得并不顺利,超出了预计时间,因此在展示时,为了节约时间,就只选取了一位同学的学习单,以投屏的形式展示给大家,以教师的展示代替了学生的展示,为了教学的进程,教师有些不敢放手。貌似完成了预设的教学内容,但此过程永远无法代替学生试错和自我提升的学习过程。学共体的课堂要充分信任学生,教师应该把展示的舞台让给学生,敢于放手,适时地点拨和归纳,做学生自主学习的引路人。

3. 设计活动多样化勿忘自主学习渐进性

语言学习是个慢功夫,不能急于求成,写作教学更是如此,正如谚语所说"Rome was not built in a day"。(罗马城非一日建成)英语写作是高层次的语言输出,它必然以大量的语言输入为前提条件。本节课教师通过五个活动一步一步地帮助学生搭梯子,让学生在不知不觉中掌握了表示房间物品的基础词汇、表示位置关系的方位介词、描述房间的核心句型,同时还了解到介绍房间时要运用一定的空间顺序,从而实现由点到面,层层递进,最后为学生写作成文扫清了障碍。

陈静静博士在《学习共同体:走向深度学习》一书中说,"学习共同体的课堂是以学生的高品质学习为核心的课堂,教师要从知识的讲授者转变成学生的倾听者,倾听成为教师的核心工作。教师要摒弃'自我中心',重构以学生为中心的课堂新生态。"本节课我尝试以学生为中心,通过多种活动促进学生去主动参与学习、积极思考,平等地对待每一个学生,相信每一个学生,给每个学生成长和"逆袭"的机会。可能这堂课还有很多传统课堂的痕迹,还有不敢放手的情况,但学共体已为我指明了方向,我愿为之努力!

(本案例作者:上海市民办桃李园实验学校　李德艳)

"学习共同体"理念下的地理课堂教学
——以《锋面系统》一课为例

"梅雨"是上海每年都要经历的闷热潮湿、阴雨连绵的天气。上海高一地理教材中专门开设了专题《梅雨》,以期让学生通过学习,深入理解"梅雨"背后的理论知识体系。这部分内容看似简单,实则使学生深刻理解"梅雨"天气的本质——锋面系统。它所牵涉到的知识点非常广,学生通过学习能够很好地提高综合思维、区域认知和地理实践能力。

一、授课主题的确立

传统课堂教学重视教师的讲授,而忽视学生自主学习、自主发现问题、解决问题的能力。"学习共同体"课堂重视学生通过小组讨论、共同学习、小组成果展示而获得知识的能力。在"学习共同体"课堂中,预习单和学习单的设计尤为重要。我们要想学生在学习的过程中能够顺利展开讨论,迸发出更多思维火花的碰撞,就必须在预习单的设计中充分考虑本节课所需的知识储备,让学生通过对教材的梳理,对本节课的知识点有所了解,并能够敞开心扉,写出自己在预习过程中的困惑。这样,老师在上课之前能够更好地了解学情,做到知己知彼,有的放矢。学习单的设计关乎一节课的成败,一个高品质的、能够吸引大部分学生在课堂上全身心地进行探讨的学习单设计,无疑能够让学生充分地利用预习的内容进行新知的探索,并能够积极地呈现学习成果,提高预习效率。

为了上好这节课,我们地理组内的几位老师围绕预习单和学习单的设计进行了集体备课,深入探讨。

首先,我们归纳出本节课的学习重点是锋面类型的判断和锋面天气特征的规范表述,本节课的难点是我国东部锋面雨带的移动规律。主要学习内容如下:①学生理解锋面的概念和分类,能够理解并分析冷锋、暖锋、准静止锋的形成过程及其过境前后的天气变化。②学生能够掌握梅雨的发生时间、分布地区和天气特征。③学生能绘制和分析锋面示意图,学会判断锋面类型。④学生能掌握我国东部地区锋面移动的一般规律。⑤学生初步学会对相关地区天气状况进行预报。

其次,我们从学生的学情出发,从学生"学"的角度探讨在学习新课内容的过程中可能会产生哪些障碍,需要用到哪些知识去解决问题,如:①学生在初中阶段区域地理的学习较薄弱,可能对中国的地理区划不熟,难以理解锋面雨带的移动规律。②学生对气温与气压的关系掌握不够,难以理解锋面活动前后天气特征的变化。③教材上缺少对"气团"这一概念的描述,如果学生不知道何为气团,很难理解单一气团控制下的天气状况如何,也很难理解冷暖气流相遇所形成的"锋面"宽度为何能达到数千千米。④学习单中列表比较冷锋、暖锋和准静止锋,从概念、天气符号、示意图、过境前后对上海天气的影响(受什么气团控制、气温状况、气压状况)等问题是否符合学生的学习能力,是否能够通过小组合作完成。⑤学生能否根据个人的认知来分析梅雨对我们生活的影响(有利和不利两个方面)。⑥学生能否自己画出锋面示意图。⑦原本为导入新课从网上下载的天气预报视频放在哪里比较合适。

经过组内教师的交流及校教育研究中心老师的耐心指导,我发现本节课关于梅雨的知识点相对较少,大量的篇幅还是在介绍锋面系统。锋面系统主要分为冷锋、暖锋和准静止锋,而梅雨虽然属于准静止锋,但从大的时间和空间尺度上来看,其实质还是暖锋,因此我们最终确定下来把本节课授课的主题改为《锋面系统》。通过天气预报的云图导入新课,先让学生分组完成锋面的分类,了解冷锋、暖锋分别在过境前、过境时、过境后对某地区天气的影响;然后结合气象云图,尝试做天气预报员,对未来几天我国东部地区的天气变化做一个预测,小组进行展示。

为了使学生的小组讨论顺利进行,我在预习单中加入如下知识储备:①中国地形区划的复习。②气温与气压的关系。③气团的概念和分类,单一气团对天气的影响如何。④学生初步认识锋面,从教材中学习锋面的概念及其分类,初步让学生对锋面有个大致的了解。⑤周末在家陪父母观看中央电视台天气预报。

二、教学过程回顾

怀着忐忑的心情,《锋面系统》课堂教学如期开展。课前让学生布置好教室环境,准备好学习工具,并与同学明确小组讨论过程中的学习规则和分享规则。

教学过程一:

预习单是课前发给学生预习完成的,我收上来看了以后,学生的预习作业并不是很理想。因此一上课我首先对学生预习单上出现的问题进行梳理,进一步明确了两点内容:①气压与气温的关系;②单一气团控制下的天气状况。

教学过程二:

播放天气预报视频:来自西北地区的一股强冷空气即将席卷我国。学生根据观看的视频进行10分钟的小组合作学习,然后完成学习单内容。

根据视频内容,回答下列问题,并列表比较冷锋和暖锋相关知识。

(1) 视频中展示的天气系统是_____?判断理由是:_____。

(2) 你能够自己画一画这种天气符号吗?你能够画出该锋面的示意图吗?在示意图上标出"冷气团""暖气团""锋前""锋后",雨区(降水位置)。填入下面表格。

(3) 该天气系统即将到达首都北京。到达北京之前,北京被_____气团(冷或暖)控制,天气状况为_____;当该锋面移动到北京时,北京的天气为_____;该锋面系统过境北京后,北京被_____气团(冷或暖)控制,天气状况为_____。

(4)参考对冷锋天气的分析,总结冷锋和暖锋相关知识,并填入下表。

内容		锋面	
		冷锋	暖锋
概念			
天气符号			
天气示意图			
天气特征	过境前		
	过境时		
	过境后		

由于对学情的估计不足,学生 10 分钟内没有完成,征求学生意见之后又增加 3 分钟的交流时间,研讨结束后,选择主动分享的小组到台前展示讨论结果。展示完以后老师追问是否有补充并问其他同学是否有不同意见。然后老师根据其中一组的成果进行分析和梳理。

在教学活动二的过程中,学生通过小组讨论学习展示,暴露出学生学习过程中存在几个问题:①分辨不清冷锋、暖锋符号;②分辨不清冷锋、暖锋过境前后冷暖气团影响及天气状况的变化情况;③在"天气预报"环节,学生不能很好地确定天气系统的位置关系,语言组织能力偏弱。

该过程让老师进一步了解了学生在学习过程中的困惑,从而在后续教学中能够真正地从学生的角度出发有针对性地设置预习内容,找准学生的问题点,更好地设计问题,从而帮助学生更快地融入学习。

教学过程三:

活动三的设计是让学生学做天气预报员,让学生对前面学习的内容加以应用,通过小组讨论,预测该锋面未来几天将会对我国东部地区天气产生什么影响。

三、课堂学生表现的观察记录

基于学习共同体理念下的课堂教学,老师关注更多的不是老师的教,而是学生的学习情况。因此,观课教师深入课堂,对某一学生或者小组进行观察并记录其在课堂学习过程中的关键事件,以此进行观察者反思并提出改进意见,为以后的教学改进做好了铺垫。下表为本节课收录的观察者反馈情况汇总表:

《焦点学生学习历程观察与关键事件记录表》

序号	焦点学生的关键事件	观察者反思	改进意见
1号学生	学生基础差,学习习惯差,不知道从教材什么地方找内容。	1. 预习效果差,后有的学生有改善。 2. 知识点的综合应用对学生要求高,教师估计不足。 3. 预习不充分,学生不会看书,不会圈画。 4. 没有进入有效讨论。 5. 问题没有解决。 6. 知识储备不够。	1. 预习单的设计要契合学生实际,符合新课教学的要求;老师需要及时提醒学生边讨论边记录,做好组内分工。 2. 教会学生预习的方法,学会看书,圈画关键词。 3. 学习单的目标指向要明确,提高学生的达成度,要有有效的评估机制。 4. 探究任务不能多,主题要明确,活动设计要让学生的自主探究和协同探究都有体现。老师需要及时关注学生的学习状态。 5. 老师要做好自己倾听、串联、反刍的角色。
2号学生	主动发表观点,及时补充。		
3号学生	一开始比较活跃,开始讨论时聊天,慌乱,太难了。		
4号学生	觉得没有任何想法,无参与。		
5号学生	感觉环境不安全。		
6号学生	思维活跃,但讲话与文本无关。		
7号学生	像兔子一样惊恐状态,一节课下来,学会了,有收获。		
8号学生	没怎么讨论,吴羽祺写得很快,书上找到答案,没有圈画。		
9号学生	拿同伴的成果来抄。		
10号学生	没有讨论,没有记,安静倾听。		
11号学生	不会记笔记,不会圈画,讨论偏离;未完成学习单。		
12号学生	"完蛋了,啥也不会",偷偷瞄老师,不会讨论,没有讨论起来。敏感。		

四、教学反思

回顾整节课的教学流程,从集体备课,做好教学设计再到磨课、上课,收获颇多,但也有很多方面需要改进。

1. 新课学习,预习先行

预习单是学习共同体课堂模式下新课教学的预热篇,预习单设计直接影响到本节课教学的效果和效率。预习单的设计一定要充分考虑学生的学情,要在充分了解学生现有知识储备的基础上进行。预习单的设计一定要契合学生实际,不仅要支撑本节课新课教学的要求,还要能够激发学生的预习兴趣,让他们能够主动地去预习,主动去看书,主动地去发现问题,分析问题,解决问题。对解决不了的问题也可以进行反思,找出关键点,在课堂上解决。在平时的教学过程中,我们要逐渐让学生养成预习的习惯,还要教会学生预习的方法,让学生学会看书,学会圈画关键词,学会思考,学会理论联系实际。

就本节课而言,预习单的设计已经充分考虑了支撑本节课新科教学的知识储备,之所以预习效果不佳,我认为有两个方面的原因。一是学生的预习习惯不够,平时的教学过程中没有养成良好的学习习惯,在以后的教学中还需要进一步培养;二是预习设计了过多的知识点的储备,忽视了学生的兴趣点,没有充分地进行融合,没有能够很好地调动起学生的预习兴趣。

2. 活动探究,主题明确

学习单的设计是一节课成功与否的重要环节。学习单是在预习单的基础上设计的,重点解决本节课学习的核心内容,因此学习单的目标指向一定要明确。学习单上的探究任务不能多,主题要明确。在明确主题的前提下,让学生能够运用所学到的知识解决目标问题,提高学生分析问题、解决问题的能力。活动设计要有一定的深度,不能让学生一下子就得出答案,要让学生的自主探究和协同探究都有所体现,通过小组分工合作共同解决所探究的问题。在小组活动的过程中,老师需要及时提醒学生边讨论边记录,做好组内分工。小组探究活动能够不断地提高学生的阅读能力、逻辑思维能力、表达能力和总结记录能力。在学生小组探究的过程中,老师需要及时关注学生的学习状态,提高学生的达成度,起到串联作用。

学共体课堂的学习设计跟平时传统课堂的教学设计有很大的不同,对老师的要求也比较高。本节课的学习设计改革得不够彻底,还是受到了传统教学的影响。学习设计的第一部分,"比较冷锋和暖锋"相关知识点应该放到预习单中,在预习环节让学生学习。从"单元教学设计"来看,以后的教学中,应该把整个天气系统专题《台风、寒潮和梅雨》作为整体来进行设计,第一节课作为预习内容的学习,解决气象要素相关基础知识,让学生初步掌握几种天气系统动态变化的理论机制,最后的核心问题设计直接指向"学做天气预报员",探究一个天气预报节目究竟是如何制作完成的。通过小组协作,运用自己掌握的区域地理知识,天气系统理论框架,结合气象云图,写出一段天气预报主持词并在班级展示。这个过程能够很好地激发学生的学习兴趣,在提高逻辑思维能力、灵活掌握运用基础地理知识的基础上,培养他们小组协作,共同解决问题的能力。

3. 小组展示,教师串联

小组展示是学生成果展现的最重要环节,可以激发学生自主学习、产出成果,自我展现的积极性,通过展示环节,可以提高学生的自我表达能力,逻辑思维能力,演说能力,记录能力,发现问题能力,临场应变能力等。对学生整体素质的提高有很大的利好作用。

由于整个学习设计的路线偏离,导致学生在核心问题的学习过程中占用了大量的时间,直接影响就是展示时间被挤压,没有让所有小组都进行展示、补充、完善。

在以后的教学中,通过对学习设计的改进,小组探究学习目标指向明确。本节课的核心问题就是"学做天气预报员"。通过小组协作,运用自己掌握的区域地理知识,天气系统理论框架,结合气象云图,写出一段天气预报主持词并在班级展示。每个小组选出天气预报员,其他成员负责道具,地图,甚至天气符号,气象云图变化等的设计。让每一个小组把自己小组的探究成果充分地展示给同学们。这个过程不仅能够提高学生参与的积极性,还能够在跟其他小组的学习交流过程中取长补短,在不知不觉中完善自己的知识理论体系。

在小组展示的过程中,老师要做好倾听的角色,将各个小组成果展示的关键词、闪光点记录下来,并能够迅速地找到其中的联系将之串联起来,再通过探究反刍,形成一个最好最完整的天气预报主持词,使全班也形成一个有机的"学习共同体"。

师者,传道授业解惑也。针对学生的"惑",先让学生小组讨论,培养学生的倾听能力、记录能力、分析能力、总结能力,接着让小组进行展示,培养学生的逻辑思维能力和口头表达能力,老师在旁边适时地进行点拨,从而达成学习目标。这样的课堂效率是很高的,这样的课堂也是跟地理学科教学的核心素养深度契合的。通过这样的教学形式,教师真正成为解惑、传道者,而不是灌输者。

基于学习共同体教学理念下的课堂教学,将课堂的主动权交给了学生,在促使学生的"学"(由被动地学到主动地学)进行改变的同时,也给教师带来了很大的挑战,教师要从原来的"讲"转变为"引导、串联以及反刍"。整体上来看,预习设计、学习设计和作业设计是对老师最大的考验。教师在备课之前一定要充分地了解学生的学情,并能够结合时事,联系生活,围绕学生感兴趣的要点进行设计,一定能起到事半功倍的效果。

这样的课堂真正体现了学生在课堂中的主体地位,激发了学生学习的源动力,每一位学生在课堂中都得到了尊重,都能够真实地学习,这才是我们课堂改革的核心。在以后的教学中,我的教学设计一定会从学生的角度出发,从学生中来,到学生中去,尊重学生的成长规律,做学生学习道路上的引路人,构建班级学习"共同体"。

(本案例作者:上海师范大学附属第二外国语学校　胡向阳)

向前看，有一片明亮的天

——《记念刘和珍君》第二课时教学案例

《普通高中语文课程标准(2017年版2020年修订)》中明确指出普通高中语文课程是一门学习祖国语言文字运用的综合性、实践性课程。应引导学生在真实的语言运用情境中，通过自主的语言实践活动，积累言语经验，把握祖国语言文字的特点和运用规律，加深对祖国语言文字的理解和热爱，培养运用祖国语言文字的能力；同时发展思维能力，提升思维品质；培养社会主义核心价值观，培养高尚的审美情趣；积累丰厚的文化底蕴，理解文化多样性。以核心素养为本，坚持立德树人，加强实践性，促进学生语文学习方式的转变。学习共同体教学理念正是致力于对学生课堂品质的提升，这与新课标的理念不谋而合。基于课前的充分预习，使得学生能够在课中进行交流探讨，课堂上学习单的跟进帮助学生的学习形成良性循环。我以《记念刘和珍君》(节选)第二课时教学为例，探索学习共同体课堂的体验之路。

一、教材分析

《记念刘和珍君》是鲁迅先生收录在《华盖集续编》的散文。原文于1926年4月12日发表在《语丝》周刊第七十四期。刘和珍是北京学生运动的领袖之一，1926年在"三·一八惨案"中遇害，年仅22岁。鲁迅在参加了刘和珍的追悼会之后，亲作《记念刘和珍君》一文，追忆这位始终微笑的和蔼的学生，痛悼"为中国而死的中国的青年"，歌颂"虽殒身不恤"的"中国女子的勇毅"，寄托对烈士牺牲的深切哀痛，表达对正义力量的信心。同时还应看到《记念刘和珍君》虽然对刘和珍等学生的精神有赞扬，但更有冷静的思考，教学更应该关注的是鲁迅对这一事件的深刻认识与沉痛而复杂的情感，而不能局限于学生的"勇敢"。

二、研究课题的由来及设计理念

《记念刘和珍君》一文来自部编版新教材选择性必修中册，属于"中国革命传统作品"研习任务群。这是一篇记事写人的回忆性散文，通过叙述、抒情和议论相结合的表达方式，控诉反动政府的暴行，痛斥无耻文人卑劣言论，唤醒庸人。坚信烈士的血不会白流，悼念并赞颂烈士的英勇献身精神，激励人们在革命道路上继续前行。按照新课程标准培养立德树人的目标，提升学生核心素养，通过自主、合作与探究的学习共同体学习模式，引导学生在真实的语言运用情境中，通过自主的语言实践活动共同学习这篇文章。因此，在课堂教学过程中，引导学生注重对文本的充分认读，学会揣摩、研习文本本身的情感，进而培养学生主动与文本对话，学会自主阅读。另外按照群文阅读的任务群理念，我为学生提供了该文的"创作背景"，即《执政府大屠杀记》(朱自清)、《空谈》《无花的蔷薇之二》等材料，培养他们任务群视野下的群文阅读能力。

三、执教班级的学情分析

上海师范大学附属第二外国语学校高二(6)班是一个非常安静的班级,学生基础较薄弱,多数学生课堂参与度不高。在分组时就遇到了阻碍,部分同学心理上有依赖感,希望能与关系好的同学或者敢于回答问题的同学成为一组,而且这是高二(6)班的同学第一次参与用学习共同体的课堂形式上课,难免会有一些挑战性。鲁迅作品本身理解就较难,平常部分学生一堂课下来往往容易只停留在对文章肤浅理解的层面,无法真正走进文本。因此,"怎样创设文本解读的情境,让学生更好地了解鲁迅先生写这篇文章的目的",是我思考的又一个出发点。基于这两点的考虑,我最终确定这堂课主要学习方式是"文本研习"和"讨论法"。首先引导学生注重对文本的充分研读,学会揣摩研习文本本身的词句来理解文章的内涵和情感,尽量引导学生从文本中寻求问题,解决问题,并感知作者的情感。课前,我印发了预习单,引导学生阅读文本,关注文本,在文本中寻找答案。如剥笋一般,一层一层剥掉文章神秘的外衣,一节一节地往里走,逐渐走入文本深处。当有一定的素材积累,当学生逐渐进入状态的时候,我再把课堂开放,用小组讨论的方式,留足时间让他们尝试着去共同探索,去碰撞思想,去揣摩、品味作者那深刻的语言,领悟其深邃的思想,不一定追求精确答案。或者,这种学习方式本身就属于开放的讨论,只要他们敢于去尝试,敢于去探索,于他们而言就是成功;于我而言,这堂课的目标也就达成了。

四、教学实施过程

教学过程一:

开始上课,先观看4分钟"三·一八"惨案的视频,然后用"民,吾同胞;物,吾与也"导入,将视频内容与文本内容联系起来。人类万物都是天地所生,人与人之间的爱要像爱同胞手足一样。我们和鲁迅先生都是千千万万个中华同胞的一员,看到这样的惨案,激发了你怎样的情绪呢?那么作为学生们的师长铁骨柔情的鲁迅先生,作为思想家、革命家的鲁迅先生,他会有怎样的观点和态度?下面,我们一起来阅读《记念刘和珍君》,一起探讨鲁迅先生对于请愿的态度。引发同学们思考,将同学们代入情境。

教学过程二:

关于"鲁迅先生对于请愿的态度如何?"请同学们分享预习作业,在自己理解的基础上,请联系创作背景、课文内容、课下注释和学习资料的相关内容进行小组探讨,可用思维导图、图形等方式呈现出来。学生进行5分钟小组合作学习。我观察到同学们拿出预习单,有几组同学直接将预习单中刘和珍是一个怎样的人的预习笔记誊写在海报上,我立即为每组同学做了一个提醒"重点探讨学习单上的内容"。两组同学进行了全班分享。第一小组重点分析了刘和珍是一个怎样的人,第二小组重点分析了时代背景。同学们没有紧扣学习单中的学习内容,更多地表现出来的是理解、分析能力较弱,只能先借助于预习时明白的内容,力求能够表达出来就行。

教学过程三:

我做了进一步的引导,紧扣文本,再读文本。"人类的血战前行的历史,正如煤的形成,当时用大量的木材,结果却只是一小块,但请愿是不在其中的,更何况是徒手"。这是一个比喻句,鲁迅先生用煤的形成来形容人类历史,煤形成的条件是用大量木材,结果只是一小块。从请愿这件事来看,人类付出巨大代价历史只前进一小步。鲁迅先生对于请愿的态度就蕴含在这句话中。鲁迅先生对于请愿,尤其是徒手请愿的态度是什么呢? 结果得到的一小块煤有价值吗? 历史前进一小步,是不是一种进步,这种进步是否值得?

朱自清在《执政府大屠杀记》中写道:"总之,只有两条路,一条是让他接下去二次三次的屠杀;一条便是革命。没有平稳的中道可行!"

请同学们再来读这句话,"沉默呵,沉默呵! 不在沉默中爆发,就在沉默中灭亡"。作为中华同胞我们是等待灭亡,还是爆发? 在我营造的这个气氛下,同学们受到了感染,这真的是鲁迅先生的态度吗? 请大家再次阅读学习资料,从中找到依据。

8分钟小组合作,完成海报,班级分享。

教学过程四:

课堂总结时,我请两个同学和我一起对同学们的理解做一个总结。鲁迅先生总结这次事件的教训,不主张采用请愿这种斗争方式,但肯定其价值。鲁迅先生写这篇纪念性的散文就是最好的证明。

男生:在文章的记叙部分主要写了刘和珍的事迹,她为什么会参加请愿,这不是偶然。她受到进步思想的影响,有远见卓识,敢于反抗,主动承担责任,爱国。看,有这样的青年,民族才有希望。

女生:在一、二节的写作缘由中,控诉反动政府的暴行,痛斥无耻文人卑劣言论,唤醒庸人。坚信烈士的血不会白流,悼念并赞颂烈士的英勇献身精神,激励人们在革命道路上继续前行。这就是鲁迅先生对请愿的态度,也是本文的主题思想。

鲁迅先生说过:我们从古以来,就有埋头苦干的人,有拼命硬干的人,有为民请命的人,有舍身求法的人……虽是等于为帝王将相作家谱的所谓"正史",也往往掩不住他们的光耀,这就是中国的脊梁。

师:今天的课就上到这里,感谢同学们的认真参与,让我看到了你们在倾听、自主、合作和探究中的新时代青年学子课堂中展示的风采。

五、教学反思

（一）课堂呈现的效果

1. 学生的积极性主动性被充分调动起来

教学过程一中两组同学主动做了班级分享，有一个小组的同学特别遗憾，觉得自己少掉一次分享的机会；教学过程三中的分享，每个小组都十分踊跃，有很多小组上来分享了两次，只分享了一次的小组，便将第一次她们没有机会表达的内容做了补充分享，整个班级分享的时间较长。

2. 同学们认真合作，自信分享

每个小组的同学几乎都有任务分工，班级分享时绝大部分同学都参与讲解分享，整个过程自然流畅，进行顺利。同学们在这堂课中表现的自信与大方是平时课堂上看不到的。

3. 凸显课堂中学生的主体地位

课堂节奏把握较好，教师的引导恰到好处，学生参与度高，台前分享的小组都能有清晰全面的展示，台下的同学能够专注于倾听和思考。尤其是教学过程四中的课堂总结邀请一名男同学和一名女同学与老师一起做课堂总结，将课堂气氛推向高潮，凸显课堂中学生的主体地位。

（二）教学反思

1. 规整资料，目的明确

上课前各种学习用品发放到每个小组，上课时学生的桌面上有学习资料、预习单、学习单、海报，四名同学一个小组，四套与学习有关的物品，桌面上十分杂乱。教师的任务一布置，同学们一时间这拿拿那看看，显得手足无措，不能快速进入状态。教师在发放学习资料时应该有序，并且指令要明确，根据教学环节明确地告知学生你用预习单还是学习单等，让学生快速听懂学习任务，进入学习状态。

2. 快速聚焦，任务明确

小组合作时，教师没有及时、明确地告诉学生要求，比如：我们现在拿出学习单，认真阅读学习内容及学习要求，并围绕学习内容，小组合作探讨。导致了同学们用大量的时间重复梳理了刘和珍是怎样的人、时代背景，行文思路等内容。基于班级学生的特点，教师以鼓励为主，整个合作、分享过程没有打断和否定学生，以至于六个小组，只有最后一个小组回到了学习任务上，而且整个课堂时间用了一个小时零八分钟。通过这堂课，我明白了作为一名教师，即使需要鼓励学生，但是"温柔而坚定"的教学态度也不能改变。

3. 思考严谨，避免误解

预习单、学习单要再三斟酌，不能给学生造成误解和困扰。第一，学习单中有"分享预习作业"的学习要求，而预习单中的预习内容有两个，所以学生很容易选择第一个预习内容分析刘和珍是一个怎样的人，而忽略了第二个重要的与学习单相关联的预习内容。第二，学习单中的学习要求"请联系创作背景、课文内容、课下注释和学习资料的相关内容进行小组探讨"，学习要求比较多，造成了学生不知从何处入手的困扰，或者抓住一个方面就只看这个方面的片面分析。因此，教师在设计预习单和学习单时，应结合学生的学习实际，思考全面而周到，避免给学生造成困扰和误解。

六、结语

学习共同体教学理念下的课堂实践第一次在高二(6)班进行，也是我第一次对学习共同体教学形式的尝试。在向同行们学习后，我的收获较多，同时深切感受到学习共同体的魅力与魔力。学习共同体的课堂实践一直在进行，未来我将在学习共同体教学理念的引领下，在郑艳红老师的指导下，继续前进！千般荒凉，以此为梦；万里蹀躞，以此为归。

（本案例作者：上海师范大学附属第二外国语学校　李娜）

第三节　优设计，提升教学的思维品性

近年来，在对信息时代人才培养特征的追问和对传统教学的反思中，高阶思维作为一种完成复杂任务、解决劣构问题的高级综合能力越来越成为课程教学和人才培养改革关注的热点问题。学生思维品性的塑造，特别是高阶思维能力的培养与深度学习有内在的关联，从根本上说，促进学生深度学习的发生，培养学生的核心素养，要依靠学生良好思维品性的培育和有效的思维参与才能实现。由此，在建构核心素养导向的深度学习课堂教学变革中，我们注重通过学习设计的优化来提升课堂教学的思维品性，实现学生高阶思维能力培养和深度学习的同步发生，让思维培养、深度学习共同服务于学生核心素养的培育。

一、关注思维培养是课堂教学的应然方向

具备良好的思维是"人之为人"的基本依据，也是培养学生核心素养，促进学生全面发展的应有之义。随着教育领域对于传统的"教师发起—学生回应—教师评价"的教学

话语体系[①]以及在对传统的以知识传递为导向的课堂教学问题的反思基础上,强调思维的培养越来越成为人才培养的共识,为思维而教成为教育改革流行的话语方式。思维是人脑借助于语言对事物的概括和间接的反映过程,一种理性认识或理性认识过程[②],它以感性认知为基础,又超越感性认知的局限性,属于认知过程的高阶阶段,也是指导实践的有效模式。思维表现为不同的层次和类型,从当前的研究和阐释看,高阶思维常常又被称为高级思维或者高水平思维,它是相对于低阶思维而言的发生在较高认知水平上的心智活动。高阶思维因其具有的更高层次、更加整体、更具创造的特征,因而应该成为当下课程教学改革的价值取向。

学生的高阶思维能力作为学生核心素养的重要组成部分,不仅构成了学生认知、行动、成长的重要载体,也是学生适应未来社会的有效方式。作为一种特殊的能力和素养,高阶思维既有源自母体的天赋,也需要后期有针对性地培养和塑造。课堂教学,不仅是学生学校生活中最基本、最常态的存在,也因其与学生高阶思维培养的多维度内在关联,理应成为培养学生高阶思维的最重要平台。

(一) 思维的可教性奠定高阶思维教学的逻辑基础

课堂教学能否承担起培养学生高阶思维的功能,一个重要的逻辑基础就是思维本身是否可教。长期以来,对于思维是否可教的问题一直存在争议,大量观点认为思维具有个别化和内隐性的特征,主要依靠主体的自我理解、体悟和摸索,主体自己的天赋和意识在思维的形成中起着决定作用,由此,"思维不仅不可教甚至根本不需要教"一度成为流行的观点。实际上,教育领域任何知识的学习和技能的掌握,都离不开学生的自我理解、体悟和摸索,思维作为一种程序性知识,通过教学过程中不断地引导、操练和固化,学生能够在不断尝试和反思中学会怎样运用思维解决问题,形成自己固有的思维模式,提升运用知识解决问题的能力。不仅如此,从实践的角度看,大量心理学的实验已经证明教育是作用于思维发展的决定因素,合理的引导和干预能够激发学生潜在的思维品质[③]。近年来大有市场的各类思维训练等,也从另一个角度证明了思维是可以通过有针对性的训练培养的。由此,思维不仅是可教的,而且在现代教育教学和人才培养的理论范畴中,思维应该是必须教的。思维的可教性为课堂教学中通过理念和方式的持续变革培养学生高阶思维能力奠定了逻辑基础。

(二) 思维的多样性蕴含高阶思维教学的创生路径

高阶思维作为一种彰显学生知识综合分析、运用、创造能力的复合型思维,具有多

① 夏雪梅.在传统课堂中进行指向高阶思维和社会性发展的话语变革[J].华东师范大学学报(教育科学版),2019,37(5):105-114.
② 张东江.论思维能力及其培养[J].河北学刊,1993(4):40-45.
③ 朱智贤,林崇德.思维发展心理学[M].北京:北京师范大学出版社,1986:178.

种形式的表现样态。比如呈现出扩散状态的发散思维;对知识与信念进行持续省察的批判性思维;以具象为思维内容的形象思维;以相反思考角度解决问题的逆向思维;将复杂问题转化为简单问题的转化思维;用简单问题的解答方法建构复杂方法的类比思维;准确而有条理地表达思维过程的逻辑思维;超越时空进行想象组合的综合思维;打破固有思维定势的创造性思维等。不同的思维,着眼点不同,但是都从某些特定方面体现了高阶思维的品质和属性。高阶思维的多样性为课堂教学的创生提供了支持与路径,教师需要在综合把握学科知识体系的基础上,寻找学科教学与学生多样化的高阶思维能力培养之间的内在关联,通过教学内容的重组,教学方式和评价手段的变革,课堂话语方式的重构等,建构课堂教学与学生多样化高阶思维之间的实践联系,如运用"一题多解""一事多写""一物多用"等方式,培养发散性思维和创造性思维;运用思维导图的方式培养学生的逻辑思维和形象思维等。

(三) 思维的超越性引领高阶思维教学的目标转型

思维的超越性,意指的是思维与知识的关系问题。从某种程度上说,思维之所以能够对客观事物进行间接、系统、概括性的反映,是因为思维的主体积累了一定的知识和经验。这也就意味着,个体的思维能力,一定程度上取决于其自身的知识结构和文化背景。也即说明,思维能力的培养和发展也不能离开主体对知识的掌握而孤立地进行。特别是作为一种高层次思维能力的高阶思维,更需要主体丰富的知识储备和科学的知识逻辑体系建构作为基础。因此,教学过程中对于学生高阶思维能力的培养,不能脱离学科知识的教学而单独存在。但是另一方面,思维尽管依赖于知识而存在,但是其最终目的并不停留于知识,而在于使问题得以解决,做出有所创新的发现①,因而,静态的知识不是思维的核心特质,要培养学生思维,必须实现静态知识的实践性转化,在发现问题和解决问题的实践活动中促进思维品质的形成。思维基于知识而又超越知识的"超越性"特征,意味着思维导向的教学必须跳出传统的以学科知识传承为目标的教学价值体系,倡导教与学的实践性、开放性变革,引导学生通过实践体验和问题解决在更高层面上实现知识的价值,也促进高阶思维的培育。

二、思维培养与深度学习的内在契合

对思维培养与教学关系的分析能够帮助我们厘清课堂教学中对学生高级思维进行培养的可能性,坚定通过学生思维培养提升教学品质进而促进学生深度学习和核心素养培育的自信力。不仅如此,之所以在深度学习中有必要通过有效的教学设计来培养学生高级思维能力,也是因为思维培养的课堂与深度学习的课堂在一些特征上具有共

---

① 郅庭瑾. 为思维而教[J]. 教育研究,2007(10):44-48.

同性,这体现了二者之间的内在契合。

思维培养的课堂往往具有如下特征:

引导启发——思维培养的课堂教学鼓励学生主动思考和提出问题,通过引导启发的方式激发学生的思维能力。教师在教学过程中不仅仅是传授知识,更加注重培养学生的思维能力和解决问题的能力,引导学生从不同角度思考问题,培养他们的创新思维和批判性思维。

开放性问题——思维培养的课堂教学注重让学生进行开放性的问题探究和解决,此类问题没有一种标准答案,需要学生通过思考、分析和实践来寻找解决方法。教师通过提出具有挑战性的问题,激发学生的思考和探索欲望,培养他们的问题解决能力。

合作学习——思维培养的课堂教学注重培养学生的合作与交流能力。通过小组讨论、合作研究等方式,鼓励学生相互合作、交流和分享自己的思考和解决方法。通过合作学习,学生可以借鉴他人的观点和思路,培养自己的批判性思维和创新能力。

多样化的教学方法——思维培养的课堂教学采用多种多样的教学方法,如案例分析、问题解决、角色扮演、实验探究等,以激发学生的积极性和主动性。教师通过灵活运用这些教学方法,引导学生进行思维训练和能力培养。

自主学习——思维培养的课堂教学注重培养学生的自主学习能力。教师在教学过程中鼓励学生主动思考、独立解决问题,提供必要的指导和支持。通过自主学习,学生可以培养自己的学习兴趣和动力,提升自己的思维能力。

总之,思维培养的课堂教学特征主要包括引导启发、开放性问题、合作学习、多样化的教学方法和自主学习。这些特征有助于培养学生的思维能力、解决问题的能力和创新能力,提升他们的学习效果和综合素质。这些特征与深度学习发生的条件以及深度学习课堂的教学行为具有高度的匹配性。因为从某种意义上说,要促进学生深度学习的发生,必然需要教师合理的启发和引导;需要教师通过相应的问题情境设置,引导学生开展自主思考和探究;需要学生通过多样化的合作学习来提升共同解决问题的能力;需要教师运用多样化的教学方法提升课堂教学的丰富性和生动性;需要学生的深度参与、自主参与作为学习成效提升的保障。这意味着,思维培养的课堂和深度学习的课堂,二者在本质、理念和价值指向上具有一致性,由此,通过学习设计的优化实现学生思维培养和深度学习的课堂教学变革,在逻辑和方法上应该也同样具有共存性和匹配性。

三、以学习设计促进思维培养

核心素养的生成内蕴着深度学习,深度学习是核心素养生成的学习路径,而深度学习的达成往往需要依赖更精准、更有效的学习设计。学习设计指"为学习而进行设计",

是一种以活动为中介的课程安排、学习规划①。有效的学习设计可以为教学的实施提供更加便利的条件，形成合理的学习活动序列支持数字化学习，学习者通过积极参与学习活动可以取得更好的学习效果②。学习设计通常先针对局部进行设计，再根据评估结果进一步优化，以此螺旋式上升完成设计。简言之，学习设计就是整合师生活动、支持学与教的资源与服务，并提供通用可行的框架支持学与教的设计，同时融合多种教学法，提高各种学习资源和服务的可重用性，是一种既体现活动设计理念又融入多种教学法的规范③。对于核心素养培育和高阶思维能力培养的课堂教学而言，有效的学习设计是课堂教学质量的重要保障。

在笔者看来，"学习设计"是为了学习者有效地开展学习活动，从学习者的角度为其设计学习计划、活动和系统，学习设计是为学习者系统规划学习活动的过程。学习设计必须遵循学习者的学习起点、认知风格和学习历程，揣摩和研究学生学习知识的基本历程：学习的起点是什么，需要经历怎样的学习过程，会遇到怎样的困难，可能会提出怎样的问题，会采用什么样的学习方式和策略，最可能在哪些方面得到发展等，并通过有效的设计将学习活动引向深入。

要实现深度学习对于学生高阶思维能力和核心素养的有效培养，学习设计就要以促进学生"探究未知"为出发点，进行"逆向思维"，根据确定的学习主题，设计出具体问题，并设计评价标准和"脚手架"，然后鼓励学生进行动手操作实践，在学生遇到困难时教师再进行指导，学生完善自己的学习成果。强调学生在具体的任务或挑战性情境中去主动探究，在实践活动中动手设计、创造。而不是对已经掌握的知识进行反复的复习和巩固。对"未知"的好奇和对问题解决的渴求是学生进行深度学习的重要动机来源。因此，学习设计要贴近学生的生活经验，并形成具有挑战性的研究课题。从宏观的角度上讲学习设计是通过学习环境设计、真实挑战性问题设计以及自主互信关系的建设，使学习逐渐自主化、深度化、成果化、多元化，从而形成信赖共生的学习共同体。从微观的角度上讲是指通过高品质学习任务的设计引领学生进行高阶思维的问题解决。

我们认为，在学习设计的过程中，不仅仅要发挥教师的专业优势，而且要充分考虑学生的学习需求，学生提出的疑问、困惑、兴趣等，都是学习设计的重要参考依据。问题从学生中来，从学生的"好奇"和"未知"中来，对学生自身的学习来说具有重大意义。对于学生来说，提出问题正是学习的开始，因此课题组倡导"师生共创的学习设计循环"，

---

① 曹晓明，何克抗.学习设计和学习管理系统的新发展[J].现代教育技术，2006(4):5-8.

② BLIKSTEIN P, WORSLEY M. Multimodal learning analytics and education data mining: Using computational technologies to measure complex learning tasks [J]. Journal of Learning Analytics, 2016,3(2).

③ 陈明选，周亮，赵继勇.学习设计与学习分析的联结:现状、挑战与实现路径[J].开放教育研究，2022,28(6):27-36.

即师生共商确定教学目标(学习目标)—确立评价标准(学习证据)—师生共商确定基于大概念、核心问题情境和学习任务(环境、资料)—学生自主协同解决问题(识别情境—提出解决方案—解释原因);教师观察了解学生学习需求,设计脚手架,学生交流、反思问题解决方案,构建知识的模型,学习方法的自我反思;教师串联学生观点,体现核心概念,根据学生学习情况反思改进学习设计。

追求深度理解的习题讲评课
——以《滴定中的摩尔计算》教学为例

笔者参加学校的学习共同体研修项目,半年有余。一直以来,都是观摩项目组的其他老师试上学共体的课,参加课后研讨。本学期,在郑老师和崔老师的鼓励下,执教者勇敢地报了名。虽然本次研究课准备和开展得没有想象中那么顺利,但是在整个备课、授课、课后研讨后,笔者收获很多。

一、授课主题的确立

1. 研究课选题由来

A level 化学是英国的化学课程,所有教材和参考资料都是以全英文的形式呈现,需要学习者具有一定的英语语言基础。该课程知识内容覆盖面广,评估时偏知识性,而非选拔性,可用来进行探讨的冲刺挑战性问题是有限的。本次研究课是一次学习共同体试验课。学习共同体是一种理念,而非固定的授课模式,学共体课堂的研究主题应该是具有可探讨的挑战性问题。经过深思熟虑,笔者选择了 AS 化学中比较难的综合习题:滴定中的摩尔计算。

摩尔计算是所有化学计算的基础,在 A level 化学大纲中占据着重要的地位,在 A level 考试的 paper 1 选择题,paper 2 结构题以及 paper 3 高级实验考试中都有体现。摩尔计算的灵活运用,最常见的实践应用是实验:滴定(titration)。滴定实验是根据指示剂的颜色变化,指示滴定终点,然后目测标准溶液消耗体积,计算分析结果,得出结论。滴定实验是化学中非常重要的一种定量分析手段,通过滴定实验,可以确定、解决化学反应的计量关系、溶液的浓度、相对分子质量、样品的纯度等实际问题。

因此,不管是从可探讨性还是重要性方面考量,《滴定中的摩尔计算》都是一个很有意义的授课主题。

2. 学情分析

本次授课对象为上海师范大学附属第二外国语学校剑桥高中部高二学生。大部分学生熟悉基本化学知识,但是在知识点的灵活运用上还有待提高;英语基础薄弱,语法有待提高,经常出现看不懂题目的情况;很少进行深度思考,较被动,学习习惯有待改善;另外,学生在日常课中进行课堂展示时,仅仅展示出答案,或在教师的追问下,对自己的答案进行简单的解释,所以表达能力有待提高。

剑桥部的学生在高二学年末,即五六月份就要参加 CAIE(Cambridge Assessment International Examination)考试局组织的全球性统考。学生正处于高度紧张的复习备考中,没有经过系统的倾听关系以及小组合作的培训。在开课之前,执教者对学生进行了简单的小组合作规则培训,准备了预习单。

预习单是学生预习的成果,反映出学生现有的知识储备,更是教师课堂内容展开的起点。从预习单反馈的结果可知:90%左右的学生完全掌握了前半题,基本的摩尔运算;但只有30%左右的学生能解出后半题,得到最终正确答案。经执教者分析,《滴定中的摩尔计算》中的题目篇幅较长,反应物之间的关系较难厘清。学生在后半题中出错的原因大概有两点:①学生因为薄弱的英语基础没有读懂题目;②学生读懂了题目,但是没有理清各反应物之间的关系;或二者兼有。

3. 集体研讨,问题聚焦

(1) 笔者独自备课,设计了预习单、学习单和作业单的初稿。

笔者根据教学大纲、教材以及历年的真题,挑选出三道经典的综合滴定计算真题,分别是三个不同的题型,对应着国内大学本科阶段:滴定、反滴定以及根据燃烧产物确定 CxHyOz 的分子式。①以三道经典真题作为预习单的主要内容,来检测学生对滴定中摩尔计算的已有认知水平。②学习单主要包括了课堂学习任务:复习回顾重要的摩尔计算公式、小组讨论订正错题、课堂展示习题讲解,并附有三道变式题,进行课堂检测。③作业单也是三道变式题难度递增。

(2) 郑艳红老师和剑桥部化学组集体备课生成第二稿。

在集体备课过程中,郑艳红老师提出了相关修改意见,其他老师也一致认同。郑老师指出,一节课的时间是有限的,学生在讨论和展示环节的时间要充分,让学生在课堂上解决错题是关键。习题讲解后的课堂检测可能会来不及,可放在其他时间。在学习单中增加详细的学习内容和学习要求/规则,给学生搭好脚手架,更有利于他们进行有效的讨论和展示,提高课堂学习效率。在集体备课的过程中,执教者也发现一节课的时间完成不了三道综合大题的评讲,将主要的学习任务改为评讲两道题。

根据各位老师给出的宝贵意见,执教者将预习单、学习单和作业单进行了修改。预习单内容进行了删减,学习单增加了详细的学习内容和具体的学习要求,作业单的内容也进行了调整,预习单、学习单和作业单的第二稿生成。

二、教学过程回顾

基于学习共同体教学理念下的《滴定中的摩尔计算》习题评讲课如期开展。课前教室环境及学习工具已经配备齐全,学生提前入座,笔者与学生明确学共体学习的规则。

教学过程一:复习导入

执教者带领学生复习回顾摩尔计算部分的重要公式。

$$n=\frac{m}{M} \quad C=\frac{n}{V} \quad n=\frac{V}{24}$$

$$\frac{n_1}{n_2}=\frac{V_1}{V_2}=\frac{Y}{X}$$

教学过程二:订正题一(小组讨论并展示)

教师布置学习任务一:小组讨论,订正预习单中的第一题滴定摩尔计算。①先读懂题目;②分析题目中各反应物之间的关系,并在展示稿上画出它们之间的关系;③讨论解决问题,确定 x 值,如果不能解决问题,请提出困惑点。

教学过程三:订正题二(小组讨论并展示)

教师布置学习任务二:小组讨论,订正预习单中的第二题滴定摩尔计算。①先读懂题目;②分析题目中各反应物之间的关系,并在展示稿上画出它们之间的关系;③讨论解决问题,确定 M 元素,如果不能解决问题,请提出困惑点。

在学生进行讨论的环节,执教者身入课堂,观察学生讨论情况,发现:

小组里有讨论,但是有些小组不是全员参与,那些没有参与的学生在看预习单上的题目。

部分小组里的讨论,以对答案为主,学生对照其他同学的预习单,完成了所谓的"订正",只知道这样或那样计算,但是不知道,也不追究为什么这样计算? 前后小问题之间有什么关系? 没有进入深度讨论。

有些学生在听小组分享,但是没有听懂,迟迟无法下笔。在这些学生中,一部分能够大胆地向同伴说出困惑点,向同学求助;还有一部分记录了同伴的正确答案后,埋头做题,试图自己解决问题,寻找答案和题目之间的关系来理解题目。

个别成绩较好的学生,在跟同组成员进行了简短浅表的讨论后,进行了订正,觉得很简单,但其实只是浅表学习,没有进入深度思考。因此,并没有厘清题目中反应物之间的关系,没有真正理解此类题型。

学生在展示环节,不愿主动上台分享。两个问题分别由一位男生和女生进行了台前分享,比较自信、流畅。下面的学生虽然认真倾听,但是没有进行台前展示,学习体验不够,锻炼机会不均等。

教学过程四:教师总结,变式题训练

教师最后总结,布置变式题训练。

由于时间因素,在课上并没有完成变式题训练,在课后,执教者对学生进行了检测,发现仍然有1/4的学生没有掌握课堂内容。

三、教学反思

笔者认为,高效的学共体课堂离不开高素质的教师和良好的倾听关系(生生关系和师生关系)。本节课没有完成教学目标,未呈现出学习共同体课堂的理念,跟这两个方面息息相关。因此,在研究课结束后,执教者结合郑艳红老师的建议、对一些观课教师的访谈以及多次复盘教学视频,从以下两个方面进行了深刻的反思:

1. 高品质教学设计

追求深度理解的课堂,一定离不开教师的高品质教学设计。高品质的教学设计就是教师根据学生的认知水平、学习需求,确定的系统的学习活动的设计。高品质的教学设计要求教师运用专业的学科知识和教育教学知识去分析把握学情,分析学生从起点到终点会遇到什么障碍点,教师搭建怎样的脚手架才能帮助学生克服学习过程中的困惑。在这样的分析过程中,去定位核心问题和形成呈现方式,即冲刺挑战性问题和三单(预习单、学习单、作业单)。

冲刺挑战性问题的设计是高品质学习设计的核心,同时也是教师们在教学设计中比较难把握的一个点。首先,冲刺挑战性问题应该是重要的,与教学大纲或课程标准保持一致的。其次,冲刺挑战性问题应该是有难度的,具有探讨性的,在大部分学生的认知水平之上的最近发展区内的。再次,冲刺挑战性问题应该是学生的学习需求、困惑所在,能够调动学生积极性,进入深度思考。通过这样的核心问题的探讨,学生深度理解了课程内容,同时也形成了较强的学习力、思考力。教师设计问题,学生解决问题,教师和学生都得到了可持续的专业发展。

如果说冲刺挑战性问题是课堂的指导方针,那么三单就是具体的行动纲领。因此,教师不仅应该设计好预习单、学习单、作业单,还要引导学生如何充分利用,达到学习目标。三单的设计应该是:精简具体,重点突出,层层递进。

2. 良好的倾听关系

良好的倾听关系需要教师给学生营造一个安全信任的环境。首先,教师应该尊重接纳学生,耐心地倾听学生,捕捉学生的学习需求和闪光点,让学生在课堂上敢于发出自己的声音。其次,教师应该设计好阶梯式的挑战性问题,引导学生一步一步成功登顶学习内容的制高点,避免引起学生的畏难情绪。再次,教师应该合理安排好物理环境,让学生自由地选择学习小伙伴。教师应引导学生两人一组或四人一组,避免在讨论环节出现学生落单的情况。

（本案例作者：上海师范大学附属第二外国语学校　丁华琴）

当然,作为当前基础教育变革的核心领域,课堂变革如何实现每一个孩子的高品质学习是所有教育工作者必须解决的问题。然而课堂作为一个复杂的生态系统,包含着广泛复杂的实践内容,比如教学技术研发、学习任务设计、课堂活动系统安排等。教师需要对儿童有强烈的情感共鸣和关照,即能够站在儿童所面临的情境中,了解儿童未能表达出的语言、情感,不对孩子的发言内容做"好"或者"不好"的判断。而是在和学生的对话中,理解孩子当下的需求。其次,教师能够在不断成熟的同理心中,能够对引发学生变化的学科领域进行专业判断,为此,教师要成为学习者和研究者,以促进学生的深度学习为目标。不断提升自己的专业能力,并与本校的同僚形成共同研究的机制,将校本研修的重点放在倾听关系营造、高品质的学习设计、学生学习需求的把握等专业研究的方面,教师就会得到有效的专业发展,教师整个团队的专业性才能不断提升。协作探究不仅是一种解决问题和完善个人实践的方法,而且还是一种利用学生习得的相关证据来建立协作式学习团队并产生可应用的共享知识的系统方法。这使教师从倾听者到设计者到研究者再到创造者,实现教师个体和团队的跨越式发展。在本书的论述中,我们认为,高质量的教师队伍建设,特别是教师发展共同体的团队建设,是任何层面课程教学改革得以推进的重要的保障。因此,我们将在后续章节核心素养导向的课堂深度教学变革的保障体系建构中,再专门论述教师队伍建设的相关内容。

第七章 创 造

——核心素养培育的"小领袖"校本特色

　　核心素养理念的提出,提供了学校课程教学改革和人才培养变革的重要价值指向。从中国当前教育教学改革的整体趋势看,随着中国学生发展核心素养理念的提出和高中及义务教育"双新"改革的推进,如何推动课程教学与核心素养的有效契合,越来越成为教育研究和实践关注的重要问题。尽管核心素养的教育价值已经成为共识,但是对中国学生发展核心素养的理解和实践应用还需要从本体论、认识论和价值论等角度展开进一步深入的思考,以期更好地理解与把握中国学生发展核心素养概念框架并实现其实践价值,防止它的标签化和成为一种新的教育实践的支配性力量[①]。

　　从哲学的高度认识核心素养的价值,应该体会到核心素养框架提供的只是课程教学和人才培养的一个整体的价值导向,要更好地推动核心素养在学校层面的落实,就要结合学校办学实际,对核心素养的具体表现形式进行个性化地设计和创造。将核心素养与学校人才培养的个性化设计有机串联,打造核心素养培育的学校特色。基于这样的认识,在推动核心素养导向的课堂深度学习变革的同时,我们也着眼于学校整体发展和人才培养的更高视角,尝试将核心素养与学校的人才培养改革相贯通,提出了独特的"小领袖"培养理念,通过"小领袖"的培养更好地、更有特色地推动核心素养的落实。

第一节　学校"小领袖"培养的理论阐释

　　理论与实践的关系是教育研究课题的基本关系,要提升教育研究的实践价值,必须有鲜明的理论思维。理论思维是人的理性的体现,它通过抽象来揭示事物或现象"是其

---

① 石中英.关于中国学生发展核心素养的哲学思考[J].课程·教材·教法,2018,38(9):36-41.

所是"的本质属性,就表现为一种判断,形成了一个命题,但揭示事物或现象"是其所是"的本质属性而形成一个命题的驱动力却在于揭示事物或现象发生、发展的原因①。对于学校"小领袖"的培养而言,我们将其视作学校层面个性化地理解和践行核心素养的有效方式,这种方式是否可行,需要经受理论层面的思考。这种思考既包含对"小领袖"培养背景与意义的分析,也包括对其相关概念的阐释和理论基础的分析。

一、"小领袖"培养的背景与价值

21世纪是一个政治、经济、文化全球化的时代,人才的培养越发显得重要。发现、挖掘、培养学生的领袖素养,研究发展学生领袖素养的课程是未来中国创新型人才培养的重要途径。有研究表明,世界上许多杰出的人物早在中小学时期就表现出了与众不同的能力,中小学阶段更是学生人生观、世界观形成的萌芽发展期,有意地给孩子提供一些机会,及早发现、挖掘孩子的领袖能力,培养孩子的领袖素养,对教育者来说是一个重大的责任,对孩子来说也是为其日后能更好地适应社会、承担社会责任奠定良好基础。

基于上述认知,"领袖素养"学习项目便在国际上逐渐兴起,在新加坡、日本、英国、美国等发达国家得到了一定的发展。而在我国,此研究尚在尝试和探索阶段,目前仅有少数几个学校开设了"领袖课程"。

近几年来,在课程改革的背景下,国家提出了"立德树人"的教育理念和"发展学生核心素养"的教育理论,而我校自创校以来,始终把立德树人作为学校的根本任务,学校的办学理念是:"让每一位师生拥有一片芬芳"。"养德励志"是我校校训。同时由于我校学生是选择生源的学校所录取的,因而相对优秀学生较多,如何让我们的优秀学生更好地发挥示范引领作用,在学习的同时培养能力,提升综合素养一直是学校努力的方向。

至于上述认识,我们希望通过"小领袖"的培养,从小抓起,为培养学生成为具有社会主义觉悟的、社会各领域的领袖人物奠定基础。具体而言,学校希望通过研究,分析"小领袖"素养的基本结构,明确小学、初中学段的基本要求,制定评价、观察量表;通过研究,建构若干培养"小领袖"素养的校本特色课程,细化课程目标、课程内容、课程形态、课程实施、学习方式、教学方式、课程评价;通过研究,探索学科德育培养"小领袖"素养的有效策略和方法,做到学科德育与知识学习的无缝对接,教书与育人的有机融合。

---

① 李润洲. 理论思维:助推研究生的知识创新[J]. 学位与研究生教育,2017(12):50-55.

二、概念的界定与文献的梳理

所谓"领袖"系指衣服上的领口和袖口,这两个部位因为直接与皮肤接触摩擦,容易起毛破损,所以古人在制作衣服时,领口和袖口都是单独用料的,并镶以金边。为此在古人的眼中,这两处是既高贵又醒目的。另外,古人穿衣服很讲究衣领与袖口的式样,设计讲究的领口和袖口,穿戴后给人一种堂堂正正的印象,有表率的作用,所以便产生了"领袖"一词。"领袖"一词最早见于《晋书·魏舒传》,魏舒为国家鞠躬尽瘁,深受晋文帝器重,晋文帝每次朝会坐罢,目送之曰:"魏舒堂堂,人之领袖也。""领袖"一词后来被用于指称一个国家或者某个团体的领导者、中坚力量或带头人。"领袖"的词义逐渐被引申为"同类人中的杰出者、突出者"或组织、团体中的"首领",如《明史·曹于汴传》中的描述:"时绍徽、应甲附魏忠贤得志,必欲害于汴,属其党石三畏以东林领袖劾之,遂削夺。"又如《培远堂偶存稿》中的描述:"省会豫章书院为通省之领袖。""领袖"一词最早出现于近代媒体宣传中是在 1874 年的《万国公报》上,用以表述外国事件;而后 1892 年赵奎光在《画图新报》上作一人物记,名为《为失目领袖记略》,取"领袖"的"首领"之义,该文研究的近代领袖是指在近代国家的发展历程中,对于国内外政治局势变化、经济发展、文化革新等方面起关键作用并对国家发展趋势产生推动力的当权者、核心人物或者有影响力的组织、运动的领导者、组织者、决策者。《现代汉语词典(第 7 版)》对"领袖"的解释为国家、政治团体、群众组织等的最高领导人。

对"小领袖"的认知与培养,从整体上看与领导力的培养具有内在逻辑的一致性。从国内外的研究来看,学者们多采用多维度结构模型来进一步诠释领导力的组成。比如林登和弗特曼将青少年的领导力归纳为:领导力认知、领导力态度、沟通能力、决策能力和压力管理能力[1]。里克茨和拉德在此基础上将领导力分为 5 个方面:领导知识和信息,领导态度和愿望,决策和批判性思考,沟通(口头和书面),人际关系[2]。

国内学者对于中小学生领导力构成的研究较少。杨桂萍指出青少年领导力的内容构成为:崇高的人格魅力,精准的预见能力、判断能力,超强的沟通能力,不息的创新能力,持续的延伸能力[3]。翁文艳认为学生领导力是一种基于个人品德与能力的服务性能力,引领自我生涯发展的愿景型能力,善于运用团队力量完成学习与工作任务的合作型

① VAN LINDEN J A, FERTMAN C I. Youth leadership-a guide to understanding leadership development in adolescents [M]. San Francisco, CA, Jossey-Bass, 1998:243.

② RICKETTS J C, RUDD R D. Comprehensive leadership educations model to train, teach, and develop leadership in youth [J]. Journal of Career and Technical Education, 2002,19(1),7 - 17.

③ 杨桂萍. 中国青少年领导力形成规律探讨[D]. 北京:中国青年政治学院,2009:12.

能力①。常学勤指出,中学生领导力包括自我领导力和团队领导力②。王芳指出,领导力由多种特质组合共同决定,主要包括智力、人格、价值观以及与领导情境相关的一系列人际技能、问题解决能力和默会知识③。

在学生领导力培养方法方面,范·林登(Van Linden)和费尔特曼(Fertman)提出青少年领导力形成的两个重要来源:自我培养和外界支持。国外有研究认为服务性学习也是青少年领导力发展的一种有效途径,因为在为社会、他人服务的同时也是在学习,在培养个体的领导力。迈尔斯(Myers)指出服务性学习可以锻炼青少年学生的社交、人际、倾听、公众演讲、团队合作、目标设置、协商、冲突解决及观察和分析等技能;博伊德(Boyd)也指出,在计划和实施服务项目的过程中能够使青少年学生学会自我反思、决策、目标设置及团队合作等。这些技能都是属于领导力的范畴。

国内很多学者在关注中小学生领导力的基础上,提出了领导力培养的一些具体方法,例如开展课外综合实践活动、将领导力内化到课堂教学中,这是我国学者提出的最常用的两种方法。魏铭鼎认为在课外活动中进行领导力培训,其效果具有一定的保持性④。刘卫红等提出中学生领导力培养的实践活动方法和方式:以个性化课程为载体发展中学生领导力,如人生规划课程、演讲课程、领袖训练营;通过活动课程发展中学生领导力,如特色专修课程、领导力研习小组训练⑤。常学勤提出中学生领导力培养的实践项目:项目团队会议、主席协调会议、小组活动、个人活动、在线交流互动等⑥。陈秉杰等提出中学生领导力培训课程教学模式:以学生的问题为导向,平等交流;培养实践能力提升素质,发挥学生主观能动性;任课教师以引导、启发、辅助为主;课程形式以学生访谈为主,校外参观为辅⑦。

当前也有很多国内学者展开了基础教育阶段的学生领导力实践研究。例如,吴锡华通过小组工作介入的方式,研究小学生团体领袖力的提升,发现此种方式具有地位、专业技巧及角色的多重优势,为"小升初"衔接提供了有效的前置服务,实现了领袖力的提升⑧。黄婉莉以小学生领导力的构成为论述框架,依据对数所学校的实际调研,深入

① 翁文艳. 学生领导力培养的几个基本问题[J]. 领导科学,2012(14):25-27.

② 常学勤. 我国中学生领导力培养:理性认知与实践路径[J]. 中小学管理,2010(7):5-6.

③ 王芳. 领导力早期发展的初步探索[D]. 上海:华东师范大学,2010:20.

④ 魏铭鼎. 中学生课外活动中领导力培训的实验研究[D]. 武汉:华中师范大学,2011:32.

⑤ 刘卫红,刘敬华. 关注个性发展提升学生领导力:中学生领导力培养的理论认知与实践探索[J]. 北京教育(普教版),2012(6):67-68.

⑥ 同②.

⑦ 陈秉杰,阎妍. 培养中学生领导力:以职业选择课程为突破口:以人大附中开设"中学职业选择领导力"课程为例[J]. 中小学管理,2010(7):17-18.

⑧ 吴锡华. 小组工作介入小学生团体的领袖力提升研究[D]. 福州:福州大学,2016:19-33.

剖析了小学"少代会"中的提案制度、大队委竞选、会议召开及其他环节是如何发展小学生领导力的,以大量生动活泼的调研材料论证了利用已有的组织、制度、活动设计促进小学生领导力发展上的可能①。曹雪梅②利用角色体验的方式,开展了培养初中生"领袖素养"的行动研究,取得了良好效果。

"小领袖"是指在学生群体中的杰出者、突出者,从狭义上来说小领袖就是指在中小学中担任班级干部、大队干部。从广义上说,小领袖是指在合作、学习、实践、创新、品德、责任感等方面表现突出,实力超群,对其他学生有引领带动作用的在校学生。本文的小领袖就是用广义的概念。但研究旨在挖掘小领袖的能力素养,培养对象是全体学生,以此发挥好育人功能,全面推进素质教育,真正促进人才培养模式的改革和创新。

小领袖素养与中小学生领导力有着很多共同的内涵。结合中国学生发展核心素养,我们开展对小领袖素养的研究。纵观儿童和青少年领导力(领袖素养)的已有研究发现,有关领导力的内涵和其构成的界定,基本达成一致。小领袖素养是指在中国学生发展核心素养的框架内,侧重于关注中小学生在领导力维度上的培养。学者都认为基础教育阶段学生领导力的培养十分必要。但研究上还存在一些空白之处:

国内已有研究的对象绝大部分集中于大学生、高中生,对于义务教育阶段学生,尤其是对小学生的实际研究尚显不足。

大部分研究都旨在探索领导力的理论内涵,更进一步的是对领导力培养提出建议和方法、途径,但有关的实际研究并不多,且研究途径单一。

目前已有的实际研究都不是在同一个理论框架下进行的研究,不具备普适性、辐射性。

因此,我校将利用学校优势(九年一贯制学校),选取最为全面的理论框架,在原有的学生领导力培养的基础上,深入研究儿童和青少年的领袖素养。同时,将理论转化为实践,在校园内外搭建更为全面的途径为中小学生领袖素养的提升搭建平台,在学生的高可塑性时期,为他们提供应有的领袖素养教育,使其能够更好地适应和融入社会,也是为我们国家的更好发展提供领袖型人才。

三、"小领袖"培养的理论基础

美国课程理论之父——拉尔夫·W. 泰勒所倡导的目标课程模式是经典的课程模式,对课程理论影响深远。该课程模式主张课程应分为:确定教育目标、选择学习经验、

---

① 黄婉莉. 通过学校"少代会"发展小学生领导力的研究[D]. 上海:华东师范大学,2015:1-3.
② 曹雪梅. 在角色体验中培养初中生"领袖素养"的行动研究[J]. 思想理论教育,2010(18):51-54.

组织教育经验和评价教育计划四个部分。具体来讲,泰勒原理主张在课程研制中首先应确定教育目标,明确课程设计的方向;其次,教育者应为学习者挑选学习经验,且这些经验必须是紧紧围绕实现该教育目标的经典的学习内容;再次,组织教育经验,即进入课程实施环节,通过采用一定的教育途径和教学方法,有效地将教育内容转化为学生自己的知识,帮助学生实现认知层面的上升;最后,主张通过课程评价检验教育目标是否有效实现,实现的效果如何。

泰勒目标课程原理一直被视为课程开发与研究的经典模式,具有典型性和易操作性。本文以泰勒目标课程模式为理论依据,分析课程目标设置、课程内容安排、课程实施过程、课程评价特点、教材研制情况,探究在课程标准的框架下如何设置校本课程目标;如何整合各种德育资源,选择学习经验;采用了哪些行之有效的教学方法,组织实施,促进学生小领袖素养的提高。

第二节 学校"小领袖"培养的课程开发

课程是人才培养的核心支撑。要将"小领袖"的培养整体纳入学校的人才培养体系,必须进行课程层面的整体建构。课程开发是指根据教学目标和学习需求,设计和制定一门完整的教学计划和教材资源,以便有效地传授知识和培养学生的能力。我们以课程化的思维方式介入"小领袖"培养,围绕"小领袖"的独特培养目标,整合学校的课程元素,建构起了具有学校特质的"小领袖"素养课程体系。

在课程开发之初,学校在对文献进行充分研究基础上,对"小领袖"的内涵进行了梳理,结合中国学生发展核心素养的维度,将"小领袖"应具备的素养进行了界定。图7-1所示的模型图展示了"小领袖"素养中的三个一级维度及其定义,从个人、集体、社会三个方面评价学生的实践创新、团队引领和使命意识。学校根据"小领袖"素养培养目标,结合《教育部印发中小学德育工作指南》《教育部等九部门印发关于中小学生减负措施的通知》《关于强化学校体育促进学生身心健康全面发展的意见》《关于全面加强和改进学校美育工作的意见》等国家政策文件,通过研究和实践形成具有学校特色的"小领袖"素养评价指标。其中既包括引领学生全面发展的基础性指标,也包括引领学生个性发展的发展性指标。这些培养模型和评价指标的建构,不仅有助于我们更加清晰地理解"小领袖"的特质和培养诉求,也为后续的课程开发提供了目标与价值引领。

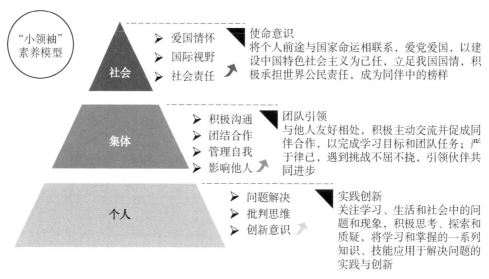

图 7-1 上海市民办桃李园实验学校"小领袖"素养模型

一、课程设计文化基础与内部要素分析

(一)课程文化基础

课程是实现学校教育目标的基本保证,为了达成"小领袖"素养的培养目的,我们从课程建设入手,将"小领袖"素养的培养扎根于课程。我校秉承"让每一位师生拥有一片芬芳"的教育理念,关注每一位学生的全面发展。从原嘉定县实验中学创校起,学校即注重夯实初中知识、衔接高中教学、挖掘学生潜能、培养学生个性。二十多年来,学校以国家课程为基础,根据学生特点与发展需求不断完善课程框架、引进校外资源、注重课程的校本化实施,形成了一套具有学校特色的素养课程体系。

(二)课程内部要素分析

课程内部要素是小领袖课程群设计的重要因素,主要包括课程性质、目标、结构、内容、实施和评价等要素。课程性质定位是首先要解决的问题。自国家提出三级课程结构以来,国家课程趋于规范化,地方课程趋于社团化,校本课程趋于特色化。

课程理念是课程的灵魂。课程理念要建立在学校育人理念和校园文化基础之上,坚持"让每一位师生拥有一片芬芳"的理念,树立普惠式课程实施思路,坚持"大众化",强调人人皆可参与,面向全体学生,惠及全体学生。

课程目标是课程设计的逻辑起点,指明了学生在课程学习过程中能够达到的结果。课程目标要基于学生发展的核心素养,小领袖课程的首要目标是为培养提升学生的小领袖素养,包含培养学生使命意识、自我引领和团队引领等特定素质和基本涵养;还要在课程实施过程中,培养学生的创新意识,为批判性思维的形成提供土壤。

课程结构是课程设计的重要内容。课程结构要满足不同层次学生的认知特点和个性化学习需求,体现课程的层次性、多样性和选择性,一般可分为必修部分、选择性必修部分和选修部分,其分别承担着建立小领袖素养基础,激发学习兴趣,拓展个性特长,实现培养小领袖素养的独特价值。

课程内容是课程的主体。课程内容要与小领袖目标相结合,如思辨类、文体类、艺术类等课程。小领袖课程不能独立于学校课程体系之外,而应该是学校课程体系中有机组成部分,其本身也是融合了多个学科知识,在课程内容上要突出知识与资源的跨界性,走学科融合之路。

教学模式是理论与实践的桥梁。小领袖课程的教学模式要建立在理论基础上,采用基于问题的学习、基于项目的模式开展。课程实施是必要落实。课程实施要根据课程结构、课程内容的不同,采用不同的组成形式,如对选择性必修课可以采用选课走班制开展,对选修课可以采用兴趣选拔制,以社团、研究性学习的形式开展;为进一步给学生提供展示的平台,通过才艺之星评比、科技节、尚德星的评比、主持人大赛等多样化实施。课程评价是基本保障。课程评价要采用多元化评价原则,坚持实行"过程性考核+总结性评价"相结合的全程化、个性化课程评价方案,通过自评、互评、师评,观察、讨论、展示交流、在线问卷调查、竞赛比拼等方式,对任务完成过程及作品进行综合评价。

综上所述,"小领袖"课程群的设计,要以课程视域,确保内外部要素协调推进,统筹考虑,才能更好地达到培养提升学生小领袖素养的根本目的。

二、课程体系建设的基本原则、逻辑与结构

(一)小领袖课程体系建设基本原则

拉尔夫·泰勒在1949年出版了《课程与教学的基本原理》一书,其中提出了课程内容组织的三原则:连续性(continuty)、顺序性(sequence)和整合性(integration),其影响是深远的。目前的课程内容组织原则大都是在此基础上发展起来的[①]。小领袖课程体系立足于正确处理国家课程、地方课程、学校课程的关系,根植于创造性实施、统整思考、课程奠基、路径匹配等五个立足点,与学校课程体系的整体构建相融合,进一步完善学校课程系统。

(二)小领袖课程逻辑与课程结构

小领袖课程包含:小领袖之能——特色课程、小领袖之德——德育课程、小领袖之思——学科课程渗透三大模块。丰富多彩的课程共同承载小领袖素养的培育目标,课

---

① 冯国锋.课程内容组织原则浅谈[J].新疆石油教育学院学报,2004(2):71-73.

程逻辑如图7-2、图7-3所示：

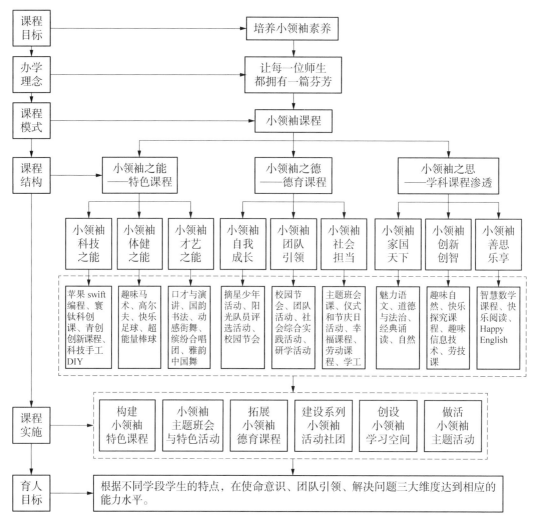

图 7-2 小领袖课程逻辑图

三、课程目标

"小领袖"素养课程开发与实施包括课程目标的制定,课程内容的选择,课程实施的方法及课时的安排及考核方式。

制定课程目标是课程开发的目的和归宿,对课程的开发与实施具有向导作用。我校的小领袖素养课程目标的制定是在遵循国家德育大纲的总目标和我校学生整体情况的基础上,依据培养小领袖素养的需要,在社会资源的帮助下,不断完善小领袖素养课程建设。领袖素养课程是对国家课程的有益补充,我们根据国家课程标准的总体指导思想和具体方针,开设一系列的具有学校特色的小领袖素养课程。

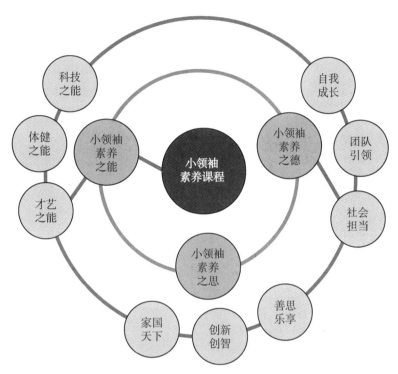

图 7 - 3 小领袖课程结构图

（一）小领袖课程总体目标

强化学生的使命意识。在课程活动中，形成爱党爱国的家国情怀，理解集体的荣辱与个人的成败息息相关。形成大局观念，积极承担世界公民责任，具有广阔的国际视野，深化地球共同体的责任感。勇于承担社会责任，具有公民意识，积极参与社会公益活动。

自我引领与团队引领。课程的学习以团队合作为主要学习方式，在团队合作中，能够积极主动交流，确立清晰的认识任务目标与任务完成方法，重视与他人的合作，严于律己，勇于克服困难，积极帮助他人一起进步。为共同完成学习任务而积极参与，拥有自我引领的驱动力。

提升问题解决能力。实践活动中能够细致观察，敏锐地捕捉到信息和现象。积极思考、勇于探索、敢于质疑，在解决问题的过程中，能够积极地搜集信息，选择合适的方法，有效地反思。此外，还要能形成自己的问题解决方法，并且运用已有经验进行一定程度的创新。

（二）小领袖课程体系子目标

根据"小领袖"培养不同维度的具体要求，结合不同学段、年级学生的成长需要，我们在建构"小领袖"课程总体目标的同时，也对其各维度的子目标进行了整体设计，形成了完整系统的目标体系(参见表7-1)。

表7-1 "小领袖"课程子目标体系

课程目标	使命意识	团队引领	问题解决
小领袖之德——德育课程	在各项德育活动中,学生能将个人前途与国家命运相联系,爱党爱国,以建设中国特色社会主义为己任,立足我国国情,积极承担人类命运共同体责任,成为同伴中的榜样。	① 在团队活动、主题活动、节庆活动中,能够与同伴友好相处,积极主动交流分享并促成同伴合作,以完成学习目标和团队任务;自律自爱,遇到挫折不屈不挠,引领伙伴共同进步。② 积极参与班级、学校和集体活动,有带领团队完成任务的愿望并付诸行动。	积极参加各项德育活动,如劳动、学工、研学、综合实践等活动,在活动中关注学习、生活和社会中的问题和现象,积极思考、质疑和探索。
小领袖之能——特色课程	① 爱党爱国,提升自身综合素质,如科技、体育、艺术等,将个人前途与国家命运紧密联系,以实现中华民族伟大复兴、建设中国特色社会主义为己任。② 通过国际化特点的体育和艺术课程,立足于我国国情,感知并思考不同国家风俗文化、全球的发展变化以及国际问题。	① 学生能够运用沟通技巧,通过书面和口头语言,主动表达自己的想法,以平等的心态及言行倾听和对待他人,有效、公平地解决冲突和矛盾团结合作。② 学生具有高度的集体意识和集体归属感,能够管理自我,能够排除外部干扰,控制和疏导消极情绪。	① 学生在态度和行动上展示对他人的关怀和责任。② 在缺乏明确方法的情况下,学生能够基于内在动机与坚韧意志,运用恰当的认知加工策略。③ 学生在处理问题、给予评价和作出决策时,具备成熟的寻求真相、开放思想、批判的自信心、求知欲等批判性思维倾向。
小领袖之思——学科渗透	① 结合学科德育内容,能够形成爱国、爱党的美好情感,了解国家发展和民族复兴的基本进程,形成以社会主义建设为己任的责任感。② 形成个人与集体,家、国和天下的世界观,主动了解国家和世界发展的大事、要事。	① 在学科学习中,形成合作方法和技能,乐于互助分享,积极推进完成团队任务和目标。② 能够独立自主完成学习任务和目标,客观积极地认识和接纳自我影响他人。学生善于运用恰当的直接或间接策略,说服或影响他人接受某一观点、推动某一事项或领导某一团体。	能够熟练使用认知策略和技巧,具备创新意识,能够根据学习和生活发展的需要,引起创造未有事物或观念的动机,并积极实践引发创造性成果。

在整体性的目标建构基础上,我们还根据不同特色课程的具体内容和要求对课程

的具体目标进行了个性化设计。以马术课程为例,该课程的目标主要包括以下维度:

在培养学生对马术学习的兴趣中,感受马术运动的文化与精神。了解国外的骑士精神是一种信仰,它是国家的武装阶层,担负着保卫国家,对抗外敌的重大使命,形成国际视野。

掌握马术运动的基本技能和方法,达到素质教育从各方面贯穿校园的目的。在孩子与接触动物,感知自然,在与马的互动中,也能培养孩子的爱心、耐心、勇气、意志力。

在处理人与马、人与自然的关系中,充分认识到人和人以及人和自然的关系,培养孩子自信应对自然和社会的能力,从而使他们获得终身受用的生存技能和价值观。

四、课程内容选择

(一) 特色课程内容概况

根据我校学生在小领袖素养方面的现有水平,在对研究数据进行分析和总结的基础上,为了弥补现有课程体系对学生小领袖素养培养的不足,我们引入了一系列的校外特色课程,包括体育、艺术和科技三大板块的内容,以期在拓宽学生国际视野,形成批判性思维等方面起到重点推动作用。

学生小领袖素养测评的结果显示,我校小学生的国际化视野处于偏弱的水平,需要根据小学生的特点和能力增加国际化的课程和实践,提升学生的国际视野素养国际视野的形成。根据小学生的发展规律和学习兴趣,我们从具有国际特色的运动课程入手,培养学生的国际视野和国际理解,配备外教训练员,潜移默化地提升学生的国际认知,了解外国文化和人文精神。

六年级学生的测评在批判性思维方面显现出偏低水平,针对六年级学生的兴趣特点,我们开发了一系列科技课程,在课程学习中,以小组团队合作为主要学习方式,凸显团队引领素养的形成,在科技创新中学生的批判性思维得到了很大的提升。在与有关科技公司合作中,成功举办校园科技节开幕式,承办了上海市民办中小学科创教育发展联盟第二届展示活动。在此过程中,不仅促进了学生对科创课程的理解,同时也锻炼了学生的综合运用能力,进一步激发了学生对科创的热情,对科创内涵也有了更深入的理解。少年强则国强,桃李少年用自己的智慧和勤奋,践行对党的誓言:"请党放心,强国有我!"

桃李园实验学校秉承着"让每一位师生拥有一片芬芳"的办学理念,关注每一位学生的全面发展,着力于创造积极健康的校园文化,注重夯实初中知识、衔接教育教学、挖掘学生潜能、培养学生个性,形成了一套具有桃李园实验学校特色的小领袖素养特色课程体系。

中国舞社团是一支向真、向善、向美、向上团队,汇聚来自各年级热爱舞蹈的同学们。通过训练，培养学生的舞蹈基本功、舞台表现力，学习表演中国舞蹈经典作品。

演讲与口才社团着力于培养学生口语运用实践能力。提高学生内在修养，丰富其精神世界。

书法是中华优秀传统文化的典型代表，我校书法社团除了提升学生的书写水平外，也由此拓展对传统文化更为广泛而深入的学习。

通过书法社团的课程学习，打开通往传统文化的一扇门，让学生进一步学习和传承优秀的传统文化。

街舞社团通过提升学生身体协调、平衡性等技能和身体各方面素质，培养学生积极坚韧的健康心态与团队合作精神！

桃李园实验学校缤纷合唱团，在我校音乐老师的带领下，让每个孩子愉悦地歌唱，让每个孩子脸上洋溢着自信和欢乐。缤纷合唱团主动承担了校园内外各项大型活动的表演重任，多次参加各类区、市、国家级比赛，屡获佳绩！

棒球课程是一项集智慧与勇敢、趣味与协作于一体的集体运动项目，被誉为"竞技与智慧的结合"。我校除了组建校队训练比赛以外，现已把棒球开展到课堂教学中，让每个学生都能体会到棒球的乐趣。学生在场上竞技的同时，亦能收获培育体育精神带来的快乐！

高尔夫课程是桃李园实验学校的特色课程之一。高尔夫运动能使学生亲身感受绿色、阳光、运动与健康的融合，体验人与自然的和谐。通过高尔夫教学，培养学生刻苦练习、善于思考、勇于挑战困难的意志和品质，为终身体育奠定良好的基础。

桃李园实验学校是上海市马术进校园项目试点联盟校、嘉定区马术进校园联盟的牵头人。马术课程旨在让更多的孩子体验马术这项历史悠久而又高尚典雅的运动，培养学生的爱心、责任心，提高学生的观察力、交往能力和情商等综合能力。进一步促进学生人格、身心健康发展，帮助学生发现自身的特长及潜能，从而更好地促进成长！

我校在 2020 年被评为全国足球特色校。着力于足球课程，积极开展足球一条龙的运动项目。秉承英伦足球理念，学生们通过足球运动的训练，锻炼身体，培养了坚韧、勇敢、友善、坚持的优异品质！

桃李园实验学校为培养学生的科学探究能力、实践创新能力、编程思维能力以及学习能力，于 2020 年专门引进校外探究拓展课程，通过主题式的教学，以及基于 Bloom 构建任务驱动的教学方式，在寓教于乐中激发学生学习的内驱力。从课堂孵出的优秀项目成果，推荐参加上海市青少年科技创新大赛、明日科技之星、宋庆龄少年儿童发明奖等赛事。

"科技手工 DIY 工作坊"DI（上海市青少年创新思维大赛）和 OM（上海市头脑奥林匹克创新大赛）分别是两项独立的科技创新活动比赛项目。发源于美国，被看作是"培养未来人"重要途径的比赛,旨在考验青少年的创造精神与团队合作精神,是一项国际性的培养青少年创造力的活动。两项活动都是上海市教委属下的上海市科技艺术中心组织各区、各学校参加的比赛,比赛规模庞大,影响很广。该大赛的获奖将进入学生个人综评网。

(二) 德育课程引领

学校不断尝试丰富拓展课程渠道,丰富课程形式。结合"弘扬传统文化,提倡科技创新"的办学特色,以具有时代特征的"桃李六艺"体验式课程群为载体,培养学生:以礼立世,养德励志;以乐怡情,美育树人;静心学书,传承文明;研道数理,格物创新;强身健体,责任担当。

突出"小领袖"榜样示范引领作用,学校利用评比载体,开展"摘星少年桃李行"特色活动,通过桃李行——健体星、尚德星、智学星、笃志星、管理星、卓越星的评选,并让莘莘学子在桃李园实验学校逐渐养成自我管理、自主管理的良好行为习惯。每幢教学楼下会通过照片展出对六种桃李星进行表彰,引导全体师生"学有榜样,追有目标"。

利用节庆纪念日、仪式教育活动、校园节(会)、团队活动等,开展形式多样、主题鲜明的教育活动,以鲜明正确的价值导向引导学生。不断开拓活动阵地,开展各类主题实践、劳动实践、研学旅行、志愿服务等,鼓励学生广泛参与社会实践,增强学生的社会责任感、创新精神和实践能力。比如,组织开展"桃李学子-践行社会主义核心价值观"系列活动:

在校内开展"社会主义核心价值观"书法比赛、"社会主义核心价值观"主题板报及温馨教室评比活动,体现"社会主义核心价值观"的唱红歌活动等,形成校园内沉浸式的社会主义核心价值观学习氛围。

在校外借力社会场馆资源、街道居委等,以雏鹰假日小队的形式开展体现"社会主义核心价值观"的社会考察、公益劳动、职业体验、安全实训类实践活动,将社会主义核心价值观内化于心、外化于行。

(三) 学科课程渗透

加强对于教师在学科中的育德能力培训,明确各门课程蕴含的德育资源并做好落实工作。进一步开展学科听评课及教研活动,在学科教案要求及课程评价中将学科德育作为其中一个重要指标,以评促进,增强各学科的育德体现。

将道德与法治作为树立理想信念与社会主义核心价值观养成的主要课程,在此基础上聚焦学科课程在养成教育中的重要作用,充分挖掘各门课程蕴含的德育资源,对于学生的学习习惯养成,能力素养养成,德智体美劳全面发展起到了至关重要的作用。

学校以弘扬传统文化,提倡科技创新为办学特色,以体验式教育为抓手,围绕社会主义核心价值观,聚焦学生核心素养,将桃李文化、育人目标与学校课程有机统一,加强关注学生的生活体验和心理内化,努力渗透学科德育,充分发挥课堂教学育人的主渠道作用。

发挥其他课程德育功能。根据不同年级和不同课程特点,充分挖掘各门课程蕴含的德育资源,将德育内容有机融入各门课程教学中。语文、历史、地理等学科利用课程中语言文字、传统文化、历史地理常识等丰富的思想道德教育因素,潜移默化地对学生进行世界观、人生观和价值观的引导;数学、科学、物理、化学、生物等课要加强对学生科学精神、科学方法、科学态度、科学探究能力和逻辑思维能力的培养,促进学生树立勇于创新、求真求实的思想品质;音乐、体育、美术、艺术等学科加强对学生审美情趣、健康体魄、意志品质、人文素养和生活方式的培养;外语课加强对学生国际视野、国际理解和综合人文素养的培养;综合实践活动课加强对学生生活技能、劳动习惯、动手实践和合作交流能力的培养。

学科周活动是我们的一大育人特色,学科周结合学科特色,挖掘学生喜闻乐见的活动形式,通过主题活动、跨学科、项目化活动的方式开展实践活动,让学生将课堂所学的知识应用于实际问题的解决。如英语学科根据不同的年级特色开展的英语短剧展示,自然学科与数学学科结合展开的"小菜园里的任务",语文学科在疫情期间开展的"我想对你说……"。

五、课程实施

课程的有效实施必须有相应的课程资源予以支持,"如果制定政策时没有考虑实施政策所需的资源,而且如果没有必要的资源,学校、教师和学生就会处于要求得不到满足的格局"。因此,课程的实施必须依赖于一定的课程资源进行。同时,只有充分利用了课程资源的课程才能具有多样化的实施。

(一)打造"小领袖"素养培养教育工作团队

学校成立"小领袖"素养教育领导小组,由校长担任组长,负责总体工作;教学管理部主导"小领袖"素养课程体系建设;学生发展部组织开展专题活动,提供展示平台,各相应教师负责具体工作实施。

(二)丰富"小领袖"素养课程实践方式

学校把握"小领袖"素养培养内涵,打造"小领袖"素养课程体系。充分利用校内外资源,与学校已有资源进行整合,建立校园内"小领袖"素养实践课堂,打造科学系统的课程体系,不断丰富"小领袖"素养的实践渠道和途径。

(三)严格把控校外课程的教育教学科学性

在引进校外课程的同时,我们关注校外课程的培养方式,育人手段,课程内容等情况,力求保证课程的科学性以及符合我校的育人理念。

六、教学模式

(一) 基于体验式学习的教学模式

体验性学习在早期中西方教育领域都有迹可循。杜威提出经验学习,认为经验是最好的学习启蒙者。陶行知提出生命教育理论,认为生活即教育,鼓励教学做合一,这都是体验式学习的重要表征。体验是体验性学习的方法维度[①],也是近年来课程教学改革尤为关注的重要领域。体验式学习是我校一直探索的课改方向,学习体验是指处于一定的学习情景中的学习者对学习过程和学习环境的整体感知和认识,其主要特征表现为主体性、实践性和情感性。它反映了学生"爱不爱学"的基本问题,即有没有积极的学习体验。任何一种体验都与周围环境和交互对象有密切关系,体验的好坏会以一种直观的印象在学习者脑海中形成一种潜在认知,当学习者经历某种相似的情景时,很容易激发出这种印象进而左右学习者的学习选择和学习质量。体验式学习能够有效地激发学生的学习热情,让学习真实地发生。

在教学过程中,教师通过情景设置,激发兴趣,通过任务驱动学生主动探究解决问题的路径,在小组合作中,互帮互助,集众人的智慧完成任务,展示作品,相互交流。基于体验式学习的教学模式是小领袖特色课程实施的重要手段。

(二) 项目化学习模式

社会的发展使人类生活面临愈来愈多的复杂问题,不断重塑着教育的样态,也给人才培养提出了新的要求,培养具有知识迁移和解决实际问题综合能力的学习者成为一种重要的目标导向。项目化学习模式(project-based learning, PBL)作为一种指向问题解决能力的新兴学习方式,通过对蕴含核心概念驱动性问题的持续探究,引发学生对真实复杂问题的思考和解决,形成公开可视化的成果,实现跨情境的知识迁移,切实培养学生对现实复杂问题的解决能力,在当下的课程教学和人才培养变革中越来越受到重视。项目化学习的思想源头,可以追溯至杜威的"从做中学"的经验学习。而后,其弟子克伯屈首次提出"设计教学法",并通过设计教学法实践了项目学习。早期的项目化学习主要通过一个一个的项目来学习如何做事,自 20 世纪 90 年代开始,项目化学习这个概念逐步进入国内学者的视野,国内外学者就项目化学习的概念、模式等展开研讨,使项目化学习的研究得到更快的发展。

项目化学习是一种不同于以往的以知识、学科等为核心依据与载体的学习方式,其所秉持的核心理念是:学生的学习在经历和解决真实世界的问题中最容易发生[②],要通

① 蔡苏瑜,吴洁. 体验性学习的价值意蕴、生成可能与实施策略[J]. 中学政治教学参考,2022(38):37 - 39.
② 夏雪梅. 项目化学习:连接儿童学习的当下与未来[J]. 人民教育,2017(23):58 - 61.

过项目的方式引导学生学会知识的融会贯通和综合运用,更好地关联学生的学习和生活世界,帮助学生建构真正适应未来社会生活的实践能力、探究能力和综合素养。由此,项目化学习本质上是指通过实际项目来促进学生的学习和发展。在"小领袖"课程的推进中,我们根据课程的灵活性、主题性等特征,积极开展项目化学习的探索,既有学科项目化学习,也有跨学科的项目化学习。在项目化学习中,学生的团队意识、解决问题的能力能够得到有效的提升。学生的小领袖素养在项目化学习的过程中,也得到了有效的提升(见表7-2)。

表7-2 小领袖主题班会活动评价表

上课老师:_____ 年级:_____ 班级:_____ 评价人:_____ 时间_____年_____月_____日(星期_____第_____节		
主题		
形式		
1. 主题 (20分)	课堂主题鲜明,重点突出,整个课堂自始至终均能围绕主题展开。	得分
2. 内容 (20分)	课堂内容能针对本班学生存在的实际问题设计展开,具有较强的针对性和实效性。内容具体而不空洞,能用学生易于接受的事例说明问题,言之有物,贴近生活。且以生活体验方式,旨在提升学生的小领袖素养。	得分
3. 形式 (30分)	课堂活动形式新颖多样,切合主题;设计合理,运作完整,时间把握得恰当。教师在课堂中发挥主导作用,学生在课堂中发挥主体作用,如果无教师的主导作用,把课堂变成单纯的班级活动则该项得分不得超过50%。	得分
4. 氛围 (20分)	课堂能调动全体学生参与的积极性,师生互动,气氛热烈,能深入学生内心,达到教育全班学生的目的,富有实效。	得分
5. 方案 (10分)	课堂设计方案清晰、合理、详细,能体现生活指导性。	得分
描述性评价 及改进意见		

(三) 社团活动

社团活动是课程开展的一种重要方式,在社团活动中,学生的主体意识得到充分的尊重,以能力提升为主要目的,学生的小领袖素养得以最大化的提升。比如,在口才与演讲课程中,学生通过实践这一直接的形式形成演讲的技能。

例如,《口才与演讲》课程教学方法与教学形式设计如下:

(1) 通过基本文字教材的准确叙述和音像教材深入浅出的讲解,使学生对演讲与口才的基本理论和方法有一个基本的了解,并能将这些理论和方法熟练地运用到实践中。

（2）文字教材案例重点突出、通俗易懂；音像教材形象、生动。

（3）收看录像课之前，要求学生必须进行必要的文字教材的预习，课后布置必要的思考题或作业，督促学生参加社会实践，将掌握的理论知识运用到实践中。

（4）汇报表演是实践教学过程的重要一环。按照学校实际情况编导合适的语言艺术类表演节目，并在教学中进行训练及合排。

教学要求的层次：

在教学实施过程及期末考核时，按"了解、实践、重点掌握"三个层次要求。"了解"即要求对语言艺术类一般知识进行学习。"实践"就是对所学理论知识有一定的训练实践过程。"重点掌握"即要求清楚、全面、准确地掌握有关内容并能够自我运用（见表 7-3）。

表 7-3　小领袖社团活动评价表

评价维度	评价内容	评价标准	评价等第
学习兴趣	探究兴趣	A——有充分的信心，能主动思考，积极完成学习任务。 B——有信心，能努力思考，尝试完成学习任务。 C——缺乏信心，马马虎虎完成任务。 D——放弃思考，不完成学习任务。	自评： 师评：
学习习惯	合作习惯	A——积极参与，主动协调大家一起完成合作任务。 B——能在其他成员的带领下，较好地完成合作任务。 C——在组内成员的要求下，勉强完成合作任务。 D——不愿与组内成员合作，不完成合作任务。	互评：
学习习惯	交流习惯	A——能有针对性地、清晰地运用相关数学语言表达，并能认真倾听他人的表达。 B——能进行适当的解释，但语言不够规范，别人的表达能听明白。 C——试图解释，但表达不连贯、不完整，别人的表达听得不是特别明白。 D——不表达或答非所问，也不听别人的表达。	互评：
学业成果	方法应用	A——能运用 2 种以上辅助工具有条理地进行分析，无遗漏、无重复地枚举出所有能拼成的数。 B——能运用 1 种辅助工具有条理地进行分析，无遗漏、无重复地枚举出所有能拼成的数。 C——能运用辅助工具，但条理不够清晰，能枚举出大部分可以拼成的数。 D——不会运用辅助工具，无从下手。	互评： 师评：
老师的话：			

七、课程评价

（一）评价总体原则

科学性：对课程的评价要运用科学数据分析的方法，提升评价效度和信度。

操作性：各课评价方法要简单可行，确保切实可行可操作，并利于课程积极改进。

主体性：注重考查课程提高学生综合素养水平和创新意识、创新能力。

参与性：注重评价学生对体验课程的参与度，作为评优推优的参考依据之一。

全面性：评价教师课程目标的实施情况，也要评价学生能力水平及教材的编写质量。

（二）学生学习评价

评价维度主要是四看：

一看参与表现：态度、参与度等；

二看学习的效果：操作熟练度、表演情形、作品鉴定、竞赛等第、汇报演出等实效；

三看学习潜能：孩子发展的后续力；

四看创造性：是否具备独立思考及解决问题的能力，特别是创造力。

评价工具：引进质量分析系统，对学业成绩全方位数据化分析。

在评价过程中，合理创新运用《学生成长记录手册》，以促进学生学习兴趣的提高、学习质量的提升。

建立家、教师、同伴、自评的四级评价结构。

组织各类活动、展览、竞赛等中展示形式，为全面评价搭建平台。

对三类课程采取差异化的评价设计——

【基础型课程评价】

评价的主体：各学科教师

评价的对象：学生

评价的内容：各学科的学习内容

评价的形式：各阶段的各种考查、日常作业、练习反馈等情况。

进一步完善学校对综合学科的调研制度，关注对学生的全面评价。

充分利用并规范学生《成长记录册》《学科课堂评价表》《准备期综合活动评价》的使用，对学生做出科学合理的评价，并不断地加以完善。

【拓展型课程的评价】

评价的主体：任课教师

评价的对象：学生

评价的内容：参与的兴趣、积极性、学习的态度等。

评价的形式:作品展示、学习体会(收获)、汇报演出、艺术节、英语周、古诗吟诵等。

评价的重点:学生非智力因素、情感态度,结果等第评价呈现。

结合学生成长手册中自评、互评、师评,将考核结果填写在学生成长记录册中。

【探究型课程的评价】

自评:让学生自我评价自己在探究活动中的得失,从学生主体性的体现、参与的程度和态度、体验感悟的深度与广度、相互协作的情况以及资料收集整理情况、探究活动的成果等方面进行评价。

互评:通过学生之间相互评价,团队合作精神得到培养,相互尊重得到发扬。

(三)教师教学评价

主要是六看——

一看参加体验式课程人数;

二看学生喜爱体验式课程程度;

三看课后学生、家长、教师对课程的评价;

四看问卷调查的数据结果;

五看教师课程的设计方案;

六看课程是否利于教师自身专业的发展。

体验式课程评价主要采用发展性评价。体验式品质课程的建设,需要增强文化积淀,提升学校、教师、学生的文化品位;需要大胆突破各种局限性,引导学生在体验式学习中,吸取精华,把握技能,充实底蕴,陶冶情操,成为未来社会需要的人(见表7-4)。

表7-4　上海市民办桃李园实验学校教学评价表

项目	评价要素	要素描述	分值	等第	得分
教学设计(30)	目标确定	基于课标、学情,具有科学性; 体现三维目标,具有全面性; 表述准确规范,具有可观测性。	9—10	好	
			7—8	较好	
			6—7	一般	
	资源整合	合理选择教学资源,实现优化组合, 形成具有系统性和研究性的课时教学内容。	9—10	好	
			7—8	较好	
			6—7	一般	
	问题设计	将教学内容转化为研究的问题; 问题品质高,具有目标性、挑战性、递进性和发散性。	9—10	好	
			7—8	较好	
			6—7	一般	

（续表）

项目	评价要素	要素描述	分值	等第	得分
教学过程（50）	问题解决	问题情境适切,学生活动充分,参与面广,以自主研究的形式解决问题,主体地位突出;教师引导得当、评价适切,发挥了教师的主导作用。	27—30	好	
			21—26	较好	
			18—20	一般	
	课堂氛围	课堂氛围民主,师生、生生关系和谐,形成多向互动,学生思维活跃,敢于质疑,勇于发表自己的见解。	9—10	好	
			7—8	较好	
			6—7	一般	
	方法手段	能根据教学需要,将不同教学方法优化组合,将传统的教学手段与现代信息技术相结合,实效性好。	9—10	好	
			7—8	较好	
			6—7	一般	
教学效果（20）	目标达成	通过本节课,学生获得了良好的学习、探究体验,知识技能、问题意识、探究能力和创新素养得到了发展,三维目标达成度高。	18—20	好	
			14—17	较好	
			12—13	一般	
总体评价			90—100	好	
			70—89	较好	
			60—69	一般	

摘星少年,桃李行

——桃李学子"从简凡开始 为卓越努力"活动方案

一、指导思想

为提升学生核心素养,营造卓越文化,追求资优品质,学校将以"摘星少年,桃李行"活动为载体,进一步培养学生成为一个全面发展的未来公民。

二、活动目的

学校将秉承"养德励志"的校训,结合"桃李六艺"倡导的培养目标,通过争优、评优、追优、学优诸环节,让莘莘学子在桃李园实验学校,通过老师的引导,逐渐养成自我管理、自主管理的良好行为习惯。真正做到:学有榜样、追有目标! 学会从简凡开始,为卓越努力! 进一步探索更适合培养及评价的学生新方法。

三、活动对象

全体在校中学生。

四、活动过程

（一）第一阶段：各班依据评选标准初选，进行申报

奖项设置：

自我管理：尚德星、智学星、行健星、笃志星

自主管理：管理星

综合：卓越星（即优秀学生）（高一个阶梯）

评星标准：

凡报名摘星者，须遵纪守法，自尊自信，学习勤奋，态度端正，有自我管理能力，并积极参与各种社会实践活动，综合素质良好。（若有违反诚信公约的行为则一票否决）

1. 尚德星

要求：爱国守法，明礼诚信。举止文雅端庄，宽和待人；孝亲敬长，懂得感恩。

（无论在学校、社区、家庭都注重礼仪，言谈举止得体。尊老爱幼，品行纯良，富有爱心，与同学相处和睦，能在班中起到正面影响，带动积极的班级风气；是非观念强，勇于批评，制止不良行为者。）

摘星通道：在达标的基础上，根据积点的分数，每年度每年级评选10名。

达标要求：没有违反桃李园实验学校学生行为规范细则的行为。

积点要求：

① 道德某一方面有突出表现，如做好人好事、愿意主动为集体出力、敢于制止不良行为等。

② 积极参加各类志愿者活动，受到表扬、表彰，或被报道过的学生。

③ 代表学校参加市、区各项德育相关活动。

2. 智学星

要求：静心学书，传承文明、研道数理，格物创新；

（认真对待所有学科，在学习上有自己的规划，平时能积极帮助学习有困难的同学。课堂上思维活跃，认真听讲并有独到见解，有问题积极主动请教老师或同学，作业独立完成且方法多样，思路简洁；有钻研精神，学习成绩优异，在某些学科有突出特长。）

摘星通道：在达标卡的基础上，根据积点卡数量，每学年每年级评选10名。

达标要求：所有学科（除体、艺、科、卫）上课认真，作业保质保量完成，成绩良好。（任课老师根据平时上课情况，成绩以及班级日志的记录情况综合评价）；

积点要求：

① 获校奖学金或在校级学科类竞赛中获三等奖以上。

② 在区级以上各类学科竞赛中获奖（仅限教研室或青少年活动中心组织的比赛）；如果获区一等奖以上可获 2 个积点。

3. 行健星

要求：以乐怡情，美育树人、强身健体，锤炼意志

（积极参与班级、学校、社区活动，在各项活动中起到带头作用，并有专项特长，愿意为班级、学校争光。）

摘星通道：在达标卡的基础上，根据积点卡数量，每学年每年级评选 10 名。

达标要求：重视综合技能发展（体、艺、科、卫），上课认真，按时保质完成老师布置的任务，成绩良好，并积极认真参加各项活动。

积点要求：

① 在校级的各项活动中获得奖项者。

② 积极参与区级以上（体、艺、科、卫）各项活动与比赛，有特长的同学能一展所长，为自己、班级和学校增添荣誉，获三等奖/铜奖以上者。（仅限教育局和青少年活动中心组织的各项比赛）

备注：若有其他未尽项目，由校体艺科卫部联合校学生发展部主要成员进行商定，按学生实际的表现进行加星。

4. 笃志星

要求：有理想有目标，有实际行动，并有朝着目标不断前进，百折不挠的精神；

摘星通道：有突出表现者由班主任推荐，经学生发展部讨论审核后颁发。

达标要求：所有学科（除体、艺、科、卫）上课认真，作业保质保量完成，成绩良好。

积点卡：与自己的过去相比有明显进步，或有突出表现者；根据 2022 年 7 月至今的成绩进行比较，由班主任推荐，经学生发展部讨论审核后颁发。

5. 管理星

要求：明确方向，发掘潜质，培养能力，合作互助，勇于担当。

（有团队合作精神，乐于奉献，有较强的组织能力，积极协作班主任管理班级，积极参与学校工作，在班中有一定的威信者。）

摘星通道：由班主任推荐，根据积点卡的多少，每年度每年级评选 10 名，学生发展部根据工作态度有一票否决权。

达标要求：对各自的工作职责认真负责，并及时完成班级、学校布置的任务。

积点要求：

（1）服务班级。

① 在组织例行班级活动中（如班会等），有较强组织和协调能力，活动内容丰富，

准备工作到位,总结性资料认真清晰,有创新意识,借鉴性强,得到班主任老师和同学的一致好评。

② 积极完成班级布置的任务(黑板报设计、卫生大扫除等),有执行力,勤恳踏实,高质高效完成任务,所在班级(个人)得到我校发展部等其他部门表扬或肯定的。

(2)服务学校。

① 认真参与校行规督查员工作,不徇私舞弊,率先垂范。工作中有热情,公平公正,公信力高,在一学期末能对所负责的工作内容提出有效的改进意见,并得到校发展部采纳的。

② 主动参与校内学生志愿者活动,服从安排,发现问题后能积极寻求解决方案,整个活动中,得到服务对象部门的教职员工点名表扬的。

③ 在开展校主题教育活动中(换领巾仪式、少代会、六一、国旗下讲话等),有执行力,对仪式方案或活动过程中能给予个人建设性意见并被校大队部采纳,如少代会提案有代表性、保质保量。

(3)参与校外活动。

① 能提供或利用身边资源,并主动号召身边队员参与,肯花心思,成功组织开展一次校外志愿者服务活动或小队活动。

② 热情参与校外各类志愿者服务活动,有时间观念,活动过程中有团队合作精神。

(4)备注:若有其他未尽项目,由校大队部联合校学生发展部主要成员进行商定,按学生实际的表现进行加星。

6. 卓越星

要求:自觉遵守《桃李园学生管理手册》,品德等第分优秀、学习成绩年级前60名(六年级综合第一学期的期中期末;七、八、九年级综合两个学期的期中期末)、在体育、才艺或劳动方面有突出表现者。每年度每年级评选10名。

(补充说明:在上述范围内的学生,根据其获得其他星的多少确定先后名次,若所获其他星数相等,则根据难度系数累计得分确定先后名次:管理星5颗星、智学星4颗星、行健、尚德3颗星、笃志2颗星;如果难度系数也相同,则根据难度系数顺序决定最终人选)

注:上述方案中未经说明的表示1个积点。

(二)第二阶段:评选过程

(1)学生发展部、班主任中心组成员及家长代表组成的"评星小组"对上交材料进行审核打分。

（2）最后由校"评星小组"讨论后确定获奖名单，将评选结果公示在校内外宣传栏、学校 APP、学校微信公众号三天后，公布评选结果。

（三）第三阶段：表彰总结

（1）所有桃李星将在六一进行表彰。

（2）每年卓越星将作为学校形象大使。

第三节　学校"小领袖"培养的成效反思

一、学校"小领袖"培养的成效

从 2020 年课题立项至今，经过了三年多时间，无数次线上、线下的研讨，一次次修改、一次次重来，在专家的引领下，我们的研究方法更加科学和规范，我们的研究思路不断地深化。在小领袖平台的建设过程中，我们不断与合作公司的负责团队交流，细化每一个目标，调整语言的描述，第一次的测评在线上开展，中期报告也在线上开展。一路走来经历了很多的困难，但课题完成的过程带给我们的是成长、是收获。当然，在本次研究中我们还有困惑，这将成为我们继续研究的动力。

首先，小领袖平台完成测试，投入全校范围的测评。经过课题组和合作团队的共同努力，小领袖平台完成了两次测试，两次测评的数据具有一定的代表性和说明性，为小领袖素养研究提供了数据支持。小领袖平台完成试用，网站模型建设完成，即将投入使用。为我们的后续研究提供了坚实的基础。

其次，小领袖课程体系初具规模，深受好评，成绩可喜。小领袖课程体系日趋完善，特色课程深受学生的喜爱，马术、棒球、足球的开展，弥补了学校体育项目的空白，也通过国际化的运动项目为学生开拓国际视野，培养团队合作精神。科技课程、艺术课程硕果累累，在各项比赛中都收获颇丰。

更为难能可贵的是，对于"小领袖"培养的课题研究整体带动了教师对于培养新时代"小领袖"，落实核心素养和立德树人的主动思考，老师们能够主动结合自身的学科教学、班主任工作、社团活动等思考"小领袖"的有效培养之道，探索、积累形成了很多有特色的思考和行动。吕凌云老师撰写的《"小领袖"素养视野下的学生自主管理实践》就是很好的代表。

"小领袖"素养视野下的学生自主管理实践

魏书生曾说过:宇宙空间并不开阔,但数千万星体,却照样井然有序地运转着,这不是对人的启示吗?班级管理能否也像宇宙空间的星体一样井然有序地运转呢?对于小学高年级而言,我认为可以放手尝试一番。作为一名小学四年级的班主任,班级管理这个词已不再那么陌生,一年级时的手手相传,二年级时的事必躬亲,三年级时的收放自如,让我在四年级的班级管理中多了几分自信,大胆尝试学生自主管理。

还记得我读大学时就看到的一句话:人生最幸福的职业就是你现在所从事的正是你喜爱的职业。当时觉得自己就是那个幸福的人,教书育人的想法早已在我的心中生根发芽。但是当我走上教育岗位时,每日疲于应对的各项教育教学任务,使我渐渐把那初心丢到天外了!担任班主任之后,曾有段时间更是经常挣扎在追求什么的思考上,想做些什么,却又瞻前顾后,最终在李镇西老师的书中我找到了答案,也让我重拾初心,决定向着我的追求前行!他说:教育不仅仅是"分数",它应该有现实的一面,更应该有理想的一面;它应该面对学生今天的需要,更应想到学生明天和未来的发展;它应该给学生以知识,更应该着眼于学生丰富而健全的人格培养。因此,班级管理的变革应先从我自己开始,当我找到我的教育追求,所有遇到的问题,都可以找到正确的解决途径。在让学生实现自我管理的过程中,我首先要学习做一名彼得·德鲁克所说的卓有成效的管理者,我查阅资料,阅读书籍,不断学习,并将学习到的管理策略进行加工、整理,应用到班级管理当中,渐渐地,我的内心不再那么慌张、焦虑,因为我知道"不忘初心,方得始终"。

一、不做自负"诸葛亮",物色高能"臭皮匠"

三国时期的大谋略家诸葛亮在十余年的时间里,集军政大权于一身,独担重任,积劳成疾,如果孔明懂得下放权力,凭借他的智商和学识,或许历史会重写。

1. 物色班级的 CEO

班级 CEO 就是一班之长,他是班级的领头羊,对他的选择绝不能单单只看学习成绩,因为他的方方面面会直接影响班级的建设。例如,他处理与同学之间关系的能力,他对待事情的态度以及人生观、价值观,作为一班之长,肯定是班级同学的榜样。榜样的力量非常大,同学们会效仿他处理问题的方式方法。如果班长没有选拔好,整个班级就会缺少了一股核心的凝聚力。

我班的小皮同学就是值得我和同学们完全信赖的 CEO,小皮不仅仅学习成绩优秀,而且对待学习一丝不苟的态度深深地为大家所折服。其次,小皮非常愿意为班级贡献自己的力量,选她做班长以来,她对班级事务非常负责。再次,她能够很好地处理、协调同学之间的矛盾，以及在管理过程中能够让大家自觉服从她的管理。因此，在班级选举之后，她自然而然成为我们班级的CEO。

当然，在小皮管理期间，也并不是那么一帆风顺，有时遇事她也不知道该如何处理，有时她的处理也并不是最恰当，有时她自己也会做错事。但正是这些恰恰锻炼了她的能力，让她在实践中成长起来。而我只要做一个"事后诸葛亮"，及时跟她沟通反馈工作中存在的问题以及怎么处理更好即可。

2. 打造一流的"班干部团队"

除了班长之外，优秀的班干部团队也是学生自主管理的重要组成部分。我根据每个班干部的特质，给他们分配各自的班级管理职责，比如学习委员负责早上晨读、课前领读以及监督同学们及时完成课堂作业。小凯是我们班的学习委员，他学习轻松，擅长组织全班齐读，每次在他的带领下班级很快能够齐读起来，那么他当学习委员当之无愧。而体育委员负责每次的出操、放学的整队，小悠是我们班的体育委员，她管理风格泼辣，整队的工作最适合她，有她及时监督班级整队时的纪律，我能乐得清闲。劳动委员则负责提醒监督检查每组的值日情况，小希是我们班的劳动委员，她心思细腻，每次都能及时提醒和监督好值日生打扫卫生；宣传委员负责黑板报以及学习园地的布置工作，小月是我们班的宣传委员，她的画画、书法一流，同时能够很快找到搭档的同学，帮助她共同完成班级文化环境的布置等。

通过分析、计算，我将学生在校时需要做的事情的组织、监督和检查的工作，全部下放给班干部。

在这个团队里，大家各司其职，在有人有事脱不开身时，我会告诉他们及时安排其他班干部顶替上来，从而保证各项工作的顺利进行。所以，班级里从来不会因为我在或不在而出现太大的反差。

3. 定期反馈查问题

在确定了班干部之后，举行了一次班干部就职宣誓，明确班干部职责，同时告诉他们：自己首先要以身作则，管理同学才能让大家心服口服。此外，要求他们定期召开班干部会议，反馈每周工作中的优点与不足，提出解决方案，反馈每周班级中发生的事情，提出解决方案，开会时及时录音，我再听录音并反馈给他们每次开会时存在的问题及改进措施。有了这群优秀的"臭皮匠"，我才有了更多的时间和精力去策划其他的班级事务。

二、制定激励机制，锻炼学生自我管理能力

有了班长和班干部们的管理，并非完全实现学生的自主管理。班干部的管理是外在力量的管理，如果每一个学生自己都能具备优秀的自我管理能力，那么，班集体才犹如一股磁力般,井然有序,牢牢地凝集在一起。

1. 小队式自主管理促互助

每个月我们班都会划分一次合作小队,5人一队,共分为7个小队。按照全班同学共同制定的班规,各小队同学在品德、行规及学习方面进行竞赛,每月评比一次,最后胜出的小队将获得和喜爱的老师、伙伴合影的机会,并给予学习用品等物质奖励。在这一机制的激励下,同学们都能积极完成自己的任务并积极帮助同组的其他同学共同进步,在品德、行规及学习方面都取得了不小的进步。

2. 设立每日进取目标栏

每天一早让学生思考今天要完成哪些目标,以及之前没有完成的或受到批评的方面而想要改进的地方,将其列成表格,并写上一句鼓励或提醒自己的警句,置于桌面一角,每完成一项打一个勾,当中如有补充,及时写下来,从而激励自己,如果自己自觉地完成了各项任务,可以领取自我奖励。

3. 意志力训练显神威

每个学生做事时出现拖拉、打闹、撒谎等问题时,他们往往并没有意识到这些是问题。有些事他们觉得好玩,可能就做了;有时注意力不集中,就拖拉了。而意志力的训练恰恰是帮助学生意识到自己的这些问题,并通过训练来改变自己的做事方式。如在完成作业时注意力不集中,会要求学生起立,闭眼在心里默默地说几遍"我要集中注意力,我能行的!"然后再写作业。还会利用班会课时间小组交流平时战胜自己的例子来鼓励自己。对于老师和同学发现有进步大的同学,则马上在班级里给予表扬。我也会告诉学生:只要你在努力地去克服自己的不足,想办法战胜自己,你就是最棒的!因为在这个过程中,你努力了,无论结果如何,都问心无愧。然后,在各项日常活动中,对于观察到的主动把自己该做好的事情而去做好的学生,会及时表扬、奖励,并在学生备忘录上给他们留言,鼓励他们继续努力。

每个孩子能力有高低,成绩有好坏,习惯也有差异,这些都是正常的。但是没有哪个孩子是不希望自己越来越好的。所以,我努力让自己多去观察孩子们,走近他们,了解他们,多去发现孩子们努力的地方,抓住每一个他们努力过程中的闪光之处,无论他们成绩如何,都要让他们明白:努力的过程比结果更重要。只要努力了,就能自信、勇敢地走向未来!

三、巧用班会课,广开学生言路

班会课是一个师生交流讨论的平台,在班会课上把班级管理中存在的问题与学生共同探讨,让学生一起参与班级管理和班级建设,这不仅可以让学生更加热爱班集体,培养主人翁精神,而且能够让学生找到自我在班级中的存在感和价值感。

记得有一次开展了"我为班级服务"的主题班会,以值日小组为单位,小组讨论在值日过程中除了常规劳动卫生打扫工作,我们还可以为班级做些什么。各值日小组的成员聚集在一起,大家共同讨论商量,想到了许多好点子。例如,有的值日小组想到要将玻璃上贴了几年的庆元旦贴纸清理干净,有的小组则想到把墙壁上的脚印、涂鸦清理干净,有的小组甚至想到把教室的电脑系统重装一下,大家想到了许多老师都没有想到的好点子。

说干就干,接下来在每天的值日中,同学们根据自己小组提出的问题去一一解决。玻璃上的贴纸由于时间久了很难清理,同学们却没有叫一声苦、喊一声累,想办法、找工具,用了不少时间才终于清理干净;垃圾桶旁边贴上亲手写的提醒垃圾入桶的标识牌等好想法,都得以实现。在大家的努力下,教室环境更加干净、整洁了,同学们的心也更齐了!

此外,还组织开展了以中队委员为中心的部门活动策划主题班会,把班级学生分为生活部、学习部、体育部、劳动部等七个部门,每个学生都可以选择其中一个部门加入。班会课上各部门成员聚集在一起,共同交流讨论本部门的工作,同学们积极参与,想出了许多班级建设的好点子。如生活部门的同学提出在每位同学生日的时候为他送上一份小小的生日礼物,为他一起唱生日歌;学习部的同学举办学习经验分享会,教给大家一些好的学习方法;文宣部的同学负责红领巾广播的策划和黑板报的编辑制作等等。

事实上,班会不能上成班主任的"一言堂",只有让每个学生都参与交流讨论,让每个学生都有机会表达自己的想法,学生才更能感受到自己在班级中存在的价值,而为班级服务的种子也潜移默化地在他们的心中生根发芽。

班级不是班主任一个人的,它更是班级里的每一位学生的,它就像学生在学校的一个家,每一位同学就是这个大家庭的家庭成员,而让每一位家庭成员都能够在这个大家庭中发光发热,才能让这个大家庭更加有活力、更加团结。

班级管理是一种艺术,更是一种人文关怀,人们总说管理是冰冷的、无感情可言的,但是当我们面对的是一群尚未完全建立起"三观"和形成完整人格的孩子而言,他们需要的恰恰是我们的爱!他们通过教师、班主任来了解自己,了解他人,了解这个世界。我们的一言一行无不影响他们内心的成长,只有充满真情热爱的班级管理,才能让孩子们健康地成长,同样他们也会以真情去爱他的家人、他的祖国,乃至大自然。

二、学校"小领袖"培养的困惑

小领袖素养的提升是一个长期的过程,在这个过程中,我们对测评结果的阐释要起到引领素养提升的作用,这是我们需要进一步思考和研究的内容。

小领袖课程体系虽然已经建成,但是社会发展日新月异,培养社会发展所需要的小领袖,我们的课程也需要不断更新,在已有的基础上,进行融合和创新是必经之路。

三、学校"小领袖"培养的展望

一方面,要充分利用"小领袖"平台助力学生发展。要思考如何利用好小领袖平台,助力学生的发展,提升小领袖素养,根据我校学生的学情和时代发展以及可利用资源,为学生提供更优质的教育;另一方面,要努力推动"小领袖"校本课程特色化、系列化。小领袖校本课程应形成系列教材,根据已有的实践研究,有效建设课程群,开发具有校本特色的教材,对现有的课程进行优化组合。与国家课程倡导的实施方式保持一致,并形成自己的特色。在评价方式更加多元化、形成化、真实化。

整体而言,学校利用"小领袖"人才培养的独特设计,将核心素养的共性要求与学校个性化的人才培养有效关联,不仅提供了核心素养落地的平台,而且打造了学校在人才培养当中的特色品牌。同时,学校以"小领袖"的培养为抓手,整体设计和撬动学校课程教学改革,为学校内涵发展和品质提升注入新的动力。这不仅是核心素养导向的人才培养在实践当中应该具备的良好品性,也是学校层面促进核心素养落地应有的创造和建构。

第八章 延 伸

——深度学习课堂持续变革的多维保障

时代是思想的风向标,指引着行动的实现路径。新时代势必孕育出新思想与新思维,推动制度、理论与文化创新的步伐[1]。对于教育改革发展而言,新时代教育发展蕴含着新的价值理念和新的行动诉求,其中推动教育高质量发展,打造"公平而有质量"的、人民满意的教育是核心问题。

就本书的撰写而言,我们围绕核心素养导向的深度学习课堂的建构开展了一系列理论思考、问题诊断和实践路径探索,从相关的数据统计和师生的现实表现可以看到,这种探索是有丰富实效性的,在理论研究和实践变革的双重领域均体现了其应有的价值,从短期看,这种校本层面的行动研究已经取得了预期的成效。

但是也应该认识到,每一个教育学概念都承载着不同的意识形态、学术思想、研究理念和方法[2],都与其背后的文化、理念、价值观相联系。"改革"作为一个重要的教育学概念,也应该得到与时俱进的审视,得到在教育具体场景中的理解和建构。作为学校管理者,特别应该认识到,教育改革不单纯是一个教育问题,更是一个广泛的社会问题[3]。教育系统内部各元素之间是一种复杂的动态的关联关系,这意味着要更深层次地推动课堂教学改革,以课堂教学质量的提升推动教育整体质量的提升,必然要有一种复杂性的系统思维。"系统思维乃是有意识地运用了'系统'一词中所把握的这种特殊的整体性概念以整理我们的思想"[4],它有助于我们整体把握事物之间的关联性,把握对象的整体性,推动思维成果系统化[5],进而更好地理解事物发展的本质规律,寻找解决问题的合

① 高宏.新时代教育发展的新路向与新作为[J].内蒙古社会科学(汉文版),2018,39(2):179-183.

② 谭维智.教育学核心概念的嬗变与重构:基于新时代中国特色教育学话语体系建构的思考[J].教育研究,2018,39(11):25-33,60.

③ 蒲蕊.中国教育改革:复杂性、系统性与科学性[J].教育科学研究,2014(10):33-37.

④ 切克兰德 P.系统论的思想与实践[M].左晓斯,史然,译.北京:华夏出版社,1990:3-4.

⑤ 苗东升.系统思维与复杂性研究[J].系统辩证学学报,2004(1):1-5,29.

理办法。对于深度学习的课堂变革而言,运用复杂性、系统性思维关照这一问题,重要的是要认识课堂教学变革与学校其他领域变革之间的内在逻辑关系,把握其复杂的关系样态,并在此基础上建构深度学习课堂持续变革的多维度保障。其中,关键的是凸显党建对教育事业的引领,凸显教师在教育改革当中的主体性价值,凸显学校整体规划对学校局部变革的引领和保障作用。

第一节 以新时代党建为引领

近年来,习近平总书记围绕新时代党的建设问题发表了一系列重要讲话和论述,提出了许多重大论断和命题[①],推动全面从严治党不断向基层组织延伸,切实提升了党的思想力、组织力、引领力,党的建设工作迎来了新时代。教育的改革发展关系到国家和中华民族的未来,也关系到党的事业发展后继有人的关键问题[②]。习近平总书记在全国教育大会上明确提出,"加强党对教育工作的全面领导,是办好教育的根本保证"。只有将党建工作与学校发展紧密关联,才能更好地保障学校的办学方向,更好地践行立德树人根本任务,更有效地回答教育"培养什么人、怎样培养人、为谁培养人"的时代之问。

一、深刻把握新时代中小学校党建的重要价值

近年来,随着《关于加强中小学校党的建设工作的意见》《关于建立中小学校党组织领导的校长负责制的意见(试行)》等重要政策文件的制定出台,中小学校党组织建设成为党的建设和教育改革发展共同关注的重要问题。加强中小学校党的建设工作,有助于将学校打造成为党的坚强的领导阵地,有助于把握学校正确的发展方向,有助于提高教师队伍的思想政治水平[③],有助于提高学校的办学质量,具有重要的意义。

进入新时代,党和国家对中小学校坚持社会主义办学方向,落实"立德树人"根本任务,培养德智体美劳全面发展的社会主义建设者和接班人有了更高的要求,这些任务、要求实现的关键在于坚持党对教育工作的全面领导。民办学校党建工作是党的建设体系中不可或缺的一部分,也是比较重要和特殊的。其重要性和特殊性源于民办教育自

① 陈松友,汤克敌.习近平党建思想的新时代要义[J].东北大学学报(社会科学版),2018,20(3):305-309.
② 陈如平.建设教育强国的鸿篇巨制:对习近平在全国教育大会讲话的全面解读[J].中小学管理,2018(10):7-9.
③ 陈利芳,晁义.新时代中小学党建工作的价值、困境与优化路径[J].宁波教育学院学报,2023,25(3):129-132.

身的体制属性,及其发展时间较短、相对还不太成熟的现状。这就决定了民办学校的党建工作既具尚处于发展完善进程中的特征,又有不断加强、上升的发展空间。在笔者看来,民办学校的党建工作不仅具有中小学校党建工作的共性,而且具有民办学校的特性。不断加强党组织的自身建设,加强党员队伍建设,提高学校党组织的政治领导力,思想引领力,是学校各项事业发展的重要保障。对于课堂教学改革而言,其整体要服务于立德树人的根本任务,服务于教育"培养什么人、怎样培养人、为谁培养人"的时代之问,更要遵循正确的发展方向,因此有必要通过学校党建工作的持续加强,发挥党建工作对课程教学改革的综合引领、保障和服务作用。

二、完善党建引领学校发展的工作机制

加强学校党建工作是一项系统工程,要充分发挥党建工作对学校各项事业发展的引领、支持、保障功能,就要将党建工作与学校其他领域的相关工作深度融合,通过不同维度的完整的工作机制的建构,形成党建引领学校高质量发展的理想格局。这既是课程教学改革持续深入的重要的外部保障,也是加强和改进新时代学校党建工作的重大意义。

(一)建构以立德树人为目标的党建与课程教学融合机制

新时代中小学校党的建设质量的检验标准最终要看是否有利于落实立德树人根本任务,是否有利于培养担当民族复兴大任的时代新人,是否有利于培养德智体美劳全面发展的社会主义建设者和接班人。这意味着,尽管在具体的教育教学组织样态和党建工作实施方式上,民办学校可能与其他学校有一定差异,但是在核心的价值指向上,民办学校党组织同样始终沿着正确的政治方向,全面践行党的教育方针和重大决策部署,将"立德树人"作为核心环节,将党的先进性和纯洁性建设、党的政治建设、思想建设、组织建设、作风建设、纪律建设和制度建设的要求落实到教育教学实践的全过程中,发挥党建工作在培育时代新人中的作用,以培育时代新人的实际成效检验学校党建工作的质量和水平。要实现党建工作"立德树人"的价值导向,核心任务是建构党建工作融入学校课程教学的有效实践机制,通过推动党的最新理论思想进课堂,探索不同学科、课程的思政教育融合体系,健全"三全育人"理念,通过深度挖掘传统文化的育人价值、切实提升师生的思想政治修养等方式,探索"党建+课程""党建+教学""党建+育人"等丰富的实践载体,让党建深度融入学校课程教学和人才培养中,杜绝"党建"与"业务"割裂的现象。

(二)建构以提升素质为目标的党内学习教育机制

有效的党内学习机制,既是我们党加强自身建设的重要法宝,也是强化师生政治理论武装,提升党员、教师整体素养的有效方法。要建构高质量的学校党建工作机制,必须进一步健全完善党内学习机制。其一,要注重党内学习的有效组织。不断创新教育

管理的理念和方式,扎实地将学习贯彻习近平新时代中国特色社会主义思想不断引向深入,建设学习型党组织,把党员学习教育纳入党建工作责任范围,坚持理论学习考核制度,建立干部学习档案,建立和落实学习考核和激励机制,制定相应的教学、评学、奖学、促学等措施。其二,要注重提升党内学习的整体质量。要结合课程教学改革的需要,学校自身发展的现实和党员教师的成长诉求,认真调查研判党内学习的问题、趋势和规律,通过校内校外联动、线上线下互动的方式,进一步拓展党内学习教育的资源,创新学习教育的方式方法,建构起契合党员教师需求的学习教育体系,真正提升党员的学习兴趣,增强党员的学习效能,通过有效学习全面提升教师的整体素养。其三,要特别注重思想领域的针对性学习。党内学习要坚决落实意识形态工作责任制,以坚定理想信念宗旨为根基,用习近平新时代中国特色社会主义思想武装党员、教师,引导师生认真学习领悟"两个确立"的重要意义,恪守"四个意识""四个自信"的政治底气。同时,在党内学习的过程中,要时刻关注青少年学生的思想、政治、道德素质发展状况,经常研究分析如何把习近平新时代中国特色社会主义思想融入教育教学全过程,促进青少年学生形成良好的政治素质、道德品质和行为规范。

(三)建构以激发活力为目标的党建责任落实机制

建构高质量的学校党建工作机制,要持续推进和加强党组织自身建设,全面提升中小学校党组织的组织力、生命力和内在活力。主要涉及三方面的工作:其一,明确组织任务,充分考虑民办学校的特点,研究制定支部建设标准,制定出台党支部、党小组、党员考评机制,明确党建工作责任落实的机制和载体,提升组织生活的吸引力和有效性。其二,全面加强品牌建设。严格按照党建工作要求,高质量完成"规定动作",高品质谋划"自选动作",为创新党建品牌进行有益探索。要树立品牌意识和精品意识,结合民办学校的特点,通过自主探索形成有特色、可复制、易操作的党建品牌,不断提升党建工作的引领力度,真正让党建品牌有特色、叫得响、立得住、走得远。其三,做好党建工作的创新发展,借助互联网技术建立中小学校互联网+党建模式,体现党建工作数字化、网络化、透明化、身边化、高效化的特色。特别可以在学校党建工作的考核上推陈出新,将中小学校党组织党建工作考核评价体系与中小学校教育工作考核评价体系结合起来。无论是学校内部的自我考核还是对于各基层党支部的考核,党建工作与教育教学本职工作这两种评价体系的考核要素要相互交叉、互为标准,极力确保管党治党与教书育人携手并进。

(四)建构以干事创业为目标的党员作用发挥机制

要通过高质量的学校党建工作营造积极向上的干事创业氛围,充分发挥党员在学校整体发展和落实立德树人根本任务中的先锋模范作用。其一,要健全完善干事创业的政策制度保障,通过相应制度的建设和主题活动的开展,激活全校教师干事创业的热情。其二，要着力加强教师队伍建设。将党建工作与师德师风建设相融合，党员教师的师德师风建设要带动全校教师的师德师风建设，进而带动校风建设。要做好党员教师"双培养"的探索创新，真正把政治素质高、业务能力强、奉献精神好的教师及时纳入组织队伍。与此同时，要特别注重用新时代教育家精神来感召教师，引导教师通过持续不断的专业发展践行"躬耕教坛，强国有我"的历史使命。其三，要加强对党员、教师的人文关怀。要树立"管理就是服务"的理念，把解决思想问题同解决实际问题结合起来，把"提升教师幸福指数，关注教师专业成长"贯穿于党建工作的全过程。

（五）建构以清正廉洁为目标的干部监督约束机制

党风廉政建设是党的建设标志性的内容，也是打造高质量的学校党建工作体系的重要保障。一方面，要提升党风廉政建设的自觉意识，着眼打造清正廉洁的干事创业氛围。不断完善党内监督机制，主要是建构好舆论监督、社会监督、党内监督三大机制，依托党内评议等制度，探索党建问责办法，加强纪律检查，建设风清气正的党建工作环境。另一方面，要从正反两个方面着力，在党员教师中运用先进典型示范教育和违纪典型警示教育等方式加强党的纪律教育，严格执行党纪处分条例。以党员教师自觉遵守党纪的行为带动全校师生员工遵守国家法律法规和学校规章制度。此外，还要通过党风廉政建设，营造风清气正的育人环境，以党建带团建、队建，从生活中启发青少年学生志愿加入中国少年先锋队和中国共产主义青年团，进而帮助青少年树立远大理想，实现全员、全过程、全方位育人。让党风廉政建设与党员日常的教育、教学等工作深度融合，发挥更持久更深层次的作用。

第二节　以高素质教师为关键

教师是教育的第一资源，教育的高质量发展固然会涉及诸多因素，其中最为关键和基础的一定是教师队伍的整体质量。教育强国和教育高质量发展作为一种系统性的顶层设计，最终需要依靠教师创造性的劳动来实现。如果缺少高素质、专业化的教师队伍，任何美妙的教育改革发展设计都将缺少落地的载体。改革开放以来，得益于我国各级各类教育的快速发展和完善的教师教育体系，我国已经形成了世界上规模宏大的教师队伍，根据《2022年全国教育事业发展统计公报》的统计数字，我国各级各类学校专任教师的数量已经达到1880.36万人。在如此庞大的教师基数上，如何打造服务教育强国建设的高质量教师队伍是新时代我国教师教育面临的核心命题。2023年9月9日，习近平总书记在致信全国优秀教师代表时强调，要大力弘扬教育家精神。这实际上就是强调了对打造高质量教师队伍的殷切期盼。由此，在教育强国建设进程中，"强国必先强教,强教必先强师"应该是一种公认的逻辑。高质量教师队伍建设理应成为推动教育高质量发展,建设教育强国的核心任务。对于学校层面的课程教学改革而言,教师队伍建设同样也是决定改革成败的关键因素。从教师的维度看,推动课程教学改革,一方面要通过教师专业共同体的打造,整体提升教师队伍的专业化水平;另一方面,也要通过相关的制度建构,提升教师主动参与学校课程教学改革的意识。通过"能力"和"意识"的协同作用,建构高质量教师队伍助推高质量课程教学改革的实践体系。

一、聚焦成长,建构教师专业发展共同体

纵观国内外教育改革发展的历史,对于教师队伍建设的高度重视是各国提升教育质量的共性思维。特别是 20 世纪 50 年代教师专业发展概念被明确提出之后,如何通过上下联动的整体设计有效促进教师专业发展,进而打造高素质、专业化的教师队伍,这始终是各国教育政策制定和学校教育管理变革的核心命题。应该指出的是,教师专业发展和教师队伍建设不是一蹴而就的,教师专业成长的内涵会随着时代发展动态演变,课程教学变革的新理念、新问题也会带给教师专业发展新的任务与挑战。在这样的整体情况下,学校有必要准确把握当下课程教学改革的整体趋势和教师队伍建设的时代需求,通过个性化设计和系统性推进打造匹配学校改革发展需要的高素质教师队伍,以专业、优质师资建设高水平的学校教育体系,更好地践行立德树人教育根本任务,促进学生德智体美劳全面发展。

教师专业发展与教师的学习密切关联,教师学习理论的发展促进了教师专业发展与实践的变革。学习在本质上不是个体的,而是社会的,因为新信息、新理念和反馈的获得,不仅来自个体的学习,而且在很大程度上来自教师之间的对话与互动[①]。正因为如此,以教师社会合作为重要表征的教师专业学习共同体越来越被认为是提升教师学习有效性,实现教师深度学习,进而促进教师专业发展的关键策略[②]。作为一种新型的教师专业发展方式,教师学习共同体能够有效满足新时代背景下教育改革发展对教师学习和专业成长的要求,能够通过教师集体智慧的赋能,促进教师个体和群体的专业成长。教师专业学习共同体强调共识与分享,但并不刻意追求"同质化"[③]。教师专业共同体的存在是承载教师文化的重要方式,哈格里夫斯把教师文化划分为个人主义文化,派

① KWAKMAN K. Factors Affecting Teachers' Participation in Professional Learning Activities [J]. Teaching and Teacher Education, 2003,9(2):149 - 170.

② TSUI A B M, LAW D Y K. Learing as Boundary-Crossing in School-University Partnership [J]. Teaching and Teacher Education, 2007,23(8):1289 - 1301.

③ 孙元涛. 教师专业学习共同体:理念、原则与策略[J].教育发展研究,2011,33(22):52 - 57.

别主义文化、人文合作文化和自然合作文化四种类型①,而专业学习共同体正是倡导教师自主合作、自由合作的自然合作文化,能够为教师的成长提供既具有专业属性,又轻松愉悦的整体氛围。实现教师专业学习共同体对教师专业发展的实践效能,要建立融洽和谐的合作氛围,要有共同的愿景和价值观念作为纽带,要倡导为教师赋权增能,同时也要有相应的规则和制度保障②。

在上师二外工作期间,笔者曾担任学习共同体研究院指导委员会委员,学校也被学习共同体研究院授予"学习共同体领航学校",我们以"学习共同体领航学校"建设项目为载体,结合深度学习课堂变革研究,尝试运用专业学习共同体的理念,改造学校原有的校本研修体系,拓展教师专业发展的载体,整体促进教师专业成长,为课堂教学改革提供核心支持。

学习共同体改革是在前沿理论指导下的实践。从杜威的民主主义教育,到维果斯基的最近发展区,再到诺丁斯的关怀理论,佐藤学在建构 21 世纪学校发展愿景学习共同体时,几乎参考了所有世界上先进的教育学和心理学经典理论。如今,在"双新""双减"背景下,学习共同体本土化理论和实践有了进一步发展。在近年来学校深度学习课堂变革研究的过程中,作为学习共同体理念的倡导者和实践者,笔者一直在思索,学习共同体到底是什么? 我们为什么如此坚定地做学习共同体?

从共同体理论提出和发展的原始逻辑看,这一理论主要指向教师专业发展,旨在建构一个教师共同学习的专业性组织。但实际上,在学校教育的环境中,共同体的理念不仅仅局限于教师队伍的建设,教师和学生也可以围绕课堂教学的发生,建立起共同体关系,这样的共同体,尽管不直接指向教师专业发展,但是却能够帮助师生建立起良好的互助合作关系,提升教学质量,最终惠及学生成长和教师发展。由此,我们从教师专业发展共同体的理念出发,倡导师生在教学当中的自主合作、相互信任,通过学习共同体的打造,建构和谐的师生关系,为课堂教学改革赋能。这是我们在深度学习课堂教学变革中对学习共同体理念的一种个性化思考和设计。

在笔者看来,学习共同体是学习者得以蓬勃发展的土壤。她保护孩子对学习的好奇心、想象力,让孩子在协同学习中感受到学习的快乐;她激励教师不忘初心,怀揣着教育理想,行进在专家型教师炼成的道路上;她让每一个人的生命得到滋养,不仅在知识的建构上助力,更是在人的全面而有个性的发展上助力;她让身在其中的每一个人热爱学习,与他人更好地协作、交流、联结。如果孩子在学习历程中有学习共同体的滋养,能感受到彼此的信任、关怀和鼓励,那么在未来与他人交往的过程中,他也会去影响帮助

---

① 彭婷. 共生理论视域下教师学习共同体分析[D]. 重庆:西南大学,2016:3.
② 杜静,常海洋. 教师专业学习共同体之价值回归[J]. 教育研究,2020,41(5):126 - 134.

更多的人。同样,如果教师在教学历程中有学习共同体的滋养,能在相互学习、协同发展中获得专业发展的无穷动力,那么在今后的教育教学过程中,他也会影响和帮助更多的人。

　　学习共同体给教师们构建了一个专业发展的精神家园。从相互倾听关系的建立到高品质学习设计的开展,教师不仅需要理念的更新,更需要把先进的理念落实到课堂的实践。教育转型时期,我们在面对"不确定"所带来的压力和问题时,该如何应对? 在过去的一年里,我们一起构建"倾听·活力"的学习共同体课堂,协同备课,研究学科的核心素养,基于学生的学习需求设计学习任务。我们以"课例研究"为载体,每一堂课都是学习共同体理念下培育出来的灿烂之花。老师在研读课标和教材的基础上设计"三单"(预习单、学习单、作业单),在认真听取同伴和专家指导的基础上,一遍又一遍地修改学习设计,直到符合学生的认知需求。我们开放自己的课堂,邀请同伴来观察班级中的学生;课后研讨时,我们不再评价教师讲得好不好,因为我们深信,每一堂课都是精彩的课,我们不为追求课堂的完美而去苛责教师。观课老师和被观察的焦点学生都有同样的感受,每一堂课都特别关注学生学习顺畅和遇到困难的地方、学生的学习心理和学习需求、教师学科素养的落实等。我们在课后研讨中分享所观察学生的关键事件,进而反思自己的教学,对学习设计提出改进意见。每一次课例研究,从教师决定公开教学到修改学习设计,再到整理课后研讨的资料,形成完整的课例研究,整个过程可能需要两三个月,很多领航教师就是在这样的研究实践中成长成熟的。

　　我们为什么要坚定地做学习共同体? 是不是我们在变革的路上,比兄弟学校进行得更顺畅? 答案似乎是,似乎也不是。笔者可以肯定地说,领航教师遇到的问题,比普通老师遇到的多得多。原因在于领航教师自我革新,他们勇于面对问题,在困境中不再彷徨,不再抱怨,而是和身边的同伴协作起来,共同学习、共同探讨、共同实践。我们达成了共识,要培养未来社会的自主创新者,就需要一批根植实践、面向未来的教师。我们把建立各种关系作为首要任务,如倾听关系、信任关系、同伴关系、互助关系;我们把提升专业能力作为关键任务,如课程标准的解读能力、学科本质的探究能力、教学设计能力、学科核心素养落地课堂的能力等。笔者欣喜地看到,一大批青年教师得到成长,一大批经验丰富的老教师不忘初心、砥砺前行。每一个人,都成为反思性的实践者。

　　"学习共同体不再试图给学生一个世界,而是帮助学生去发现那个属于他的世界"。在学习共同体中滋养出来的每一个人,都能由衷地感受到学习的快乐、专业成长的快乐。下面这个案例,集中体现了教师基于学习共同体实现的个人成长和教学改进。

学习共同体理念下的初中数学教学反思
——以《一元一次方程的应用:环形跑道问题》教学为例

六年级是承接小学和初中的重要一环,对于这一阶段的学生,要不断渗透数学思想,培养学生对数学思想方法的应用。等式是表示两个数或两个代数式相等的算式。方程是指含有未知数的等式。其中表示未知的量 x,y,t 等称为未知数,也称为元。只含有一个未知数,并且未知数的次数是一的方程称为一元一次方程。

从宏观角度来看,方程是可以来描述现实世界中各种未知数量之间的关系,其中用 x,y,t 等表示未知的量,通过题目的已知情境,构建未知量和已知量之间的等量关系,从而列出方程,解决实际问题。

从微观角度来看,方程是我们在学习初等代数的主要内容,也是解决实际问题的重要工具,是初中学生解决问题的重要手段。方程是代数运算的升华,未知数的引入,使得解题思路更加清晰。

从实际教学的角度出发,学生在小学就已经接触过方程类题目,在预备初中六年级阶段再次学习方程相关内容,是为了进一步培养学生们的方程思想,强调方程思想方法的重要性,再一次通过对简易方程的回顾和列方程的学习,进一步了解方程的有关概念,体会列方程解应用题的意义,感知用字母表示数和列数量关系式的价值。

那么基于以上分析,本节课在学生们已掌握了一元一次方程概念、学会列方程解决应用题的基础上,进一步通过实际问题,加强学生对一元一次方程的掌握及应用。

一、课前研讨

在课前协同备课的过程中,各位老师针对我的三单以及教学设计进行研讨,并提出了相关修改意见,在经历三轮修改之后,教学设计以及三单最终定稿。

首先最初的预习单存在的不足有:在预习要求中未明确规定预习时间;预习目标不够完整;在流程设计上预习内容不够简洁。针对以上问题的提出,及时对预习单进行了修改内容包括:①进一步完善预习的要求,规定学生课前预习时间控制在15—20分钟内,保质保量。②补充预习目标,即通过用方程解决实际问题,让学生体验方程思想,了解方程是解决问题的有力工具。③简化预习内容中的例题部分,将写出行程问题的基本关系式这一部分放置在填空部分,并去掉分析题意的过程。在经历这一修改之后,预习单的整体预习要求以及预习目标更加明确具体,问题设计提升了引导性,由繁化简,更加清晰。

第二部分是学习单,在研讨过程中,各位老师指出学习单设计不足有:没有添设课前准备这一部分的内容;未将学习规则呈现在学习单上面;问题设计不够精练;总结思考部分应适当修改。针对以上存在的不足,我将学习单进行修改,内容包括:

(1)补充课前准备部分为①教材:上海教育出版社《数学》初中六年级第二学期P50—P51;②彩色笔和水笔:用于划重点和按要求书写相关内容。

(2)补充强调学习规则内容为:①学会倾听——首先同组两人两两轻声细语地交流,充分倾听、记录同伴观点,不打断对方,互相补充、质疑、澄清;②学会互助——重点问题四人轻声细语地讨论,轮流发表意见,互相尊重,以形成组内的共识性观点,或提出组内疑问;③学会思辨——以小组的模式陈述观点时,其他人认真倾听、记录、整理,不打断他人。小组陈述完成后,其他人可以补充、提出质疑或问题。

(3)将活动三中的问题进行提炼,使提出的问题能够激发学生的思考热情。

(4)将最后的课堂小结部分中的"总结思考:这节课主要学习了哪些内容?"修改为"总结思考:这节课你有哪些收获?"。经过以上修改优化,学生能够更加明确了学习共同体课堂中的小组合作的学习规则,增强小组合作学习的有效性,让学习真实发生。

最后一部分是作业单。作业单中存在的主要不足是:练习题的设计缺少难易程度的分层,无法针对本节课学生应掌握并运用的知识进行梯度化的提升。面对这一情况,我再次对作业单进行修改,将题目的安排按照从易到难的顺序进行排列。并且其中基础类题目占50%,中等难度题目占30%,较难题占20%。修改之后的作业单设计,更能体现教学内容的梯度设计,让学生的知识有更大的生长空间,最大限度发挥学生在课堂当中的主体作用。

协同备课研讨之后,最终确定6.4《一元一次方程的应用:环形跑道问题》为一课时,重点学习找出应用题中的未知量和已知量,结合题意,设适当的未知数列方程,体验方程思想,了解方程是解决问题的有力工具。结合各位专家老师的修改意见,最终预习单、学习单、作业单以及教学设计修改完成。(详见附录2、3、4)

二、研究课《列方程》的教学过程

基于学习共同体教学理念下的《一元一次方程的应用:环形跑道问题》课堂教学如期开展。课前我已将教室环境和学习工具准备齐全,并与同学明确小组讨论过程中的学习规则和分享规则。

教学过程一:预习新知

选取B组将课前预习单上例题的讨论结果呈现在白板上。组员1负责绘制表格,组员2负责提问,组员3负责书写解题过程,组员4负责开展小组合作学习的结果并讲解习题。(详见附录5)在预习单例题的基础上,以学习单上的"任务1:在例题1中几分钟后小丽与小杰第二次相遇"展开讨论,并根据之前所绘制的表格直接列出方程,并解方程。

教学过程二:讲授新知

例题1所解决的问题是环形跑道问题中的同时同地同向出发的追及问题。和同向相对的是反向,学生在掌握了行程问题基本关系式以及列表法的基础上,进一步以小组合作学习的形式完成学习单上的"任务2:小丽、小明在400米环形跑道上练习跑步,小丽每分钟跑220米,小明每分钟跑280米,两人同时由同一起点反向而跑,几分钟以后小丽与小明第一次相遇?"。这道题主要解决的是环形跑道问题中的同时同地反向出发的相遇问题。我给出学生10分钟左右的时间,进行小组讨论,并将结果呈现在演示纸上面,选取C组进行展示讲解,其他小组进行倾听和提问。(详见附录6)

教师对以上小组的讲解进行评价,让学生对两道例题进行归纳总结,教师提出思考题:通过以上问题的解决,你是否能总结一下环形跑道问题的主要分类?学生总结出主要分类为:①追及问题;②相遇问题。解决这些例题所用到的方法主要有:①列表法;②线段图法。

教学过程三:巩固练习

通过总结,我发现例题1和例题2两道题目的共同点是:研究同一起点出发的环形跑道问题。那不同起点出发又有哪些情况呢?学习单上的"任务3提出:请你就环形跑道相关问题,编拟一道题目,并列出方程(例如:不同起点出发)"。学生在组内讨论,进行题目的编拟,并呈现在演示纸上面。经过10分钟左右的讨论,最后A组和D组上前展示编拟好的题目,以及解题过程。(详见附录7、8)

教学过程四:课堂小结

最后由学生总结归纳这节课的收获。即学习了环形跑道中的两类问题,分别是追及问题和相遇问题,又分别从相同起点和不同起点展开研究讨论。在解决问题过程中主要运用了两种方法,分别是列表法和线段图法。

三、课堂学生观察记录

学习共同体教学理念下的教学,重在关注学生真实学习情况,因此,观课教师深入课堂,靠近学生并对选取焦点学生进行观察,并记录其在课堂学习过程中的关键事件,以此观察者进行反思并提出改进意见,以便课后的教学研讨。下表为本节课收录的观察者反馈情况汇总表:

焦点学生学习历程观察与关键事件记录表

序号	焦点学生的关键事件	观察者反思	改进意见
1 号同学	思维活跃,表现积极,动脑思考。	1. 小组合作学习分工不够明确。 2. 学习目标的表述不够专业。 3. 在讲解方程习题,应强调等量关系,才是重点。 4. 教师不够关注全体,课堂表现机会应该均等。 5. 彩笔的应用,应该选择颜色醒目的,并且字体要大。 6. 补充专业知识,数学教学语言应当更加规范具体。	1. 加强小组合作学习规则的学习,落实到实践。 2. 多看教学书籍,训练专业术语。 3. 讲解习题时,强调等量关系式。 4. 更加关注全体同学,表现机会更加均等。 5. 教学工具准备更加细致。 6. 对小组的展示以及学生的讲解及时进行评价。
2 号同学	主动发表观点,做错题目及时改正,主动给小组成员讲题。		
3 号同学	不会的题目主动向组内成员提问,课堂参与度良好。		
4 号同学	有点害羞,课堂参与度一般,较沉默。		
5 号同学	小组研讨的主导,进行题目的讲解,并用英文讲解题目,帮助外籍同学解决疑问。		
6 号同学	进行小组讨论成果的整理,参与度良好。		
7 号同学	有较大进步,课堂参与良好,上前讲解习题。		
8 号同学	动脑思考,对比直接设法和间接设法的差异,并进行总结。		
9 号同学	合作学习参与度低,表现沉默。		
10 号同学	有效讨论,能够维持 1 分钟以上的时间分享自己的观点和想法。		
11 号同学	讨论,比较专注,但在分享结果中不够自信。		
12 号同学	表情自信,认真倾听,细致记录。		
13 号同学	有老师关注到的是会参与讨论,参与度较少。		
14 号同学	课堂参与度一般。		
15 号同学	有参与学习的强烈愿望,能认真听讲,部分习题没有听懂,基础偏弱。		
16 号同学	有不懂的内容能够及时向组内或者老师寻求帮助,学习心理处于安全状态。		

四、课后教学研讨

课例研究不仅需要课堂上的观察记录与反思,更需要教师在课后进行及时的教学研讨,全面汇总观课感受并有效改进学习设计。因此,观课教师在课后共同开展了一次深度的教学研讨。教学研讨以小组形式开展,组内有一名教师负责记录,其他教师分享观课心得,最后全体教师进行分享交流。基于各位教师的观课记录与反思,得出了以下研讨结果:

(1)加强学生对小组合作学习规则的认识,落实到真实课堂当中去,真正做到分层合作,分工明确,强弱互助。

(2)教师加强专业术语方面的训练,加强课堂教学语言的规范性。

(3)对小组的展示以及学生的讲解及时进行评价。

(4)更加关注全体同学,表现机会更加均等。

(5)教学工具准备更加细致。

五、执教者的教学反思

在研讨过后,执教者进行了深刻的教学反思:

1. 预习目标明确、简单、充分

预习单内容的设计对学生来说是至关重要的。预习单的问题结构应当层层递进,启发学生产生问题,自主思考。这可以增加学生求知的欲望和对数学的学习兴趣。预习单的内容设计要简练,预习目标足够明确,课前对学生的预习情况进行汇总检查,确保学生的预习是充分的,为新知识新课堂做好充足的准备。通过对预习单的批改,提前掌握学生对新知的掌握情况,做到有的放矢,提升教学效果。

2. 强化训练小组合作学习规则

小组合作学习过程中,要建立明确的规则,并让学生学会倾听、学会互助、学会思辨,将合作学习规则真正落实到课堂中。只有建立了明确的学习规则,学生才能更加积极地参与到课堂学习中,做到认真倾听、认真思考和持续学习。

3. 因材施教,适当降低要求

在班集体中,个体的差异性,让不同学生在数学课堂上的学习效率有很大的差异。针对不同程度的学生,要做到分层教学,甚至分层布置课堂所要完成的学习任务。但在班集体这个大环境下,真正做到分层布置任务,检验完成情况,过程是烦琐复杂的,甚至影响课堂进度。基础较薄弱的学生以及对学习数学自信心不足的学生,在课堂学习上往往处于一个不安全的心理状态。那么针对这一类学生可以适当降低学习任务的难度和要求,提升他们的自信心,让其心理处于一个安全状态,才能够更专注地参与进课堂学习当中。

4. 任务明确详细

在设计三单的过程中,要着重设计问题,将问题更加精炼,要有一定的指向性,使提出的问题能够引发学生思考。在布置任务时,要详细讲出完成任务所需的大致时间以及学生所要达成的目标。

5. 关注并培养学生思维的严谨性

数学是一门逻辑性非常强,讲究严谨推理的学科。作为一名数学老师,言传身教对学生有着重要的影响。教师使用规范的数学语言,做好示范,培养学生养成严谨的思维习惯对学习数学有至关重要的作用。

6. 激发学生学习兴趣,培养自信心

在日常教学活动中,针对数学基础较薄弱、对数学学习兴趣不高的学生,要注重关爱,从基础一点的题目引导他建立数学逻辑思维,并加以鼓励,逐步提升他的数学学习兴趣和自信心。在课堂上,要教会学生勇于提出自己的困惑,或者讲出自己的一部分思路、想法和思考过程,从而挖掘学生基础薄弱的原因,展开针对性的辅导。

7. 提升课堂的把控能力

《一元一次方程的应用:环形跑道问题》为一课时,共40分钟。整个课堂的进度、重难点突破和学生的互动配合,很大程度上都取决于一个老师对课堂的把控情况,也是对教师专业技能的考验。在小组展示的过程中,其他小组的倾听状况也很大程度上决定了学生是否在课堂上动脑思考,做到真实有效的深度学习,而不是浅表学习。所以教师要在小组汇报学习成果这一环节,选取比较有鲜明特点、能够激发其他小组积极思考的成果前来展示。在建立了统一的对话基础之后,学生才能更大程度更高效地参与到课堂讨论中来。

(本案例作者:上海师范大学附属第二外国语学校 付影)

二、赋权增能,激发教师教育改革参与意识

不论是从教育生态系统建构中"人作为核心元素"的定位出发,还是从"教师作为推动学校教育教学变革的核心力量"的认知出发,教师的有效参与都应当被视作学校教育教学和改革发展的关键问题。教师参与,是一个兼具理论价值和实践价值的命题,教师赋权增能的理论为学校教育变革中的教师参与提供了法理性支撑,而如何有效提升教师的参与意识和参与能力,则是教师参与学校教育变革的核心要素。

(一) 为何关注学校教育变革中的教师参与

教育变革中的教师参与问题自20世纪60年代开始逐渐成为教育研究的"显学",其直接原因是对于课程教学改革失败的归因分析。20世纪中期以来,世界范围内主题各异的大规模课程教学改革风起云涌,但是这些改革在实践中往往会面临一种"理想丰满,现实骨干"的窘境,甚至很多时候被认定为是一种"失败的改革"。基于对课程教学改革失败的教训总结,越来越多的研究发现,改革并非易事,如果缺少了教师的有效参与,"即使设计得再美的课程也未必能够保证取得成功"[1]。课程学家古德森(Goodson)

---

① RICHARDSON V, PLACIER P. Teacher change [C]// RICHARDSON V. Handbook of Research on Teaching. 4th ed. Washington, D.C.: American Educational Research Association, 2001:907.

强调,教育变革必须重新审视其内外部关系,这种审视和分析必须将人的转变作为首要因素,因为"只有当教师的个人投入被视为变革动力及其必要目标时,教育变革才最有成效"①。在后续的相关研究中,研究者更多地倾向于通过实证分析来论证"教师在任何课程改革中都起着决定性的作用"②的结论。除了理论层面的研究和主张外,世界各地越来越多的教育实践也深刻表明,只有教师真正有效参与的教育变革才可能是持久有效的变革。

(二)赋能增权理论的沿革及其现代意义

教育变革需要理论的支撑,教师的赋能增权理论构筑了教师参与学校教育变革的理论支撑。教师赋能增权理论的提出,既有管理学领域人本主义管理理论等思潮的影响,也有教育改革实践中对教师地位、作用和价值认知改观的影响。从管理学的角度看,在传统的科层制管理理念下,雇员往往被视作"不会思考的机器",其工作的积极性难以得到保障。针对这样的问题,受人本主义思潮的影响,管理学领域开始倡导通过吸引雇员参与决策事务来提升其工作积极性与获得感,取得了良好成效。受此影响,教育领域对于教师在学校变革中的地位、价值等开始反思,并逐渐认识到为教师赋能增权对于教师自我成长和学校整体变革的重要价值。20世纪80年代开始,教师赋能增权逐渐成为一个重要的理论体系和研究范畴,在这一理论体系中,教师赋能增权应该成为教育改革特别是学校重建中的一个重要组成部分而不是一个单独的工作成为一种共识③,越来越多的人认识到,要想使得学校改革和重建获得成功,教师必须成为学校决策的重要组成部分④。在这样的理论支持和实践探索中,学校管理者开始普遍重视通过制度的设计和路径的创新来吸引教师参与学校管理。从根本上说,教师赋能增权与西方学校重建运动中所宣扬的分权化精神一脉相承,其核心价值就在于倡导教师应是教育改革的主导者、行动者的角色认知,不仅仅把教师视为学校教育改革的对象。到了20世纪90年代,"教师赋权增能"已经与"教学专业化"成为当时最响亮的两句口号,教育领导者被要求交出一些权力与教师共享,而非将权力加诸教师身上,与之伴随的是"分布式领导""道德领导""专业领导"等新的领导范式的兴起以及教师在学校教育事务中参与范围和程度的增加。从我国的情况看,始于世纪之交的第八次基础教育课程教学改革,鲜明地提出了三级课程管理的架构和改革导向,实际上也就是从政策层面保障了教师对于课

① GOODSON I. Social histories of educational change [J]. Journal of Educational Change, 2001,2(1).

② SONG Y Q. Study of College English Teacher Participation in Curricular Reform [J]. World Journal of English Language, 2016,6(1).

③ MARKS H M, LOUIS K S. Teacher Empowerment and the Capacity for Organizational Leaning [J]. Educational Administration Quarterly, 1999(5).

④ KLECKER B J, LOADMAN W E. Defining and measuring the dimensions of teacher empowerment in restructuring public schools [J]. Education, 1988(3).

程教学的参与权。近年来,随着教育治理理念的提出,建构多元协同、共同参与的学校教育治理体系成为热门话题,在学校治理体系和治理能力现代化建设过程中,发挥教师在学校治理中的"权力分享""权力监督"和"责任共担"作用,这是时代使命,更是实践所需①。由此可以认为,教师赋能增权理论与现代学校教育治理体系建构有内在的逻辑关联,用赋能增权的理论分析和促进教师在学校变革中的有效参与在新时代教育改革场域中依然具有重要意义。

(三) 聚焦教师参与学校变革中的意识与能力

尽管教师的有效是学校教育教学改革成功之保障这一共识已经形成,但是在实践中教师对待教育变革的态度并不总是积极的。美国学者菲利浦·史克雷切蒂(Phillip Schlechty)曾经总结了教师参与教育变革的几种显著角色,包括开拓者、先驱者、安于现状者、抵抗者和破坏者②,生动体现了教师对于教育变革的不同心态和参与状况。由此,对于学校教育改革而言,不仅要关注和认可教师参与的价值,也要积极创造条件吸引更多的教师有效参与变革。有研究指出,当前教师参与学校治理事务主要存在四个方面的困境,包括"教师无法参与""教师无效参与""教师不愿参与"和"教师过度参与"③,但是整体上看,在我国学校教育管理向教育治理的整体转型中,教育参与学校事务的平台和载体在不断扩大,同时由于学校领域鲜明的权责划分体系,教师过度参与学校事务的整体现象不会产生过大的不利影响。由此,要引导教师有效参与学校变革,核心的问题就是教师参与的意识和能力问题,前者决定了教师对于学校教育教学变革的心态和投入程度,后者决定了教师参与学校教育教学变革的成效和最终质量。由此,如何结合学校课程教学的不同主题与要求,在赋能增权的理论支撑下,通过教师参与学校改革意识与能力的系统性提升,建构教师有效参与学校变革的实践机制,这是学校变革成败的关键。

在桃李园实验学校的实践中,我们注重学校层面共同价值文化的凝练,秉承"让每一位师生拥有一片芬芳"的教育理念,围绕"营造卓越文化,追求资优品质"办学愿景,以"厚德笃行育桃李,立己树人自芬芳"为学校精神,提出"以德立校,素养亮校,科研兴校,文化润校,特色活校"的发展策略,让建构契合时代发展的高质量教育生态建构成为师生共同认同的核心价值。在此基础上,学校通过持续不断的主题学习和个别谈话,引导教师更好地理解学校特色文化、价值与学校

高质量教育生态建构之间的逻辑关系。不仅如此,我们还通过引导教师进行个性

① 魏叶美. 教师参与学校治理研究[D]. 上海:华东师范大学,2018:1-5.

② PHILLIP C S. On the Frontier of School Reform with Trailblazers, Pioneers, and Settlers [J]. Journal of Staff Development, 1993(14).

③ 侯玉雪,杨烁,赵树贤. 学校治理背景下教师参与学校管理的困境及对策研究[J]. 教育理论与实践,2019,39(13):29-32.

化的专业成长规划的方式,让教师结合自身情况分析其对学校教育生态建构的认知与体会,梳理设计教师自身在这种教育生态建构中的应为和可为,将外部的教育生态建设与教师自我的成长发展进行密切关联,通过一种共同的价值引领教师思维和行动转型,消除教师对于改革的恐惧和抵触意识,形成一种"人人参与变革,人人乐于变革"的良好氛围。同时,我们还借鉴当下干部考核评价中的"容错"机制,从制度层面设计了教师参与改革的"容错空间",鼓励教师大胆尝试,消除教师的后顾之忧,让教师能够以一种开放、自主、从容的状态参与学校良好教育生态的建构。

在这种共同的价值认同的基础上,我们紧紧抓住学校改革发展的核心任务,引导教师通过参与课题研究的方式,整体进入到学校课程教学改革的实践当中,在推动深度学习的课堂教学变革实践中,主动思考,主动探究,主动凝练,让课堂教学成为提升教师参与学校教育改革意识的重要方式。同时,我们也在全面加强学校党建工作的基础上,不断完善学校管理制度,提升学校管理的人文水平,建构良好的干群关系、同事关系和师生关系,让教师生活在一种更加温馨的文化氛围之中,从而更好地激发他们参与学校治理事务的积极性。在此基础上,我们引入深度教研的理念,不断重构学校的校本教研体系,基于教师队伍成长发展的需求分析,在整合资源的基础上,建立起高质量的教师专业发展校本支持体系,整体赋能教师专业成长,不断提高教师的专业素养。从能力和意识两个维度提升教师参与学校治理事务的效能,从而为学校深度学习的课堂教学改革乃至任何领域的改革发展,提供了源源不断的高素质人力资源支撑。

第三节 以高水平规划为支撑

苏霍姆林斯基曾说过:"校长对学校的领导,首先是教育思想的领导,其次才是行政上的领导"。思想深邃的校长,能于平凡之中见神奇,见人之所未见,为人之所未为,其学校管理也会如一首诗、一幅画、一段旋律、一片风景①。从现实的情况看,身处教育改革发展一线的校长们往往有着丰富的实践经验,甚至有着独特的实践智慧,而这些经验和智慧在校长看来往往是只可意会不可言传的。校长思想提炼的过程恰恰就是将这些只可意会的东西说出来,把说出来的东西写下来,这就是显性化的过程②。这一过程不仅是校长自身实现专业成长,塑造自己的管理风格和品位,彰显专业领导力的重要方式,也是对学校发展实现整体性顶层设计,赋予学校持续发展的精神力量的重要载体,

① 李霞,徐吉志.校长的思想从哪里来[J].当代教育科学,2006(21):51-52.
② 代蕊华.校长要做有思想的实践者[J].中小学管理,2018(1):14-15.

因而具有丰富的意义。校长对于学校发展的思想引领需要通过具体的教育管理行为来落实,而学校发展规划的制定则是将校长办学思想落地,引领推动学校改革发展的重要思路,也是学校层面课程教学改革的整体性外部引领和支撑。

一、学校规划的价值解读

在现代管理学的计划理论中,规划是计划中的一类,一般是指具有战略性的比较全面的发展计划,是指导一个组织在一定时期的发展蓝图。根据英国学者哈格里夫和霍普金等人的理解,学校发展规划是为了学校的发展、管理变化而采取的必要行动,是对学校发展过程进行描述且更为规范化的一种解释,是施加给学校的一种具有创造性的革新方式。学校发展规划的制定和实施具有鲜明的特征和要求:学校发展规划是一种学校管理理念的更新,是一种系统的学校管理方式,是学校改革与发展持续行动的过程,注重主体性,关注学校的内涵发展,同时也特别强调广泛参与、自下而上和责任分享①。

学校发展规划的制定过程应该体现学校管理者对学校未来发展的新思考与新探索,一个科学的发展规划应该具有全局性与前瞻性特点。因此,作为学校未来发展的蓝图,发展规划应当充分体现出学校自身发展的理念,应当是引领学校发展的行动纲领,特别是对学校主要管理者来说,应当是进一步理清办学思路,不断解放思想和大胆创新的过程②。学校管理者应当通过系统地分析学校发展的历史传统和当前办学条件,并根据社会需要和本校的实际情况,确立学校的办学方向和发展目标,探索学校有效发展的道路,以促进学校长期、稳定和持续发展③。对于学校的特色建设和内涵发展而言,科学合理的规划既是发展的向导、行动的纲领,也是评价的标准和改进的依据,建设一流学校,理应从科学规划学校发展开始。

二、以合理规划统领学校改革

发展规划的制定能够为学校改革发展带来诸多维度的价值与意义:学校发展规划能够为学校提供一个明确的发展方向和目标,为学校的各项决策和行动提供指导。它可以帮助学校确定未来的发展方向、战略目标和发展重点,使学校能够更有计划地推进各项工作;学校发展规划不仅考虑到学校内部的各项资源,还会充分考虑到外部环境和发展趋势。通过制定规划,学校可以对现有资源进行全面评估,合理配置和优化利用资

---

① 楚江亭.学校发展规划:内涵、特征及模式转变[J].教育研究,2008(2):81-85,105.
② 张民生.对新世纪办学的思考和探索[M]//上海市教育学会.走向未来:上海市普通高中创建实验性示范性学校规划汇编.上海:上海教育出版社,2003.
③ 谢利民.学校发展规划的制定、实施与评价[J].教育研究,2008(2):86-89.

源,确保资源的有效利用,提高学校的整体发展水平;学校发展规划可以帮助学校提升自身的竞争力。通过制定规划,学校可以针对自身的特点和优势,明确发展的定位和差异化策略,提高学校的品牌形象和知名度,吸引更多的学生和人才,增强学校在教育市场中的竞争力;学校发展规划可以促进学校内外各方资源的整合和合作。通过规划,学校可以与相关部门、社会机构、企业等建立合作伙伴关系,共同推进教育事业的发展,实现资源共享,共同提高教育质量。总之,学校发展规划制定的意义在于为学校提供发展的指导方向,统筹和优化利用资源,提升竞争力,促进资源整合和合作,推动学校的可持续发展。

从课程教学改革的系统性复杂性出发,要推动课程教学改革,必然需要建立起课程教学改革和学校其他领域改革发展的和谐关系。通过其他领域的协同发展,为课程教学改革提供支持;也通过课程教学改革撬动学校整体发展。从这个角度出发,学校发展规划的制定不仅能够更明确地厘清课程教学改革的整体思路,也能够联动学校整体发展,明确学校愿景,为学校课程教学改革提供综合支持和保障。以桃李园实验学校为例,我们通过2021—2025年"十四·五"发展规划的制定,进一步明晰了学校的发展理念、发展思路,也理清了几个维度的重要发展战略。不仅清晰地勾画了学校未来五年的发展愿景,也让课堂教学改革的延续有了整体性的引领和保障。

按照《上海市民办桃李园实验学校"十四五"发展规划》的内容,未来五年,学校将秉承"让每一位师生拥有一片芬芳"的办学理念,以师资队伍建设为关键,以课堂教学改革为重点,以教育科研为特色,促进学校办学条件现代化、管理水平科学化、教师队伍智慧化、教学质量素质化,将桃李园实验学校建设成为富有特色的一流的民办学校,着力培养有良好的学习品质(有强烈的求知欲望、浓厚的学习兴趣和良好的学习习惯,能够积极地探索,多渠道地尝试,在探索和尝试中积累知识,获得能力);有持续的发展潜质(在夯实基础知识、素质全面提高的前提下,有自己的兴趣爱好,追求个性的自由发展);有鲜明的桃李园实验学校特质(在桃李园实验学校文化的熏陶下,展现桃李园实验学校学生特有的风貌:健体、尚德、智学、笃志)的新时代少年。围绕上述目标,学校的"十四五"发展规划明确了两个维度的重点任务,主要包括:

其一,构建桃李园实验学校体验式教育教学。适应时代发展的需要,满足学生多元化的需求,学校大胆构想,将全面建成"体验式课程群"。体验式课程将为学生提供多种学习经历,丰富学习经验。尤其要关注的是学生的学习过程,学习情境,实践环节和学习渠道。学校帮助学生在学习过程中,体验、感悟、建构知识、生长知识,使能力发展和积极的情感形成统一。所有的体验式环节将充分调动学生的积极性,同时也为学生的创造性留下了足够的空间。因此,体验式教学模式不同于传统的教学模式,它寻求的是学科间打通的路径,在体验式的学习情境中,多种知识交互、多种能力交互,互促互进。

其二,《学生幸福课程》校本化实施及经典案例研究。根据区"学生幸福课程"实施指导纲要,结合校情,将幸福课程六大板块与学校办学理念、育人目标融合对接,并将幸福课程实施与学校课程实施融为一体,在第一轮实施的基础上,进一步梳理优化学校特色课程;同时结合学校发展需求,不断挖掘实施途径,探究创新丰富特色课程及内涵,有序推进幸福课程的校本化实施及经典案例探究。我们期望,通过"学生幸福课程"校本化实施及案例研究,为学生搭建"人文素养、科学精神、学会学习、健康生活、责任担当、实践创新"发展的平台,培养学生追求幸福、体验幸福和创造幸福的能力,促进每个学生和谐、快乐、健康成长;通过"学生幸福课程"校本化实施及案例研究为教师课程建设能力、教学研究能力、课堂教学实践能力的发展铺设道路,让教师成为幸福的研究者、播种者,并形成人人都是德育工作者的理念及氛围;学校通过对应学生培养目标,修改完善学校顶层设计,创新丰富幸福课程的载体和方法,进一步推动幸福课程校本化实施。并以教师课程实施案例为基点,加强经典案例研究,提升德育实效性,更好体现德育真正价值。

为了支撑上述两个维度的核心工作,"十四五"规划对学校管理、师资队伍等领域也进行了清晰的设计:学校管理要坚持法治理念和人文管理思想,积极创新学校管理制度,建立科学、民主、高效的管理机制,形成科学高效的管理新局面;教师队伍建设要坚持"厚德、博学、精研、乐教"的理念,打造师德高尚,学识广博,精于钻研,人际和谐的教师群体。争取在五年内,学校至少高级教师比例达到17.5%以上,区级骨干教师比例达到10%以上,每学科区级及以上骨干教师在本校发挥引领作用、在区域内享有一定知名度;德育工作领域,要对标嘉定区中小幼德育一体化建设五年行动计划,以学校体验式教育特色为抓手,围绕社会主义核心价值观,聚焦学生核心素养,坚持五育并举,将立德树人根本任务有机融入思想道德教育、文化知识教育、社会实践教育各环节,将理想信念、爱国情怀、品德修养、劳动精神、心理健康等教育贯彻始终,将学生培养成为自信向上、健康生活、乐学高效、善于交流、合作进取、责任正义的桃李好少年。同时学校也将育人文化,融入校园文化、教师文化、学生文化、课程文化等各方面的工作中,形成全员全程全方位育人格局,让每一个细微之处都彰显育人魅力;工会工作要以服务教职工为出发点,以创建"学习型、服务型、创新型工会组织"为契机,紧紧围绕学校中心工作,进一步凝聚人心,为构建教职工满意的学校,在实现学校新五年发展规划中发挥工会不可替代的作用;后勤工作要进一步深化教学改革,用活用好民办办学体制,结合学校争创上海市一流学校的五年布局,从加强学校教学安全保障、优化学校基础设施环境、开设科研体艺实验场所、提升校园特色文化创建、校园信息管控一体化等方面为每位学生和教师提供可持续发展的优质服务。

从桃李园实验学校"十四五"规划的制定和实施看,学校始终坚持将课程教学改革作为学校发展的核心任务,围绕课程教学改革,构筑未来发展的核心领域,然后通过学校管理、教师队伍建设、德育工作、工会工作、后勤服务保障工作等领域的协同联动,为课程教学改革提供系统性的外部支持。这不仅很好地体现了将课程教学改革作为影响学校整体办学质量核心因素的认知观,也坚持运用了系统化、整体性的思维,将课程教学改革纳入学校整体发展的系统之中,能够为课程教学的持续改革提供整体支持。

学校改革发展是一段独特的旅程。2023 年 9 月 9 日,习近平总书记在给全国优秀教师代表的致信中,第一次明确提出并阐释了"教育家精神",从"理想信念、道德情操、育人智慧、躬耕态度、仁爱之心、弘道追求"六方面完整阐述了中国特有的教育家精神的核心要义,用富有中国特色的话语方式呈现了新时代"教育家"的精神和风采,这不仅丰富和完善了总书记对于新时代教师队伍建设的思想体系,也构成了持续加强和改善教师队伍建设的重要遵循,具有丰富且重要的意义。在我看来,"教育家精神"是教师不断成长为"教育家"的精神力量,尽管并非每一个教师都能够成长为教育家,但是教育家的精神都能够为其成长提供精神养料。对于教师而言,如何在立德树人的实践中践行教育家精神,如何用教育家精神引领自身成长,涵养"躬耕教坛,强国有我"的使命担当,这是我们在实践领域需要研讨的重要命题。作为一名基层学校的管理者,笔者不敢以"教育家"自居,但是从事教育教学工作的使命让我必须以教育家精神为价值追求。从某种意义上说,思考和撰写本书,也是要以身边的教育家型教师为榜样,在自我专业发展的道路上不断要求自我、提升自我的结果。本书写作的完成,意味着一段回忆的结束,也意味着新的教育改革探索之路的开始。着眼未来,笔者将在新时代教育强国建设的征程中继续立足岗位,不忘初心,在中国式教育现代化的伟大实践中,以更加努力的奋斗姿态,继续扎根学校,积极探索,改革创新,以推动学校办学质量的不断提升体现我作为一个教育工作者的初心使命。

参考文献

[1] 安富海.促进深度学习的课堂教学策略研究[J].课程·教材·教法,2014,34(11):57-62.

[2] 安桂清,沈晓敏.课堂观察工具的开发[J].人民教育,2010(23):46-48.

[3] 白晶.指向深度学习　培养核心素养[J].中学物理教学参考,2016,45(5):2-5.

[4] 白显良,崔建西.新时代立德树人的价值定位、时代内涵与实践要旨[J].思想理论教育,2018(11):4-9.

[5] 布兰斯福特.人是如何学习的:大脑、心理、经验及学校[M].程可拉,等译.上海:华东师范大学出版社,2021.

[6] 蔡苏瑜,吴洁.体验性学习的价值意蕴、生成可能与实施策略[J].中学政治教学参考,2022(38):37-39.

[7] 曹晓明,何克抗.学习设计和学习管理系统的新发展[J].现代教育技术,2006(4):5-8.

[8] 曹晓明,谢娜.高沉浸式学习环境:学习环境设计的新视角[J].中国教育信息化,2023,29(11):121-128.

[9] 曹雪梅.在角色体验中培养初中生"领袖素养"的行动研究[J].思想理论教育,2010(18):51-54.

[10] 常学勤.我国中学生领导力培养:理性认知与实践路径[J].中小学管理,2010(7):5-6.

[11] 陈秉杰,阎妍.培养中学生领导力:以职业选择课程为突破口——以人大附中开设"中等职业选择领导力"课程为例[J].中小学管理,2010(7):17-18.

[12] 陈金华.课堂观察的价值意义与改进策略[J].中国教育学刊,2012(12):52-55.

[13] 陈丽.学校改进的特征与价值取向分析[J].教育科学研究,2010(11):5-8.

[14] 陈利芳,晁义.新时代中小学党建工作的价值、困境与优化路径[J].宁波教育学院

学报,2023,25(3):129-132.

[15] 陈明选,周亮,赵继勇.学习设计与学习分析的联结:现状、挑战与实现路径[J].开放教育研究,2022,28(6):27-36.

[16] 陈如平.以育人方式改革为重点推动普通高中深度变革[J].中国教育学刊,2020(8):31-35.

[17] 陈松友,汤克敌.习近平党建思想的新时代要义[J].东北大学学报(社会科学版),2018,20(3):305-309.

[18] 陈佑清.教学论新编[M].北京:人民教育出版社,2011.

[19] 陈玉华.学生立场:教育研究与实践的出发与回归[J].中国教育学刊,2017(1):19-22.

[20] 楚江亭.学校发展规划:内涵、特征及模式转变[J].教育研究,2008(2):81-85,105.

[21] 崔友兴.基于核心素养培育的深度学习[J].课程·教材·教法,2019,39(2):66-71.

[22] 崔允漷,沈毅,周文叶,等.课堂观察20问答[J].当代教育科学,2007(24):6-16.

[23] 崔允漷.课程实施的新取向:基于课程标准的教学[J].教育研究,2009(1):74-79,110.

[24] 崔允漷.论课堂观察LICC范式:一种专业的听评课[J].教育研究,2012,33(5):79-83.

[25] 达克沃斯."多多益善":倾听学习者解释[M].张华,仲建维,宋时春,译.北京:高等教育出版社,2004.

[26] 代蕊华.校长要做有思想的实践者[J].中小学管理,2018(1):14-15.

[27] 德里斯科尔.学习心理学:面向教学的取向[M].王小明,等译.上海:华东师范大学出版社,2008.

[28] 杜静,常海洋.教师专业学习共同体之价值回归[J].教育研究,2020,41(5):126-134.

[29] 杜威.我们怎样思维·经验与教育[M].姜文闵,译.北京:人民教育出版社,1991.

[30] 杜晓利.富有生命力的文献研究法[J].上海教育科研,2013(10):1.

[31] 范敏,刘义兵.斯腾豪斯的"教师成为研究者"思想[J].全球教育展望,2017,46(8):83-94.

[32] 范瑛,皇甫全.中小学生家长需要什么样的课程:基于课程价值取向的实证研究[J].湖南师范大学教育科学学报,2021,20(6):70-80,102.

[33] 风笑天.社会学研究方法[M].北京:中国人民大学出版社,2005.

［34］冯国锋.课程内容组织原则浅谈［J］.新疆石油教育学院学报,2004(2):71－73.

［35］付丽,孙京红.理解数学核心素养　践行深度学习［J］.基础教育课程,2018(20):
30－33.

［36］付亦宁.深度(层)学习:内涵、流变与展望［J］.南京师范大学学报(社会科学版),
2021(2):67－75.

［37］高尔 D,博高 R,高尔 P.教育研究方法导论［M］.许庆豫,等译.南京:江苏教育出
版社,2002.

［38］高宏.新时代教育发展的新路向与新作为［J］.内蒙古社会科学(汉文版),2018,39
(2):179－183.

［39］郭华.70 年:课堂教学改革之立场、思想与方法［J］.中小学管理,2019(9):20－
24.

［40］郭元祥.指向核心素养的学习活动及其形态优化［J］.当代教育科学,2022(12):9－
16.

［41］哈蒂.可见的学习与深度学习［M］.杨洋,译.北京:中国青年出版社,2021.

［42］何克抗.深度学习:网络时代学习方式的变革［J］.教育研究,2018,39(5):111－
115.

［43］何善亮.论教育研究者的问题意识［J］.教育理论与实践,2017,37(19):6－10.

［44］侯玉雪,杨烁,赵树贤.学校治理背景下教师参与学校管理的困境及对策研究［J］.
教育理论与实践,2019,39(13):29－32.

［45］胡定荣.全面发展·综合素质·核心素养［J］.新疆师范大学学报(哲学社会科学
版),2018,39(6).

［46］胡久华,罗滨,陈颖.指向"深度学习"的化学教学实践改进［J］.基础教育课程,
2017,37(3):90－96.

［47］黄河清,马恒懿.家校合作价值论新探［J］.华东师范大学学报(教育科学版),2011
(4).

［48］黄婉莉.通过学校"少代会"发展小学生领导力的研究［D］.上海:华东师范大学,
2015:1－3.

［49］江平,李春玲.教育治理体系现代化视角下家校合作创新实践［J］.上海教育科研,
2020(2):58－62.

［50］蒋玉华.论课堂教学中教师倾听的缺失与回归［J］.教育理论与实践,2020,40(2):
49－52.

［51］孔晓玲.教师教学思维转型:从学习目标的设计开始［J］.中小学管理,2021(9):
17－20.

［52］李国强,魏春梅."课堂观察"的实践探索［J］.教师教育研究,2012,24(2):48－51.

［53］李辉.我国基础教育学校课堂改革概览与展望［J］.中国教育学刊,2013(8):35－39.

［54］李静,杨晴,吴琪,等.青少年的共情与自我意识:归属需要的中介作用［J］.教育研究与实验,2019(5):83－87,92.

［55］李润洲.理论思维:助推研究生的知识创新［J］.学位与研究生教育,2017(12):50－55.

［56］李润洲.指向学科核心素养的教学变革［J］.教育科学研究,2019(9).

［57］李松林,金志远.深化课堂教学改革的几个问题［J］.中国教育学刊,2006(12):46－49.

［58］李松林,张丽.深度学习设计的框架与方法:核心素养导向的分析视角［J］.中国教育学刊,2022(9):46－49,57.

［59］李太平,刘燕楠.教育研究的转向:从理论理性到实践理性——兼谈教育理论与教育实践的关系［J］.教育研究,2013(4).

［60］李未来,康淑敏.教育哲学视域下课堂教学的本质与价值［J］.教学与管理,2021(27):1－4.

［61］李伟,唐圆,熊冰.学生立场:学校变革的基本价值取向［J］.教育科学研究,2016(8):11－17.

［62］李霞,徐吉志.校长的思想从哪里来［J］.当代教育科学,2006(21):51－52.

［63］李霞.核心素养:人才培养模式改革的召唤［J］.教育评论,2018(10):21－25.

［64］李泽林.普通高中育人方式改革的关键在课堂:兼论高中课堂的危机与变革［J］.当代教育与文化,2019,11(4):57－62.

［65］李志河,王元臣,陈长玉,等.深度学习的困境与转向:从离身学习到具身学习——兼论一种深度具身学习环境的构建［J］.电化教育研究,2023,44(10):70－78.

［66］林崇德.21世纪学生发展核心素养研究［M］.北京:北京师范大学出版社,2016.

［67］刘娜,古春娟.教育话语及其实践效果［J］.教育评论,2011(6):3－5.

［68］刘铁芳,位涛.教育研究的意蕴与教育研究方法的多样性［J］.吉首大学学报(社会科学版),2018,39(1):7－14.

［69］刘微.中小学课堂学习环境的设计研究［J］.教育科学研究,2021(10):90－94.

［70］刘卫红,刘敬华.关注个性发展提升学生领导力:中学生领导力培养的理论认知与实践探索［J］.北京教育·普教,2012(7):67－68.

［71］刘霞云,卢志刚."核心素养"研究现状及可开拓空间的文献综述［J］.湖南第一师范学院学报,2017(5).

[72] 刘月霞,郭华.深度学习:走向核心素养[M].北京:教育科学出版社,2018.

[73] 鲁洁.教育的原点:育人[J].华东师范大学学报(教育科学版),2008,26(4):15-22.

[74] 毛耀忠,等.深度学习视角下的课堂倾听:内涵、价值与路径[J].当代教育科学,2021(3):59-64.

[75] 苗东升.系统思维与复杂性研究[J].系统辩证学学报,2004(1):1-5,29.

[76] 潘新民,张燕.课堂情境中学生深度学习:基本特性与实现路径[J].教育理论与实践,2021,41(19):60-64.

[77] 彭虹斌.教育理论、教育政策与教育实践三者关系研究[J].教育科学研究,2017(3):41-45,62.

[78] 彭婷.共生理论视域下教师学习共同体分析[D].重庆:西南大学,2016:3.

[79] 蒲蕊.中国教育改革:复杂性、系统性与科学性[J].教育科学研究,2014(10):33-37.

[80] 钱旭升.论深度学习的发生机制[J].课程·教材·教法,2018,38(9):68-74.

[81] 切克兰德 P.系统论的思想与实践[M].左晓斯,史然,译.北京:华夏出版社,1990.

[82] 渠敬东.迈向社会全体的个案研究[J].社会,2019,39(1):1-36.

[83] 石中英.关于中国学生发展核心素养的哲学思考[J].课程·教材·教法,2018,38(9):36-41.

[84] 石中英.回到教育的本体:顾明远先生对于教育本质和教育价值的论述[J].清华大学教育研究,2018(5):4-11.

[85] 孙迪.IMS学习设计规范及其实践[J].中国电化教育,2006(6):77-82.

[86] 孙宽宁,徐继存,焦炜.课堂教学改革的本质游离与回归[J].中国教育学刊,2014(10):54-58.

[87] 孙元涛.教师专业学习共同体:理念、原则与策略[J].教育发展研究,2011,33(22):52-57.

[88] 孙智昌.学习科学视阈的深度学习[J].课程·教材·教法,2018,38(1):20-26.

[89] 谭维智.教育学核心概念的嬗变与重构:基于新时代中国特色教育学话语体系建构的思考[J].教育研究,2018,39(11):25-33,60.

[90] 汤立宏.关注关键教育事件 优化教师教育教学行为[J].中小学管理,2006(12):30-32.

[91] 汤雪萍,郭元祥.指向学科核心素养的学习任务单设计[J].中国教育学刊,2023(7):50-55.

[92] 唐智松,徐竹君,杨士连."核心素养"概念的混沌与厘定[J].课程·教材·教法,

2018,38(8):106-113.

[93] 特里普.教学中的关键事件[M].邓妍妍,郑汉文,译.石家庄:河北人民出版社,
2007:3-15.

[94] 王策三.教学论稿[M].北京:人民教育出版社,2005:88.

[95] 王芳.领导力早期发展的早期探索[D].上海:华东师范大学,2010:20.

[96] 王鉴.我国基础教育课堂教学方法改革及体系建构[J].课程·教材·教法,
2023,43(3):47-55.

[97] 王美.逼真教学问题解决情境中教师适应性专长表现的实验研究[J].中国电化
教育,2011(10):24-32.

[98] 王少非.论基于标准的教学[J].教育发展研究,2006(9A).

[99] 王兆璟.论有意义的教育研究[J].教育研究,2008(7):39-43.

[100] 魏铭鼎.中学生课外活动中领导力培训的实验研究[D].武汉:华中师范大学,
2011:32.

[101] 魏叶美.教师参与学校治理研究[D].上海:华东师范大学,2018:1-5.

[102] 翁文艳.学生领导力培养的几个基本问题[J].领导科学,2012(14):25-27.

[103] 吴康宁.个案究竟是什么:兼谈个案研究不能承受之重[J].教育研究,2020(11):
4-10.

[104] 吴康宁."有意义的"教育思想从何而来:由教育学界"尊奉"西方话语的现象引发
的思考[J].教育研究,2004(5):19-23.

[105] 吴锡华.小组工作介入小学生团体的领袖力提升研究[D].福州:福州大学,2016:
19-33.

[106] 吴永军.关于深度学习的再认识[J].课程·教材·教法,2019,39(2).

[107] 吴志宏,陈韶峰,汤林春.教育政策与教育法规[M].上海:华东师范大学出版
社,2003.

[108] 武丽莎,王晓宇,勒小玲,等.核心素养视域下深度学习的操作性定义[J].教育科
学研究,2021(9):56-61.

[109] 夏雪梅.项目化学习:连接儿童学习的当下与未来[J].人民教育,2017(23):58-
61.

[110] 夏雪梅.在传统课堂中进行指向高阶思维和社会性发展的话语变革[J].华东师
范大学学报(教育科学版),2019,37(5):105-114.

[111] 肖军.教育研究中的文献法:争论、属性及价值[J].当代教育理论与实践,2018,
10(4):152-156.

[112] 谢登科.对高中"双新"改革中五对关系的思考[J].中小学校长,2022(6).

[113] 谢利民.学校发展规划的制定、实施与评价[J].教育研究,2008(2):86-89.

[114] 谢泉峰.从个体中心到关系视角:教学中的界限及其超越[J].湖南师范大学教育科学学报,2021,20(1):31-37.

[115] 扬 M.未来的课程[M].谢维和,王晓阳,等译.上海:华东师范大学出版社,2003.

[116] 杨桂萍.中国青少年领导力形成规律探讨[D].北京:中国青年政治学院,2009:12.

[117] 杨南昌,刘晓燕.具身学习设计:教学设计研究新取向[J].电化教育研究,2014,35(7):24-29,65.

[118] 杨小微,张秋霞.新时代我国基础教育改革的难点与对策[J].新疆师范大学学报(哲学社会科学版),2020,41(3):79-90,2.

[119] 杨银付.新时代普通高中育人方式改革如何推进[J].人民教育,2019(Z2):1.

[120] 杨莹莹.教师教学思维的本质、立场与超越[J].教育研究与实验,2021(1):55-62.

[121] 杨宗凯,吴砥,郑旭东.教育信息化 2.0:新时代信息技术变革教育的关键历史跃迁[J].教育研究,2018,39(4):16-22.

[122] 叶冬连,胡国庆,叶鹏飞.面向核心素养发展的课堂深度学习设计与实践:基于知识深度模型的视角[J].现代教育技术,2019,29(12):35-40.

[123] 叶澜.重建课堂教学过程观:"新基础教育"课堂教学改革的理论与实践探究之二[J].教育研究,2002(10).

[124] 叶澜.重建课堂教学价值观[J].教育研究,2002(5).

[125] 于然,赵世恩.深度学习的内涵与教学实践[J].数学教育学报,2021,30(1):68-73.

[126] 余胜泉.智慧课堂核心是促进深度学习[N].中国教育报,2021-06-16.

[127] 余文森.能力导向的课堂有效教学[J].全球教育展望,2018,47(1):21-34.

[128] 袁国,贾丽彬.人的全面发展:教育改革的基本价值标准[J].教育理论与实践,2018,38(20):7-9.

[129] 袁国超.基于核心素养的深度学习:价值取向、建构策略与学习方式[J].教育理论与实践,2020,40(8):3-5.

[130] 岳新强.以深度学习促进学生学科核心素养发展[J].中国教育学刊,2021(10):103.

[131] 曾文婕.深度学习究竟是什么:来自历史、共时和未来维度的探问[J].教育研究,2023,44(3):52-62.

[132] 翟磊.物理学科核心素养视角下的深度学习:以"光的直线传播"的教学为例[J].

物理教师,2020,41(5):40-42.

[133] 张东江.论思维能力及其培养[J].河北学刊,1993(4):40-45.

[134] 张浩,吴秀娟.深度学习的内涵及认知理论基础探析[J].中国电化教育 2012 (10):7-11,21.

[135] 张敬威,于伟.学科核心素养:哲学审思、实践向度与教学设计[J].教育科学, 2021,37(4).

[136] 张良,关素芳.杰伊·麦克泰格深度学习的含义、条件与实现策略[J].比较教育 研究,2023,45(6):66-73.

[137] 张良,杨艳辉.核心素养的发展需要怎样的学习方式:迈克尔·富兰的深度学习 理论与启示[J].比较教育研究,2019,41(10):29-36.

[138] 张鲁宁.佐藤学"相互倾听课堂"理论及启示[J].当代教育科学,2018(6):76-79.

[139] 张民生.对新世纪办学的思考和探索[M]//上海市教育学会.走向未来:上海市 普通高中创建实验性示范性学校规划汇编.上海:上海教育出版社,2003.

[140] 张侨平,林智中,黄毅英.课程改革中的教师参与[J].全球教育展望,2012,41 (6):39-46,38.

[141] 张行涛.教育与社会共变格局与过程[J].集美大学学报,2004,5(1):42-46.

[142] 张亚星.自主·合作·探究:学生学习方式的转变[J].华东师范大学学报(教育 科学版),2018,36(1):22-28,160.

[143] 张紫屏.基于核心素养的教学变革:源自英国的经验与启示[J].全球教育展望, 2016,45(7):3-13.

[144] 赵冬冬,朱益明.普通高中育人方式改革的理论要义、现实挑战与实施建议[J]. 中国教育学刊,2021(9).

[145] 赵晋,蔡冉冉,张建军.新时代教育理论创新的动因与路向探究[J].中国电化教 育,2019(10):67-75.

[146] 赵兰香,王芳,姚萌.中国人才培养急需"双重转型"[J].中国科学院院刊,2019 (5):532-541.

[147] 郑金洲.走向"校本":学校教育发展的取向[J].教育理论与实践,2000(6):11-14.

[148] 郑葳,刘月霞.深度学习:基于核心素养的教学改进[J].教育研究,2018,39(11): 56-60.

[149] 郅庭谨.为思维而教[J].教育研究,2007(10):44-48.

[150] 钟启泉,崔允漷,张华.为了中华民族的复兴为了每位学生的发展:《基础教育课 程改革纲要(试行)》解读[M].上海:华东师范大学出版社,2001.

［151］周洪宇，鲍成中.论第三次教育革命的基本特征及其影响［J］.中国教育学刊，2017(3).

［152］周洪宇，鲍成中.扑面而来的第三次教育革命［N］.中国教育报，2014 - 05 - 02(7).

［153］周加仙.走向智慧教育:探究性课程的设计——美国教育专家格兰特·威金斯博士访谈［J］.全球教育展望，2003,32(6):3 - 7.

［154］周卫.一堂几何课的现场观察与诊断［J］.上海教育，1999(11):12 - 19.

［155］周云华.教学设计应重视对学习目标的研究［J］.中小学教师培训，2020(1):60 - 65.

［156］朱立明，马云鹏.国内核心素养研究的进展与前瞻［J］.中小学教材教学，2016(9).

［157］朱立明.深度学习:学科核心素养的教学路径［J］.教育科学研究，2020(12):53 - 57.

［158］朱丽.什么是成功的教育改革:教育改革成效评价标准构想［J］.教育发展研究，2011(6):35 - 38.

［159］朱宁波，严运锦.高中学科核心素养视域下深度学习的路径研究［J］.教育科学研究，2020(7):67 - 72.

［160］朱智贤，林崇德.思维发展心理学［M］.北京:北京师范大学出版社，1986.

［161］佐藤学.教师花传书［M］.陈静静，译.上海:华东师范大学出版社，2016.

［162］ALLISON H, KERSTI T. Complex listening: Supporting students to listen asmathematical sense-makers ［J］. Mathematical thinking and learning，2015,17(4):296 - 326.

［163］American Institutes for Research. Evidence of Deeper Learning Outcomes ［R］. Washington, D.C. : American Institutes for Research, 2014:1.

［164］BIGGS J B. Student approaches to learning and studying ［M］. Hawthorn: Australian Council for Educational Research, 1987.

［165］BLIKSTEIN P, WORSLEY M. Multimodal learning analytics and education data mining: Using computational technologies to measure complex learning tasks ［J］. Journal of Learning Analytics, 2016,3(2).

［166］BRITAIN S. A Review of learning design: Concept, specifications and tools ［J］. A report for the JISC E-learning Pedagogy Programme, 2004(6).

［167］EGAN K. Learning in depth: A simple innovation that can transform schooling ［M］. London, Ontario: The Althouse Press, 2010:117 - 129.

[168] FULLAN M, LANGWORTHY M. A Rich Seam: How New Pedagogies Find Deep Learning [M]. London: Pearson, 2014.

[169] GOODSON I. Social histories of educational change [J]. Journal of Educational Change, 2001,2(1).

[170] HINTON G E, SALAKHUTDINOV R R. Reducing the Dimensionality of Data with Neural Networks [J]. Science, 2006:5786.

[171] JANUSZEWSKI A, MOLENDA M. Educational Technology: A Definition with Commentary [M]. New York: Routledge, 2008.

[172] JANUSZEWSKI A. Stasis and Change in the Definition of Educational Technology: The Rationale and Decision Making Process [J]. Tech Trends, 2005(1).

[173] KLECKER B J, LOADMAN W E. Defining and measuring the dimensions of teacher empowerment in restructuring public schools [J]. Education, 1988(3).

[174] KWAKMAN K. Factors Affecting Teachers' Participation in Professional Learning Activities [J]. Teaching and Teacher Education, 2003(19).

[175] MARKS H M, LOUIS K S. Teacher Empowerment and the Capacity for Organizational Leaning[J]. Educational Administration Quarterly, 1999(5).

[176] National Research Council. Education for Life and Work: Developing Transferable Knowledge and Skills in the 21st Century [R]. Washington, D. C.: The National Academies Press, 2012:53 – 54.

[177] NEWMAN F M. Higher order thinking in teaching social studies: A rationale for the assessment of classroom thoughtfulness [J]. Curriculum Studies, 1990 (1).

[178] PHILLIP C S. On the Frontier of School Reform with Trailblazers, Pioneers, and Settlers [J]. Journal of Staff Development, 1993(14).

[179] RICHARDSON V, PLACIER P. Teacher change [C]//RICHARDSON V. Handbook of Research on Teaching. 4th ed. Washington, D. C.: American Educational Research Association, 2001:907.

[180] RICKETTS J C, RUDD R D. Comprehensive leadership educations model to train, teach, and develop leadership in youth [J]. Journal of Career and Technical Education, 2002,19(1),7 – 17.

[181] SONG Y Q. Study of College English Teacher Participation in Curricular Reform [J]. World Journal of English Language, 2016,6(1).

［182］ STENHOUSE L. An introduction to curriculum research and development ［M］. London: Heinemann, 1975:142－156.

［183］ TSUI A B M, LAW D Y K. Learing as Boundary-Crossing in School-University Partnership ［J］. Teaching and Teacher Education, 2007,23(8):1289－1301.

［184］ VAN LINDEN J A, FERTMAN, C I. Youth leadership-a guide to understanding leadership development in adolescents ［M］. San Francisco, CA, Jossey－Bass, 1998.